KB124723

생각하는 교실을 위한

개념 기반 교육과정 및 수업

Concept-Based Curriculum and Instruction for the Thinking Classroom
Second Edition
by H. Lynn Erickson, Lois A. Lanning and Rachel French

생각하는 교실을 위한

개념 기반 교육과정 및 수업

H. Lynn Erickson · Lois A. Lanning and Rachel French 공저
온정덕 · 윤지영 공역

학지사

역자 서문

학교에서 무엇을 어떻게 가르칠 것인가에 대한 관점은 교육과정과 수업의 방향을 결정하는 데 큰 영향을 미친다. 교육자들은 지난 몇 세기에 걸쳐서 아동 중심 교육의 중요성을 강조하였고, 지식 위주의 교육에 비판적이었다. 하지만 지식 위주의 교육과 아동 중심의 교육은 상반되는 것인가? 지식 위주의 교육에 대한 비판이 지식 자체를 가르치지 말자는 것을 의미하지는 않는다. 다만, 학교에서 유용하지 못한 지식을 가르쳤음을 지적하고 그 지식이 학생들의 삶과 유리된 것을 비판하는 것으로 보아야 할 것이다. 그렇다면 학교에서 가르칠 가치가 있는 지식은 무엇인가? 그 지식을 어떻게 가르쳐야 아동이 학습의 중심에 있게 되는가? 저자들은 이러한 질문에 대해 다양한 연구 결과를 바탕으로 교육과정과 수업의 방향을 명료하게 제시한다. 그리고 지식과 학습자에 대한 그들의 관점을 학교에서 실천할 수 있도록 다음과 같이 교육과정 설계 방법과 교수·학습 방법을 제안한다.

제1장에서는 개념 기반 수업을 위한 3차원 교육과정 모형을 설명한다. 전통적인 목표 중심 모형이나 최근의 수행 지표 모두 2차원으로 구성되어 있음을 비판하면서 3차원 교육과정 모형을 제안한다. 2차원과 3차원 모형의 차이점은 '시너지를 내

는 사고'에 있다. 학생들이 더 정교하고 복잡하게 사고할 수 있게 하려면 뇌에서 단순한 처리를 담당하는 기관과 복잡한 처리를 담당하는 기관 사이의 시너지를 만들어 내야 한다. 즉, 학생들의 사고 과정에서 저차원(사실적/기능적) 사고와 고차원(개념적) 사고 사이의 시너지를 만들어 내야 하며, 이러한 상호작용은 교육과정과 수업의 설계 과정에서 미리 계획되어야 한다. 저자들은 이 시너지를 내는 사고에서 개념적 렌즈가 중요함을 설명한다. 개념적 렌즈는 어떤 아이디어나 개념(일반적으로 큰 개념)으로서 학습에 초점을 제시하고 깊이를 더해 준다. 이를 통해 이해의 전이가 촉진되고 시너지를 내는 사고가 일어나는 것이다.

제2장에서는 학교에서 무엇을 어떻게 가르쳐야 할 것인가와 관련하여 교과의 구조를 설명한다. 교과의 구조를 설명할 때 교과의 성격에 비추어 '지식의 구조'와 '과정의 구조'를 구별한다. 지식의 구조는 '소재와 사실, 개념, 일반화와 원리'로 이루어지며, 소재와 사실들로부터 개념으로 그리고 일반화와 원리, 이론으로 향해 간다. 과정의 구조는 '기능, 전략 및 과정, 개념, 일반화와 원리'로 구조화된다. 개념은 그 범위가 구체적인 것(마이크로)부터 광범한 것(매크로)까지 있다. 매크로 개념은 이해의 폭을 제공하는 반면, 마이크로 개념은 이해의 깊이를 제공한다. 학생의 개념적 이해와 일반화 및 원리에 대한 심층 학습이 이루어지기 위해서는 귀납적 교수법과 탐구가 필요하다. 이를 통해 낮은 수준의 사고와 높은 수준의 개념적 사고를 결합시킴으로써 시너지를 내는 사고를 자극하여 개인의 지적 능력을 개발시키게 된다.

제3장에서는 여러 개의 교과에 걸쳐서 혹은 단일 교과 내에서 3차원적인 개념 기반 단원을 설계하는 방법을 구체적인 단계로 안내한다. 먼저, 단원의 제목과 일 년에 걸쳐 몇 개의 단원을 가르칠 것인지를 결정하고, 개념적 렌즈를 결정한다. 그다음, 단원의 스트랜드를 파악하여 스트랜드 안에서 단원 주제와 개념들을 얻는 작업을 한다. 이어서 학습의 결과로 학생들이 도출하기를 원하는 일반화를 작성하고, 학생들의 사고를 촉진하여 일반화로 향하게 하는 안내 질문을 만든다. 일반화와 안내 질문을 만들면 그것에 비추어 학생들이 알아야 할 지식과 핵심적인 기능을 결정하며, 최종 평가와 평가 기준 혹은 루브릭을 개발한다. 최종적인 단원 평가는 일반

화와 중요한 내용 및 핵심 기능에 대한 학생들의 이해를 드러낸다. 마지막으로, 학습 활동을 계획한다. 학습 활동은 학생들이 최종 평가에 요구되는 것을 준비할 수 있게 하고, 학생들이 단원을 마칠 때까지 이해하고 알고 할 수 있어야 하는 것을 반영하며, 가능한 학생들에게 의미 있고 실제적이어야 한다.

제4장에서는 개념 기반 교육과정을 실천하는 방법으로써 탐구 학습에 대해 자세하게 설명한다. 개념 기반 수업이 이루어지는 교실에서는 학생들이 스스로 이해를 구성하고 표현할 수 있는 기회를 제공해야 한다. 저자들은 탐구 과정 전반에 걸쳐 학생들에게 피드백을 제공하고, 시너지를 내는 사고를 통해 학생 자신의 이해를 심화시킬 수 있는 두 가지 접근법에 대해 설명한다. 교사는 학생들이 탐구를 통해 사실과 기능을 사용하며, 전이 가능한 이해로 이어질 수 있도록 학습 활동을 계획해야 한다.

제5장에서는 개념 기반 교육과정 설계와 교수법을 실천하는 교사들이 겪는 성장의 과정을 다룬다. 저자들은 개념 기반 교실의 주요 특징과 요소를 요약적으로 제시하면서 교사가 이를 실천하는 데 주로 겪는 어려움, 오해와 성장의 과정을 기술한다. 또한 우리가 교육에 기대하는 변화가 무엇인지 그리고 교사가 교육과 학습에 대해서 지닌 신념과 태도가 중요함을 설명하면서 독자에게 스스로의 신념을 확인해 보고 개념 기반 수업의 실천 과정을 성찰해 보게 한다.

마지막으로, 부록에는 저자들의 3차원 교육과정이 실제 학교 현장에서 어떻게 구현되는지 보여 주는 다양한 수업 사례가 담겨 있다. 이와 함께 개념 기반 교육과정과 수업을 이해하는 데 도움이 되는 다양한 자료와 부가적인 정보가 제시되어 있다. 부록을 통해 교사들의 실천을 안내한다.

우리는 학습을 지식의 축적이라고 여겨 왔다. 하지만 학습에 대한 뇌 과학과 인지심리학 연구를 보면 지식은 머릿속에 '저장'하고 그것을 상황에 맞게 '인출'하는 것이 아니라 정보들을 서로 연결하고 패턴을 파악하며 만들어 내는 '과정'이다. 지식은 정보가 서로 연결되는 것이며, 이러한 네트워크는 학습을 통해 강화되고 확장되면서 점점 깊어지게 된다. 이 책은 지식과 학습에 대한 연구를 기반으로 우리가 학생들에게 무엇을 가르쳐야 하는지, 왜 그것을 가르쳐야 하는지 그리고 어떻게 가르쳐야 하는지에 대한 통찰을 제공한다. 이와 함께 평소 우리의 수업이 학생들에게 사소한 지식을 재미있게 가르치는 것에 그치고 있는 것은 아닌지 돌아보게 한다. 인터넷에 검색하면 바로 찾을 수 있는 정보나 사실을 조사하게 하고 테크놀로지를 이용하여 발표하는 것에 강조점을 두고 있지 않은지, 중요한 개념과 원리를 강의식으로 전달하고 있지는 않은지 말이다.

이제 우리에게 남은 것은 이러한 성찰을 바탕으로 한걸음 더 나아가는 것이다. 이는 저자들이 제공하고 있는 실질적인 지침을 따라가는 것이 될 것이다. 저자들이 제안한 개념 기반 교육과정과 수업으로 학생들이 '생각하는 교실'을 학교 현장에서 구현함으로써 우리는 학생들이 새로운 상황이나 맥락에서 자신의 지식을 활용하고 실천할 수 있는 능력을 기르는 데 도움을 줄 수 있을 것이다. 이에 역자들은 학교 교사, 관리자, 교육과정 연구자, 대학원생, 학부생들이 이 책을 통해 깊이 있는 3차원 교육과정과 수업을 설계하고 실천할 수 있기를 기대한다. 끝으로 역서를 출판하기 위해 애써 주신 학지사 관계자 여러분께 진심으로 감사의 말씀을 드린다.

2019년

역자 일동

서문

이제 곧 새 학년이 시작된다. 이는 가르침이라는 막중한 임무에 교사들이 전적으로 참여하도록 이들을 격려하고 영감을 주는 강연의 시간이 필요하다는 것을 뜻한다. 이러한 행사에 내가 교사로서 그리고 강연자로서 많이 참여해 보니 새 학기에 시작하는 강연은 대체로 의도에 따라 동기 부여, 영감(inspiration), 전념(commitment)이라는 세 가지 유형으로 나뉜다. 물론 좋은 강연은 이 세 가지를 동시에 불러일으킬 것이다. 하지만 강연은 미리 계획을 세운 것뿐만 아니라 강연이 이루어지는 맥락에 따라서 그 강연이 가진 잠재력의 범위가 결정된다. 다음에서는 강연의 유형별 한계점을 살펴보고자 한다.

우선, 동기를 부여하는 연설이 있다. 이러한 연설은 전문성의 신장보다는 이벤트와 같다. 강연자는 교사들을 웃게 하면서 즐거움을 준다. 이런 모임은 스포츠 경기 전 응원으로 가득찬 행사와 닮았다. 방학을 끝내고 온 교사들에게 다시 한번 힘을 내서 일을 하라고 에너지를 부여하는 것 같다. 이런 시간은 공동체 의식을 고취하거나 경험을 공유하고 동기를 불러일으키는 데 도움이 된다. 연사의 전문성은 가치 있는 아이디어보다는 사람들을 끌어들이는 것에 있기에 이런 행사는 결국 교수 · 학습에 큰 영향을 주지는 않는다. 에너지는 만들지만 실속은 없는 것 같다. 게

다가 이런 행사는 새 학년 시작 전에 일회성으로 끝나기 때문에 그 후 이것을 이용할 생각은 거의 이루어지지 않는다.

다음으로는 영감을 불러오는 연설이 있다. 많은 경우에 저자인 외부 강연자가 와서 학교 리더의 마음을 사로잡을 새로운 아이디어로 사람들에게 영감을 불어넣기 위해 노력한다. 강연에서 제시된 아이디어들은 좋지만 열매를 수확하고자 하는 의지를 가지고 실천하는 사람들은 거의 없다. 바라는 바는 그들이 학교의 리더처럼 감명을 받고 어느 정도 움직임을 만들어 내거나 변화나 진보가 생기는 것이다. 하지만 학교에서 리더는 대체로 그 열매를 수확할 계획을 수립하지 않는다. 심지어 리더는 씨가 자리를 잡고 그 해에 걸쳐 자라는 것을 준비하기 위해 들판을 경작할 생각조차 하지 않았을지도 모른다.

어떤 곳에서는 새 학기에 시작하는 강연이 완전히 다른 성격을 띨 것이다. 이것은 전념에 관한 것이다. 이런 경우에 강연은 학교가 장기간에 걸쳐 전념하고 있는 일련의 목표들에 대한 헌신을 되새기는 기회가 된다. 강연자를 선택할 때는 신경써서 학교의 전체 계획과 관련된 분을 초청한다. 더 나아가 이러한 상황에서는 가르친다는 것을 단지 교사 개인의 행위가 아니라 집단적으로 참여하는 과정으로 바라본다. 가르친다는 것을 누구도 완전히 마스터할 수 없는 것으로 예술성과 과학이 융합된 기술(craft)로 본다. 이러한 학교 환경에서는 교사들이 가르치는 일을 위해서 성장 마인드를 가지기를 기대한다. 즉, 가르친다는 것은 교사가 점점 더 잘할 수 있는 것으로 끊임없이 도전하고 위험을 무릅쓰기도 하면서 지속적으로 노력한 결과 더 나아지는 것으로 생각된다. 이런 맥락에서 강연자는 동기 부여, 영감, 전념이라는 세 가지 목표를 달성할 수 있게 된다. 물론 가장 기억에 남고 학교에서 이루어지는 교수 · 학습에 지속적인 영향을 미치는 것은 이러한 강연이다.

린 에릭슨(Lynn Erickson), 로이스 래닝(Lois Lanning), 레이첼 프렌치(Rachel French)가 쓴 『생각하는 교실을 위한 개념 기반 교육과정과 수업(Concept-Based Curriculum and Instruction for the Thinking Classroom)』을 읽으면서 나는 이 세 가지 종류의 강연을 떠올렸다. 왜냐하면 이 책은 가르치는 일을 위해 동기를 유발하고 영감을 불러일으키며, 이와 동시에 전념할 수 있도록 해 주기 때문이다. 여기서는 우리가 주의를 기울일 가치가 있는 빅 아이디어에 초점을 맞추고 있으며, 교수 · 학습을 매우 복잡한 노력으로 보고 이를 존중한다.

'가르친다는 것'은 이것이 지닌 복잡성으로 인해 우리가 헌신하고 에너지를 쏟고 열정을 가질 가치가 있는 노력이 된다. 가르치는 것이 흥미롭고 매력적이고 즐겁다면 아무리 복잡하고 어려워도 이를 거부하거나 이것으로부터 도망치지 않고 받아들이고 감싸 안아야 한다. 가르친다는 것은 집단 내 학습의 사회문화적, 인간의 역동성 측면에서 복잡하다(이는 내가 연구하는 분야이며, 나는 문화를 만들어 내는 것에 대한 글을 쓴다). 최근 성장하고 있는 분야인 학습에 대한 신경과학적 측면에서도 복잡하다. 이 분야는 학습 및 학습을 촉진하는 방법에 대해 우리가 알고 있는 것을 재확인시켜 줄 뿐만 아니라 이에 대해 문제를 제기하기도 한다. 가르친다는 것은 학생들이 근본적으로 학습해야 할 것이 무엇인지를 결정하는 교육과정 목표를 수립한다는 면에서 개념적으로 복잡하다. 그리고 이러한 목표를 가장 잘 수행하는 데 필요한 시간과 구조를 수립한다는 측면에서 실제적으로 복잡하다. 끝으로 가르친다는 것은 지적으로 복잡하다. 이것은 학교에서 학생들이 암기해야 할 사실들을 전달하는 모형에서 사실들을 통합하여 풍부한 이해를 형성함으로써 지속적으로 발전하는 세상을 이해할 수 있도록 도와주는 보다 개념적인 모형으로의 전환이 이루어지고 있는 것에서 나타난다.

『생각하는 교실을 위한 개념 기반 교육과정과 수업(Concept-Based Curriculum and Instruction for the Thinking Classroom)』은 이런 복잡성을 회피하지 않는다. 오히려 그 문제에 뛰어들어 지식과 기능을 전달하는 데 초점을 맞춘 2차원 교육과정으로부터 개념적 이해를 기르는 데 목적이 있는 3차원 교육과정으로 나아가야 한다고 말한다. 교육과정 설계에 있어서 지난 30년간의 경험을 바탕으로 저자인 에릭슨, 래닝, 프렌치는 이 복잡한 지형을 헤쳐 나아가는 가이드 역할을 한다. 교실 사례를 이용하고 학습에 대한 연구를 통합하여 저자들은 성취기준과 전통적인 교육과정 안내서에 담겨 있는 지식과 기능이 일관성을 갖출 수 있도록 학문에서 중요하며, 전이 가능한 이해를 중심으로 교육과정의 조직이 필요함을 설득력 있게 말한다. 가장 중요한 것으로 개념적 모형으로의 전환 과정에서 교사 역할의 필요성을 피력한다.

대부분의 독자는 우리가 학교에서 얻은 개인적 경험에 기초해서 그리고 에릭슨, 래닝, 프렌치가 제시하는 증거에 힘입어 개념 기반 교육과정이 우리 학생들뿐만 아니라 학교교육에 있는 모든 이를 위해 가치 있는 것임을 확신할 수 있을 것이다. 하지만 이러한 사례를 실천으로 옮길 때 독자는 다른 복잡성을 경험하게 된다. 이는 높은 목표를 실제로 달성하는 데서 겪는 실질적인 복잡성이다.

교육과정 변화라는 어렵지만 중요한 여정을 시작함에 있어서 이 책은 독자에게 가치 있는 자료가 된다. 여정을 이루는 아이디어와 실천은 사실 미묘하며, 서로 연결되어 있고 어렵다. 때로 독자는 이 책의 저자들이 옆에서 예시를 주고, 격려하고, 설명해 주고, 질문하면서 개념 기반 교육과정을 만들어 가는 과정을 안내해 주기를 바랄 수 있다. 사실 저자들은 실제 교실의 이야기를 넣고, 학습에 관한 자신들의 성찰을 공유하고, 유용한 조언들 그리고 각 장의 마지막에 안내 질문을 제시해서 도와주고 있다.

독자는 이 자료가 개념 기반 교육과정을 계획하는 데 도움이 된다는 것을 알게 되겠지만 동시에 저자들이 제안하는 이 여행이 복잡한 것이라는 사실을 받아들여야 할 것이다. 이 책은 단원 개발에 있어서 피상적인 몇 가지 아이디어와 간단한 제안을 하는 것이 아니다. 교육과정의 조직과 실천 방식에 대한 우리의 이해를 바꾸어 놓는다. 저자들 역시 이 여정이 짧지 않다는 것을 분명하게 하고 있다. 이것은 시간이 걸린다. 사실, 개념 기반 단원을 설계하는 법을 배우는 것은 시작에 불과하다. 단원은 수업이라는 숨을 불어넣어야만 학습을 위한 도구가 된다. 이는 또 다른 종류의 복잡성, 적용과 수업의 복잡성을 더한다. 나머지는 교실과 학교에서 가르치는 행위뿐만 아니라 학생들의 배움을 고양시키고자 하는 여러분의 노력에 달려 있다.

론 리치하트(Ron Ritchhart)
2016년 9월 6일

차례

어린이들의 마음과 생각을 기르기 위해서

개념 기반 여정을 하고 있는 세상의 모든 교사에게 바칩니다.

도입

복잡성. 전 세계적으로 상호 의존하는 세상에서 오늘날의 사회 정치적, 환경적 문제는 '**복잡성**'이라는 개념으로 규정된다. 강력한 신념과 가치는 양극화와 갈등을 증폭시키며, 경쟁적인 시각과 이데올로기는 우리를 끊임없이 이리저리 끌고 간다.

교육자는 학생들이 복잡하고 상호작용하는 세계에서 살고 일할 수 있도록 준비시킬 책임이 있다. 이들은 학생들이 사고를 잘하도록 가르치는 것에 초점을 맞추어야 한다는 것을 직관적으로 안다. 그러나 이것을 알고 있음에도 불구하고 현실 속 여러 가지 교육적 도전에 분투하고 있다.

- 필수 내용을 가르치면서도 어떻게 학생들의 비판적, 창의적, 개념적 사고를 기를 수 있을 것인가?
- 어떻게 하면 주어진 시간에 성취기준에 도달할 수 있도록 하면서 학생들의 다양한 능력과 요구를 만족시킬 것인가?
- 교육과정과 수업을 어떻게 설계해야 모든 개별 학생의 지력과 문제 해결 능력을 계발할 수 있을 것인가?
- 21세기 교육의 복잡성에 대비하기 위한 시간과 전문적인 훈련 기관을 어디서

찾을 수 있는가?

- 교수 · 학습을 효과적으로 계획하기 위한 시간을 어떻게 마련할 수 있는가?

이 책은 이런 질문들에 대해 답을 제공하지만, 교육과정 설계와 교수 · 학습에 대한 우리의 사고 전환을 요청한다. 우리가 "개념 기반 교육과정과 수업(Concept-Based Curriculum and Instruction)" 혹은 CBCI라고 부르는 모형으로의 전환이다. 이 책에 담긴 통찰은 인지과학, 학습이론 그리고 교수 · 학습에서 작동하는 상식적인 추론에 근거한다. 우리의 교육 여정은 가르치고, 평가하고, 설계하고, 넘어지고, 계속 나아가고, 교수 · 학습에서 효과가 있는 것을 종합하는 기회를 제공했다. 지난 30년간 우리는 모든 학교급과 전 교과의 교육과정 및 수업 설계에 깊이 초점을 맞춰 연구했다. 이 책은 우리의 여정으로부터 얻은 교육과정과 수업에 대한 이해를 다룬다. 우리의 이해는 사소한 유행이나 기발한 생각이 아니다. 이것은 지식과 과정에 내재된 구조와 교육과정 설계, 수업, 지적(intelligence) 발달 간의 관계에 대한 깊이 있는 통찰이다.

이와 같은 통찰은 다음 여섯 가지 결과로 요약된다. 첫 번째 통찰이 이 책에서 주로 초점을 맞추고 있는 것이다.

1. 지적 발달의 핵심은 사실적 사고와 개념적 사고 수준 간의 **시너지를 내는 상호작용(synergistic interplay)**에 있다. 시너지는 합한 효과가 단독으로 작용하는 것보다 더 큰 상호작용을 지칭한다. 전통적인 교육과정 모델은 일반적으로 지적 시너지를 체계적으로 제공하지 못한다. 교육과정과 수업이 학생으로 하여금 사실적 정보와 과정을 개념적 수준의 사고를 통해 처리하도록 해야 학생은 배운 것을 더 오래 기억하고, 더 깊이 있게 이해하고, 학습에 대한 동기를 높이게 된다.
2. 전통적인 교육과정 설계 모형은 수많은 정보에 대해서 강력한 개념적 구조를 제공하지 못한다. 그로 인한 교육적 결과는 교육과정을 **훑는 것**이 되며, 이것은 지적으로 얕은 교수 · 학습을 장려할 뿐이다.

3. 모든 학문은 내적으로 개념적 구조를 지닌다. 정보의 양이 점점 많아짐에 따라 이러한 정형화, 분류, 정보 처리 면에서 개념적 구조는 중요해진다. **사실적 정보의 양이 많아질수록 그 정보를 조직하고 처리하기 위해 추상화의 수준을 더 높여야 한다.**
4. 구체적인 내용 지식과 기능 이외에 교육과정은 각 교과별, 학년별로 중요한 개념과 개념적 이해를 명확하게 정교화할 필요가 있다. 개념적 이해는 학생들이 보다 깊은 수준에서 반드시 **이해해야** 할 핵심적인 아이디어이다. 사실적 지식과 낮은 수준의 기능은 학생들이 **알아야** 하고, **할 수 있어야** 할 것이다. 개념적 수준에서 이해하기 위해서는 이것을 뒷받침하는 사실과 기능을 알아야 한다. 우리가 지적 능력을 체계적으로 계발시키려면 사고의 하위 단계와 상위 단계 사이에 시너지가 있어야 한다.
5. 이해의 전이는 개념적 수준에서 일어난다. 사실과 기능에 의해 뒷받침되는 일반화와 원리는 학생들이 패턴을 파악하고 새로운 사례들을 이전에 배운 개념 및 개념적 이해와 관련지을 수 있게 해 준다.
6. 교육자들은 어린이들이 학습에 대한 열의로 가득차 입학하지만 3학년을 넘어서면서부터 학습 동기를 갖기 어려워하는지 의문을 가진다. 이는 학년에 따라 늘어나는 사실적 지식과 아동의 개인적, 개념적 사고 간에 반비례 관계가 있기 때문이 아닐까? 개념 기반 교육과정과 수업 모형은 학년에 따라 다루는 사실적 지식이 증가하더라도 학생의 개념적 사고를 유지할 수 있게 함으로써 이 문제를 해결하고자 한다.

저학년 교육과정은 사실적이기보다는 오히려 훨씬 더 개념적이다. 교사는 학생들의 생각과 마음을 불러오고 손을 움직여 색, 날씨, 가족, 동화, 숫자와 같은 개념을 이해시키도록 노력한다. 학생들은 협력하고, 새로운 것을 만들고, 문제를 해결하는 과제를 위해 지적 능력을 사용한다. 학생들은 각자 자신의 사고를 잘 사용하는 기쁨을 느끼게 된다. 조이(Joey)는 머리를 쓰기 때문에 배우는 것을 좋아한다. 하지만 조이가 새 학년으로 올라갈수록 문제가 생겼다. 조이가 개념적 사고를 사용하도록 하는 것에서 점점 더 많은 사실적 내용을 다루는 것으로 변화가 일어났다. 처음에는 거의 알아챌 수 없을 정도로 조이는 배우는 것에 흥미를 잃기 시작했다. 교사들은 교실에서 무관심을 불러일으키는 원인이 액션 게임과 TV 프로그램의 짧은 편집 영상 때문이라고 믿는다. 사실과 기능의 양이 증가함에 따라 전통적 교육과정 모델에서 개념적인 지적 참여가 줄어들고 이로 인해 학생들의 학습 동기가 감소한다. 교사들은 이 설계 문제를 교육과정과 수업에 대한 개념 기반 모형으로 해결할 수 있다.

우리는 환경적, 사회 정치적 측면 모두에서 복잡한 문제가 제기되는 시대에 살고 있다. 이러한 문제에 효과적으로 대처하기 위해서는 분석, 추상화, 개념화, 예측, 협업, 계획 및 책임감 있게 행동하는 능력이 필요하다. 사람들은 단어와 이미지를 사용하여 특정 관점을 제시하는 그럴듯한 언론 보도에 지속적으로 시달리고 있다. 문제의 여러 측면을 고려하고, 질문을 명확히 하고, 편향되거나 부정확하거나 혹은 부적절하게 지지하는 주장에 도전하는 방법을 배우는 것은 배우면 좋을 법한 기능이 아니라, 21세기를 살아가고 문제를 해결하는 데 있어서 필수적인 것이다.

이 책의 두 번째 판에서 새로운 것은?

린 에릭슨(Lynn Erickson), 로이스 래닝(Lois Lanning), 레이첼 프렌치(Rachel French)와 공동 저술한 『개념 기반 교육과정과 수업(Concept-Based Curriculum and Instruction)』 두 번째 판은 2007년에 출판한 책의 개정판이다. 이 판은 유치원부터 고등학교 교사에 이르기까지 그들이 개념 기반이라는 여정을 계속할 수 있도록 지원하는 데 초점을 맞추었다. 이 책에 새로 추가된 것은 지식의 구조(Structure of Knowledge)와 짝을 이루는 로이스 래닝 박사의 과정의 구조(Structure of Process)이다. 과정의 구조는 영어, 세계 여러 언어, 시각 및 행위 예술, 음악과 같은 과정 교과를 설명할 때 유용하다.

론 리치하트(Ron Ritchhart), 린다 엘더(Linda Elder), 리처드 폴(Richard Paul), 캐롤

톰린슨(Carol Tomlinson)을 비롯한 교육 지도자들과 연구자들의 저술은 이 책에 반영된 최근 우리의 생각을 뒷받침한다. 단원 설계의 단계를 자세하게 설명하고, 예시 단원들을 제공하여 교사가 자신의 교실에서 개념 기반 교육과정과 수업으로 나아갈 수 있도록 모델을 제시했다.

탐구 학습에 대한 장에서는 개념 기반 학습과 탐구를 통한 학습 간의 긴밀한 관계를 다시 강조한다. 귀납적 교수는 학생들로부터 개념적 이해를 끌어내기 위한 중요한 전략으로써 학생들을 탐구의 과정에 관여시킨다. 수업 차시안을 넣어서 교사가 탐구 기반 교수 · 학습을 준비할 때 부딪히는 일반적 어려움을 어떻게 해결할 것인지 보여 주었다.

마지막 장에서는 변화의 과정에서 겪는 교사의 태도와 신념을 논의한다. 로이스 래닝이 개발한 네 개의 루브릭은 초보자에서 숙련된 개념 기반 교사로 점차 성장하는 여정에서 자기 평가로 사용할 수 있다. 그 루브릭은 "개념 기반 교육과정과 수업을 이해하기" "개념 기반 단원 계획하기" "개념 기반 차시 계획하기" "개념을 기반으로 수업하기"를 평가할 때 명확한 준거가 된다.

이번 두 번째 판은 교사가 설계의 의미를 읽어 내고 이것을 실천할 수 있도록 도와주기 위해서 자세하게 기술한 새로운 사례를 많이 제공하였다. 우리 스스로 이해를 점차 발전시켜 나가면서 독자에게 보다 더 명확하게 복잡한 아이디어를 설명할 수 있게 된 것 같다.

생각하는 교실

교실 장면

한 초등학교 교실이 활동으로 들썩인다. 학생들은 교사가 제시한 질문: "단순 기계(simple machine)는 일 효율을 어떻게 증가시킬까?"의 답을 발견하기 위해 소그룹으로 연구와 토론 활동에 활발히 참여한다. 학생들은 협동하여 지레, 도르래, 경사로를 이용한 실험 가설을 세우고, 실험을 설계하고, 직접 해 본다. 교사는 학생들이 **힘**과 **에너지**의 개념을 사용하여 실험 결과를 설명하도록 한다. 학생들은 생각을 표현하고, 서로에게 질문하며, 자신의 생각을 확장한다. 새로운 이해(understandings)가 일어나고, 학생들은 이러한 이해를 본인들이 직접 그린 단순한 기계장치 그림 옆에 글로 기록한다. 이 교실은 눈으로만 훑어봐도 매우 활동적인 배움 환경임을 알 수 있다. 학생들의 활동 결과물들이 벽에 줄지어 걸려 있으며 책, 예술 자료, 과학/수학 교구 그리고 각종 기기들이 학생들의 활동 공간에 구비되어 있다.

한 중학교 교실의 학생들은 세계 환경오염의 다양한 일차적, 이차적 원인의 타당도를 능숙하게 평가한다. 학생들은 **환경적 지속성**이라는 개념적 렌즈를 통해 정보를 처리하며 사실(fact)을 넘어선 사고를 한다. 학생들은 블로그 등의 소셜 미디어를 사용하여 자신이 연구한 것을 공유하고 전 세계 학생들과 의견을 나눈다. 이를 통해 세계 환경오염과 환경적 지속성에 대한 이해를 더욱 깊게 한다. 이 학생들은 지적, 예술적이며, 유익한 결과물을 많이 만들어 낸다.

한편, 다른 교실에서는 학생들이 짝으로 앉아 있다. 그들에게 주어진 과제는 활동지의 용어 목록에 적혀 있는 과학 핵심 용어들의 정의를 적는 것이다. 그 용어들은 학생들의 과학 교과서 한 단원에서 나온 것이다. 학생들은 먼저 교과서에서 용어를 함께 찾고, 그것이 문맥에서 어떻게 사용되었는지 생각하여 각 용어의 의미가 무엇인가에 대해 토론한다. 각자 생각한 의미 사이에서 합의에 이르게 되면, 각 학생은 자신의 활동지에 용어의 정의를 적는다. 교사는 학생들 사이를 다니며 필요한 경우 적절한 안내와 피드백을 제공한다.

세 교실에서 이루어지는 수업에 어떤 차이가 있는지 눈치챘는가? 앞의 두 수업은 개념 기반의 수업이다. 학생들은 지적인 힘을 발휘하며 수업에 참여한다. 배움의 과정에서 자연스레 탐구가 유발되고, 이는 학생들을 개념적 이해로 확실하게 이끈다. 세 번째 장면은 다소 걱정스럽다. 물론 학생들은 소그룹으로 과제도 하고 있으며, 교사의 안내도 잘 따르고 있다. 하지만 지적인 힘은 거의 발휘하지 않는다. 학생들은 교사의 안내와 자신이 가진 자료를 활용하여 용어의 정의는 쓰겠지만, 개념적 이해가 깊어진 것은 아니라고 할 수 있다.

가르친다는 것은 과학적인 활동이면서도 예술적인 성격을 띠기에 정보를 제시하고 끄집어내는 것을 넘어선다. 숙련된 교사는 학생들을 정서적, 창조적, 지적으로 수업에 참여시켜 배움에 대해 깊고 열정적인 호기심을 서서히 심어 준다. 교사는 교육의 과학적 활동의 측면에서 제시한 '지식의 개인적인 구성을 가능하게 해 주는 구조'를 활용하는 방법을 안다. 지식을 개인적으로 구성하는 것은 저절로 일어나지 않는다. 이 교사는 학생들이 무엇을 사실로서 알아야 하고, 개념적으로 이해해야 하며, 어떤 기능과 과정을 할 수 있어야 하는지에 대해 명확히 알고 있다.

배경지식이 없는 관찰자는 학생들이 활동으로 북적이는 다양한 단계의 탐구 활동에 참여하고 있는 것이 사실 목표 지향적 수업에 참여하고 있다는 점을 알아차리지 못할 수도 있다. 교사는 성취기준(academic standards)에 비추어 수업에서 학생들이 학문적 지식과 이해를 조사하고, 구축하며, 공유할 수 있도록 질문과 학습 경험을 설계한다. 이러한 학습에는 목적이 있다. 이에 더해서 교사는 학생들이 또 다른 통찰과 이해를 만들어 내도록 이끄는 수업을 설계한다. 앞에서 제시한 세 교실에서 이루어진 수업 중 처음 두 수업에서 드러난 학생들의 대화, 교사의 안내 질문, 탐구 학습의 증거, 생각을 구성하고 다양한 미디어로 표현할 기회는 '생각하는 교실'이 무엇인지 보여 준다. 그러한 교실은 개념 기반 교육과정과 수업(Concept-Based Curriculum and Instruction: CBCI) 설계에서 다루는 지적 발달, 유의미한 학습(mindful learning) 그리고 창의적인 표현을 수업목표로 삼는다. 다음은 이러한 수업의 또 다른 예시이다.

첸(Chen)은 고등학교의 세계사 교사이다. 그가 가르치는 학생들은 2015~2016년에 시리아, 이라크 사람들이 대규모로 유럽 국가에 이주한 사건에 대해 많이 질문했다. 첸은 학생들이 다음과 같은 역사의 두 가지 중요한 교훈을 내면화하기를 바랐다: "국가 내의 파벌 싸움은 안전하고 지원을 제공받는 생활을 바라는 사람들의 대규모 이주를 초래할 수 있다."와 "난민을 받는 국가들은 난민들을 돕는 것, 그들을 자국에 융화시키는 것(assimilating refugees)과 관련된 복잡한 문제에 직면하게 된다." 그는 학생들이 이러한 이해의 증거가 되는 사실들을 내면화하고 역사에 대한 교훈을 얻을 수 있도록 다음과 같은 학습 활동을 개발하였다('대회: 우리는 세계의 문제를 해결할 수 있을까요' 참조).

생각하는 교실은 개념 기반 교육과정과 수업(CBCI) 설계 모델을 사용한다. 이러한 모델은 지식을 얻는 것은 물론이고 지적 발달까지도 고려하기 때문에 본질적으로 전통적 모델들보다 훨씬 정교하다.

개념 기반 교육과정과 수업은 **3차원적**이다—즉, 교육과정과 수업은 학습 후에 학생들이 다음과 같은 것들을 할 수 있는지에 초점을 맞춘다.

대회: 우리는 세계의 문제를 해결할 수 있을까요

우리 반은 전국 고등학생 대회에 출전하게 되었습니다. 올해 대회의 주제는 전쟁과 갈등으로 인한 대규모 이주의 복잡성과 원인을 알아내는 것입니다. 반 전체가 팀이 되어서 2015~2016년에 시리아와 이라크 사람들이 대규모로 이주한 사회적, 정치적, 경제적 원인과 난민을 수용한 국가들이 어떤 일을 겪고 있는지 알아보아야 합니다.

여러분은 이 문제를 해결하기 위해 두 모둠으로 활동할 것입니다.

1모둠은 사실에 기반을 둔 증거를 활용하여 다음 문장의 빈칸에 특정한 개념을 넣어서 일반화된 지식을 완성해야 합니다: "국가 내의 파벌 싸움으로 인해 사람들은 _______을/를 바라고 대규모로 이주하게 된다." 여러분이 조사한 사실로부터 적어도 8~10개의 개념을 만들 수 있을 것입니다.

2모둠은 사실에 기반을 둔 증거를 활용하여 빈칸에 특정한 개념을 넣어서 다음 문장을 완성해야 합니다: "대규모 난민을 받는 국가들은 _______와/과 관련된 복잡한 문제를 해결해야 한다." 다시 한번 말하지만, 여러분은 어떠한 개념을 들어 문장을 완성해야 하고, 2015~2016년에 발생한 시리아와 이라크 사람들의 대규모 이주와 관련된 사실을 활용하여 그 개념을 정당화해야 합니다.

마지막으로, 각 모둠은 완성한 문장과 문장을 완성하는 과정에서 알게 된 사실을 반 전체에 발표합니다. 그다음, 이 복잡한 집단 이주 문제를 해결할 수 있는 해결책을 마련하여 대회 위원회에 제출할 것입니다.

- (사실을) 안다.
- (개념적으로) 이해한다.
- (능숙하게) 한다.

전통적으로 교육과정과 수업은 **2차원적**으로 설계되어 왔다(학생들이 알게 되는 것과 할 수 있게 되는 것에 초점을 둠). 하지만 이는 사실적 지식을 아는 것을 깊이 있는 개념적 이해를 한 것으로 보는 잘못된 추측에 기반한 것이다. [그림 1-1]은 2차원 교육과정 수업 모델과 3차원 교육과정 수업 모델을 비교한 것이다.

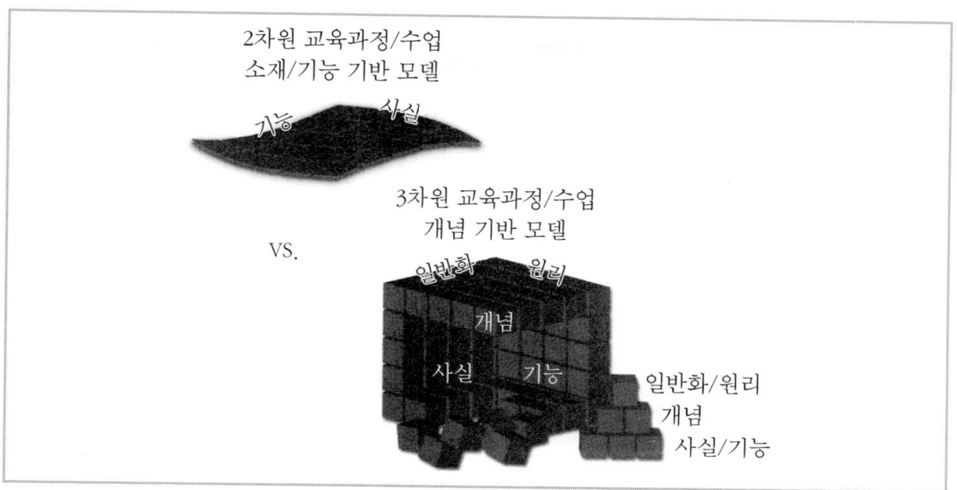

그림 1-1 2차원 교육과정 수업 모델 vs. 3차원 교육과정 수업 모델

출처: H. Lynn Erickson, 2012. Published in Erickson and Lanning, 2014.

일반적으로 역사 과목에 제시되어 있는 수행 지표(performance indicator)를 살펴보자.

- 세계 여러 지역의 경제적 차이를 파악한다.
- (과거부터 현재까지) 기술의 변화를 비교한다.

이러한 수행 지표는 소재에 동사가 합쳐진 전형적인 내용 "목표"의 형태이다. 많은 경우, 이러한 목표에 도달하는 것이 곧 이해의 증거라고 생각하지만, 앞서 말한 것과 같이 이는 학생들이 역사의 진정한 교훈이 담긴 (3차원에 해당하는) '개념적 이해'에 도달하는 데에 도움을 주지 못한다. 학생들은 지역 간 경제적 차이에 대한 사실들을 조사하고 암기하지만, 사고(thinking)는 딱 그 지점에 멈추고 만다. 3차원으로 나아갈 수 있도록 도와주는 다음의 과제를 해 보자.

다음 문장들이 전이 가능한 이해(사실에 의해 뒷받침되며 세월이 흘러도 변하지 않는 아이디어)가 되도록 추론하여 완성하시오.

- ________**을/를 이해하기 위해** 세계 여러 지역의 경제적 차이를 파악한다.
- ________**을/를 이해하기 위해** (과거부터 현재까지) 기술의 변화를 비교한다.

이 수행 지표를 만든 사람들은 중학교 학생들이 사실을 넘어서서 무엇을 이해하기를 바랐던 것일까? 다음은 완성된 문장의 예시이다.

- 지리적 환경과 천연자원이 지역의 경제적 잠재력을 형성하는 데 도움이 된다는 것**을 이해하기 위해** 세계 여러 지역의 경제적 차이를 파악한다.
- 기술의 발전이 사회의 사회적/경제적 생활양식을 변화시킨다는 점**을 이해하기 위해** (과거부터 현재까지) 기술의 변화를 비교한다.

전통적인 수업 방식으로 학생들이 개념적 이해에 도달할 수 있을 것이라 생각하면 안 된다. 수년간 교사들과 함께 개념적 이해에 관한 글을 쓰면서 알게 된 것은 개념적 수준에 도달할 만큼 가르치기 위해서는 많은 연습이 필요하다는 것이다. 사실적 지식에서 심층적인 이해를 끌어내는 것은 쉬운 일이 아니다. 유의미하며, 전이 가능한 이해를 위해서는 사실과 기능을 넘어서는 사고가 필요하다. 또한, 개념적 이해를 간단명료하고 강력하게 전달하기 위해서 언어와 구문을 적절히 진술하는 것도 필요하다. 이러한 쓰기 과정을 시작하면, 대부분의 교사는 "이 작업은 어려워!"라고 말할 것이다. 힘든 작업이 되겠지만, 조금만 연습하면 교사들은 자신이 이해한 것에 자부심을 갖게 될 것이다.

교사가 교수 · 학습에 있어서 최고 수준의 수행을 끌어낼 수 있도록 3차원의 개념 기반 수업을 하기 위해서는 뇌 기반 교육을 살펴볼 필요가 있다. 하지만 이를 위해서 알아야 할 것이 많다. 이 배움을 함께 시작해 보자.

학습하는 뇌

뇌의 무게는 3파운드(약 1.3kg) 정도밖에 되지 않지만, 인간 신체에서 뇌의 역할은 절대 가볍지 않다. 우리는 뇌 없이는 생각할 수도, 움직일 수도, 느끼거나 소통할 수도 없다! 1990년대 이래로 인지과학에서는 뇌의 구조와 기능, 신경과학이 교수 · 학습에 주는 함의에 대해 의미 있는 연구를 해왔다(Eagleman, 2015; Sousa, 2011b, 2015; Sylwester, 2015; Wolfe, 2010).

『LEARNing Landscapes』에 실린 한 논평에서 데이비드 A. 소사(David A. Sousa, 2011a)는 오늘날 연구자들은 뇌가 학습하는 방식에 대한 정보를 많이 얻게 되었고, 이로 인해 "교육신경과학(educational neuroscience)" 또는 "정신, 뇌, 교육과학(mind, brain, and education science)"과 같은 새로운 학문 분야가 탄생했다고 말한다(p. 38). 이 논평은 소사의 책『뇌는 어떻게 학습하는가(How the Brain Learns)』(2011b) 4판에 자세히 서술된 많은 연구를 요약적으로 제시하므로 한 번 읽어 볼 만하다. 우리가 눈여겨보아야 할 점은 최근의 연구 결과들이 우리의 작업 기억 용량에 대해 새로운 발견을 했으며, 그것이 교육에 시사하는 바가 있다는 점이다.

> 함의: 최근의 연구는 놀랍게도 작업 기억 용량(뇌가 한 번에 처리할 수 있는 일의 양)이 7가지에서 5가지 정도로 줄어들고 있다고 말한다. 결과적으로, 교사는 매 수업 학생들에게 더 적은 내용을 제시하여 학생들이 그에 대해 더 깊이 토론해 보고 기억할 수 있도록 해야 한다. 즉, 적을수록 더 좋다는 것이다. 하지만 교육과정에서 제시하는 내용 요소가 꾸준히 증가하고 있는 현 상황에서 내용을 줄이는 것이 쉬운 일은 아니다. 오히려 학생들이 오늘날의 사회에서 성공적인 삶을 살아가는 데에 더 이상 관련이 없는 내용을 찾아 제거하고, 그만큼의 시간을 보다 의미 있는 주제를 깊이 다루는 데에 투자해야 한다(Sousa, 2011a, p. 40).

소사의 다른 글에서도 나타난 이 관점은 개념 기반 교육과정과 수업의 중요한 원

> "교사는 매 수업 학생들에게 더 적은 내용을 제시하여 학생들이 그에 대해 더 깊이 토론해 보고 기억할 수 있도록 해야 한다."
> – 데이비드 A. 소사(David A. Sousa)

리를 뒷받침해 준다: 교육과정이 학문 분야에서 중요하며 전이 가능한 이해(understanding)로 이루어져야만 그 이해를 위한 사실과 기능을 쉽게 선택할 수 있다.

오늘날 교육과 관련한 비관적인 기사와 달리 소사는 교육신경과학의 발전이 교육에 관한 새로운 정보들을 내놓고 있기 때문에 현시점이 교육에서는 매우 흥미로운 시기라고 말한다. 북미를 비롯한 세계 각지의 여러 대학은 신경과학에서 발견한 연구 결과가 교육에 어떤 영향을 줄 수 있는지 검증하기 위한 연구소를 세웠다. 아직 알아낼 것이 많으므로 우리는 신중해야 하며, 상식을 버려서도 안 된다. 하지만 "그와 동시에 우리는 학생들이 어떻게 배우는지, 또 그 과정이 성공적으로 이루어지도록 우리가 어떤 것을 해 줄 수 있는지를 지금처럼 많이 알게 된 적은 없었다."고 소사는 말한다(p. 42).

개념 기반 교육과정과 수업에 대해 공부하면 뇌에 대한 최근 연구가 교수 · 학습에 얼마나 잘 반영되어 있는지, 어떻게 우리의 교수 · 학습 실천을 지지하는 기반이 되는지 알게 될 것이다. 이 장의 앞부분에서 살펴본 교실 장면에서처럼 학생들의 배움에 기쁨이 깃들 때 수업은 진정으로 즐거워진다.

시너지를 내는 사고

우리는 오랫동안 연구를 진행하면서 여러 경우를 경험했다. 그래서 교사가 끊임없는 헌신과 노력으로 가르침에도 불구하고 학생이 우리가 기대한 만큼 배운 것을 유지, 전이, 이해하지 못하는 주요한 원인이 어디에 있는지 이제 안다. 학생이 기대한 성취기준에 도달하지 못하는 가장 주요한 이유는 교사에게 학생의 고차적 사고를 불러일으키지 못하는 깊이 없는 교육과정 자료를 제공했기 때문이다. 이 주장에 대해 좀 더 설명하고, 근거를 제시하겠다.

론 리치하트(Ron Ritchhart, 2015)는 "내용에 대한 이해와 더불어 수업의 주요한 목표는 사고를 발전시키는 것이다."라고 이야기한다(p. 33). 영향력 있는 이 주장은 최근 발간된 그의 책(우리가 가장 좋아하는 책 중 하나이다.),『생각의 문화 창조: 학교를 진정으로 바꾸기 위해 우리가 익혀야 할 8가지 힘(Creating Cultures of Thinking: The 8 Forces We Must Master to Truly Transform Our Schools)』에서 다루고 있다. 리치하트는 수년 전 린 에릭슨(Lynn Erickson)이 했던 것과 같이 (우리 저자들도 그렇게 한다) 이해와 지식이라는 두 용어를 구분하여 사용한다. 이러한 구분은 교수 · 학습에 중요한 시사점을 제공하므로 매우 중요하다. 전통적으로 학교와 교육에 대한 연구는 학생들이 지식, 즉 사실과 기능을 습득하는 것에만 초점을 맞추어 왔다.

교육과정 문서와 교과서는 학습지, 어휘, 학생들이 알아야 할 수많은 주제와 기능만을 공들여 배열해 왔다. 앞서 복잡한 주제를 다루는 첸(Chen)의 수업에서 볼 수 있듯이 이러한 2차원적 관점은 복잡한 21세기에서 효과가 없다. 지식의 기반을 다지는 것은 중요하지만, 이러한 경우 대부분 저차원(lower-level)의 인지적 수행(cognitive work)에 그친다. 더 정교하고 복잡한 사고를 자극하려면 뇌에서 단순한 처리를 담당하는 기관과 복잡한 처리를 담당하는 기관 사이의 **시너지**를 만들어 내야 한다. 이러한 상호작용적 시너지를 내려면 두 개의 인지적 단계—사실적 또는 기본적 기능 단계(낮은 단계)와 개념적 단계(높은 단계)에서 정보를 처리해야 한다. 개념적 사고는 규칙성, 연관성, 깊이 있고 전이 가능한 이해를 깨달을 수 있도록 사실과 기능을 이용한다. "이해는 지식을 기반으로 하지만 그 이상의 것을 만들어 낸다."(Ritchhart, 2015, p. 47)

> "이해는 지식을 기반으로 하지만 그 이상의 것을 만들어 낸다."
> - 론 리치하트(Ron Ritchhart)

시너지를 내는 사고란 무엇인가? 시너지를 내는 사고란 뇌의 고차원적 사고 부분과 저차원적 사고 부분이 상호작용할 때에 나타나는 에너지를 의미한다(Erickson, 2008, p. 72). 지적 능력을 발달시키고 학습 동기를 유발하기 위해서 교육과정과 수업 설계는 의도적으로 학생들의 사고 과정에서 저차원의(사실적/기능적) 사고와 고차원의(개념적) 사고 사이의 "시너지"를 만들어 내야 한다. 즉, 이러한 상호작용이 교육과정과 수업의 설계 과정에서 미리 계획되어야 한다.

> 교육과정과 수업 모형에서 사실적 사고와 개념적 사고 사이의 시너지를 계획하는 것은 지적 능력의 발달에 매우 중요하다. 뇌의 두 부분 사이를 오고 가는 정교한 지적 움직임에 따라 수행 결과의 질이 달라진다. 교육자로서 우리는 이러한 사고의 움직임을 설계해야 한다.

개념 기반 교육과정은 교육과정 설계, 수업 그리고 평가에 대한 기대치를 높인다. 학문의 핵심 개념(key concepts)과 개념적 아이디어(conceptual ideas)가 학습의 "동인(動因)"이 될 때, 학생들은 다양한 상황에 전이시킬 수 있는 이해에 도달할 수 있다. 물론 기본적 기능과 중요한 내용 지식(사실)은 개념 기반 교육과정의 중요한 요소들이다. 하지만 여기에 개념을 포함시키면 기능과 사실에 적절성을 부여하게 되고, 이를 통해 학생들은 사고하고 배운 것을 오래 기억하게 된다(Lanning, 2013). 개념적 구조는 중요하다. 왜냐하면 개념적 이해를 위해서는 내용 지식이 필요하지만, 내용 지식을 습득했다고 해서 개념을 이해하는 것은 아니기 때문이다. 따라서 이러한 방식으로 교육과정을 설계하면 교사들은 학생들이 해마다 어떤 개념과 이해를 학습해야 할지 명확히 알 수 있다.

하지만 교육과정을 설계할 때 지적 시너지를 고려하는 경우가 많지 않다. 개념이 언급되고, 개념의 정의도 종종 나오지만, "아, 맞다, 이런 것도 있어요." 하는 식으로 한번 봐두면 좋을 것 정도로만 언급된다. 개념 기반 교육과정 설계는 학생들이 이해해야 할 명확한 목표를 제시한다. 따라서 교사는 지식/기능과 개념 사이의 상호작용, 즉 시너지를 내는 사고를 수업에서 미리 계획할 수 있다. 이러한 지적 시너지를 만들어 내기 위한 구체적 전략으로 다음 절에서 교육과정과 수업 설계에서 '**개념적 렌즈**'의 활용에 대해 소개하겠다.

개념적 렌즈의 힘

개념 기반의 교사는 기본적인 교육과정 내용 요소들을 활용하여 심층적인 이해를 촉진할 줄 안다. 어떻게 하면 될까? 학문 분야의 기본적인 개념들을 통해 정보를 체계화하고 우선순위를 정하면 학생들의 사고를 위한 계획을 세울 수 있다. 존 해티(John Hattie)는 새로운 지식을 거는 데 필요한 "옷걸이"(고차원적 개념)를 배워야 한다고 주장한다(Hattie & Yates, 2014, p. 115). 우리의 정신(mind)은 비구조화된 자료는 잘 이해하지 못한다. 개념적 렌즈는 어떤 아이디어나 개념(일반적으로 큰 개념)으로서 학습에 초점을 제시하고 깊이를 더해 준다. 이를 통해 이해의 전이가 촉진되고 시너지를 내는 사고가 일어나는 것이다(Erickson, 2008, p. 105). 개념 기반 교육과정에서 개념적 렌즈가 바로 그 "옷걸이"이다. 교사는 학생이 학습 과정에서 자신만의 생각을 손쉽게 끌어낼 수 있도록 개념적 렌즈를 사용한다.

개념적 렌즈가 어떻게 사용되는지 예시를 통해 알아보자. 자넷 카두스(Janet Kaduce)는 고등학생들을 대상으로 대학살(Holocaust)에 대한 단원을 가르치고 있다. 교사는 학생들이 '**인간성**과 **비인간성**'이라는 두 개의 개념적 렌즈를 통해 주제와 관련된 사건을 생각하게 한다.

이 개념적 렌즈는 뇌의 저차원적 사고와 고차원적 사고 사이의 시너지를 일으키는 수단이다. 학생들은 주어진 사실을 **인간성**과 **비인간성**이라는 개념과 연결하여 생각해야 하므로 더 깊게 사고한다. 이러한 지적 시너지를 촉진하기 위해서 자넷은 수업의 전반에 걸쳐 안내 질문(guiding questions)을 사용한다. 개념 기반의 교사는 세 가지 유형(사실적, 개념적, 논쟁적)의 질문에 대해서 안다. 그리고 수업 전반에 걸쳐 그 질문을 사용해서 학생들의 사고를 특정 소재나 사례로부터 깊이 있는 개념적 이해로 나아가게 하는 방법을 안다. 안내 질문은 제2장에서 더 자세히 다루겠지만, 자넷의 수업에서 사용했을 법한 안내 질문 몇 가지를 살펴보자.

사실을 묻는 질문(Factual questions):

대학살은 세계사에서 왜 중요한 사건이 되었을까요?

나치는 어떤 신념을 가지고 그러한 행동을 했을까요?

어떤 사건들로 인해 히틀러의 권력이 강해졌을까요?

개념적 이해를 요구하는 질문(Conceptual questions):

경제적, 정치적, 사회적 상황이 인간성과 비인간성을 바라보는 관점에 어떤 영향을 끼칠까요?

침묵이 때로 비인간적 행위의 원인이 되는 이유는 무엇일까요?

개인의 신념, 가치, 관점은 인간성과 비인간성을 바라보는 시각과 어떤 관련이 있을까요?

논쟁 가능한 질문(Debatable questions):

한 사람이 비인간적이면서도 동시에 교양 있을 수 있을까요? (자기 생각을 설명하세요.)

개념적 렌즈는 사실적 지식에 대해 심층적인 수준에서 생각하도록 하므로 학생들은 사실적 지식을 더 오래 기억할 수 있다. 더 나아가, 학생들이 사실적 내용에 자신들의 생각을 끌어올 수 있게 되므로 사건에 대한 개인적 의미를 더 잘 구성할

갈등	복잡성
신념/가치	역설
상호의존성	상호작용
자유	변환
정체성	규칙성
관계	기원
변화	혁명
관점	개혁
권력	영향
시스템	균형
구조/기능	혁신
설계	천재
영웅	유용성
힘	창의력

● 그림 1-2 **개념적 렌즈의 예**

수 있다. 이러한 방식은 학생들이 수업 내용을 정서적으로—즉, 자신과 관련지어—느끼도록 해 주며 따라서 학습 동기가 높아진다.

[그림 1-2]는 학생들의 개념적 사고를 촉진하기 위해서 교육과정 설계자들이 함께 작업한 개념적 렌즈의 목록이다. 이 목록은 모든 예시를 망라한 것이 아니므로 수업 내용에 비추어 적절하게 사용하면 된다. 교사가 수업의 초점을 어디에 맞추느냐에 따라 개념적 렌즈가 결정되므로 단원명을 먼저 살펴보고 개념적 렌즈를 선택해야 한다. [그림 1-2]에 제시된 몇몇 개념적 렌즈는 **시스템**이나 **변화**와 같이 매우 광범위하며 추상적인(매크로 개념) 반면, **비례**나 **영웅**과 같은 것들은 매우 구체적이다(마이크로 개념). 다시 말해, 렌즈는 학습할 단원에 개념적 초점을 부여한다.

다음 활동을 통해 개념적 렌즈가 가진 힘을 느껴 보자.

1. 여러분이 가르치고 있는 교육과정에서 단원 2개를 떠올려 보자.
2. 떠올린 단원에 적용할 만한 개념적 렌즈를 [그림 1-2]의 개념적 렌즈 중에서 선택하라.

이제 2에서 선택한 개념적 렌즈를 다른 렌즈로 바꾸어 보라.

렌즈를 바꾸었을 때 학습과 관련된 생각의 초점이 어떻게 바뀌는지 확인해 보자.

학생들에게 어떤 개념적 렌즈가 가장 흥미로울까(또는 도전적일까)?

단원명	적용 가능한 개념적 렌즈	적용 가능한 개념적 렌즈
A.	1.	2.
B.	1.	2.

반성적으로(메타인지를 활용하여) 생각해 보라. 개념적 렌즈가 어떻게 여러분이 생각하게 하는지 알아챘는가? 생각을 하게 함으로써 배우는 것에 대한 흥미와 동기가 높아졌는가?

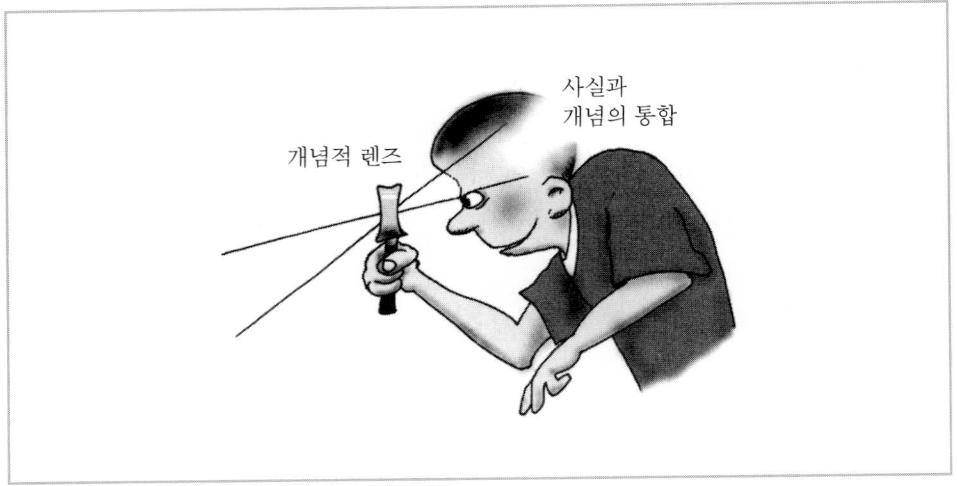

그림 1-3 개념적 렌즈

출처: David Ford Cartoons, davidford4@comcast.net. 허가 후 게재.

사고의 통합

사실과 기초 기능을 넘어서서 이들과 관련된 개념, 법칙, 일반화와의 관계와 규칙성을 찾았을 때 그리고 우리가 배우는 것의 보다 깊이 있는 의미를 이해할 수 있을 때, 그때 우리는 우리의 사고가 개념적 수준에서 **통합**되었다고 말할 수 있다. 교육과정과 수업 설계는 이러한 사고의 통합을 목표로 삼아야 한다.

통합은 교육과정의 한 단원에서 여러 교과를 조직하는 방법이기보다는 인지적인 과정이라 할 수 있다(Erickson & Lanning, 2014, p. 84). 시너지를 내는 사고(저차원적 사고와 고차원적 사고 사이의 상호작용)를 촉진하는 개념적 렌즈를 사용하면 학문 내 또는 학문 간의 통합이 일어날 수 있다. 시너지를 내는 사고의 과정은 인지적 통합, 또는 사고의 통합을 일으키며 이는 시간과 문화, 사례를 가로지르는 전이 가능한 개념적 이해로 드러난다. 예를 들어, "세계 경제" 단원에서 **복잡성**이란 개념적 렌즈를 사용하면 학생들은 세계 경제와 관련된 사실들과 단원의 개념적 렌즈인 **복잡성** 사이의 관계를 생각하게 된다. 이러한 사고의 과정은 궁극적으로 시대를 막론하고

그림 1-4 통합된 사고

출처: David Ford Cartoons, davidford4@comcast.net. 허가 후 게재.

전이 가능한 개념적 이해에 도달하게 한다. "우리는 국제 사회에서 권력의 변화가 관련 국가들의 경제적 관계를 바꿀 수 있다는 것을 이해합니다."와 같이 일반화를 설명할 수 있을 때 학생들의 사고는 가시화되며, 사고의 통합을 반영한다.

개념적 렌즈를 사용하는 것 이외에도 개념적 이해(일반화와 법칙)를 귀납적으로 가르치는 것 또한 사고의 통합을 촉진한다. 이러한 개념적 이해는 일반적으로 "영속적 이해"(Wiggins & McTighe, 2011), "핵심적 이해"(Erickson, 1995, 2002), 또는 오늘날의 교육학 용어로는 "빅 아이디어"로 불린다. 국제 바칼로레아에서는 이러한 개념적 이해를 "주요 아이디어"와 "탐구의 결과"라고 말한다.

이러한 일반화에 대해 생각해 보라: "예술가들은 감정의 복잡성을 표현하기 위해 색의 조합을 사용하기도 한다." 이는 생각의 통합이며, 구체적인 예시로 뒷받침된다. 적극성과 기쁨을 반영하는 마티스 정물화의 대담하고 생생한 색, 피카소 청색 시대의 잔잔한 색조와 같은 것이 그 예시이다. 제2장 "지식과 과정의 구조"에서는 교수 · 학습, 지적 발달을 중심으로 개념적 이해에 대해 더 깊이 다룰 것이다.

배움의 전이

지식과 기능을 새롭거나 비슷한 맥락에 전이시키는 능력은 심층적인 이해와 고차원적 사고의 증거이다. 전이에 대해 이야기하며 퍼킨스(Perkins)와 살로몬(Salomon)(Lanning, 2009)은 개인의 배움이 새로운 맥락에 적용되는 과정을 가까운(저차원적) 전이와 먼(고차원적) 전이의 두 가지로 구분하였다. 문제와 과제가 꽤 비슷하여 전이가 쉽게 일어난다면 그것은 **가까운 전이**이다. 예를 들어, 자동차 운전 기술이 익숙하지 않은 트럭을 운전하는 상황에 전이되는 경우이다. **먼 전이**는 하나의 맥락에서 배운 것을 다른 맥락에 전이하는 데에 심층적인 사고와 지식 그리고 신중한 분석이 필요한 경우이다. 전기 시스템의 작동에 대한 이해를 동맥과 정맥의 순환계에 대한 이해로 전이하는 것이 먼 전이의 예시이다(Lanning, 2009). 이러한 종류의 전이는 학생들이 이 복잡한 세상에서 살아나가는 데에 도움을 줄 것이다. 개념 기반 교육과정과 수업을 설계할 때에 고차원적 전이를 운에 맡겨서는 안 되며, 의도적으로 설계해야 한다.

개념 기반 교육과정과 수업을 설계할 때에 고차원적 전이를 운에 맡겨서는 안 되며, 의도적으로 설계해야 한다.

전통적인 교육과정 설계 모형에서는 생각의 통합과 학습의 전이보다 암기를 더 중시해 왔기 때문에 교사는 이러한 고차원적 과정을 천재적인 학생이 우연히 보여 주는 것으로 생각할 수도 있다. 교사는 동료에게 "오늘 세계 인구 과밀 문제에 관해 토론할 때 킴(Kim)과 로버트(Robert)가 어떤 통찰과 생각을 보였는지 믿지 못하실 걸요!"라며 들떠서 이메일을 보낼 것이다. 하지만 통합된 생각과 전이는 교실에서 일상적으로 일어나야 하는 일이다. **의미를 구성한다는 것**은 단순히 주제와 관련된 체험 활동을 하거나 관련 어휘를 배우는 것이 아니다. 의미를 구성한다는 것은 고차원적 사고(higher-order thinking)와 저차원적 사고(lower-order thinking)가 상호작용한다는 것을 의미한다. 이는 교육과정과 수업이 이 상호작용을 계획해야 한다는 것을 의미한다.

『비판적 사고력을 위한 핸드북(Critical Thinking Handbook)』 2장 "비판적 사고를 직관적으로 하기"를 보면, 리처드 폴(Richard Paul, 1997, p. 20) (비판적 사고를 위한 재단, Foundation for Critical Thinking)은 "직관적 이해는 추상적 개념과 구체적인 적용을 통찰력 있게 연결 짓게 해 준다."라고 말한다. 그는 모든 학교급에서 직관적 이해를 촉진하도록 수업할 것을 요구한다. 그는 다음과 같이 말한다.

> 만약 우리가 추상적인 것과 구체적인 것 사이를 자유롭고 통찰력 있게 오갈 수 있는 학생들의 능력에 초점을 맞춰 왔다면, 학생들은 상상력을 계발하고 추상적인 내용의 구체적인 사례를 만들어 낼 수 있었을 것이다. 사실 모든 학생은 중요하고 추상적인 진리와 법칙을 구체화하는 수백 개의 예시를 경험해 왔다. 하지만 누구도 학생들에게 법칙이나 추상적 개념을 설명해 줄 예시를 경험 속에서 찾거나 상상하도록 요구하지는 않았다.
>
> 그 결과 학생들의 상상력은 덜 발달하였으며, 학생들은 개념과 원리를 제대로 이해하지 못하게 되었다. 따라서 개념과 지각, 생각과 경험, 이미지와 실제를 직관적으로 통합하지 못하게 되었다(Paul, 1997, p. 36).

우리는 대부분의 교수 · 학습 상황에서 직관적 통합이 이루어지지 않는다는 폴의 의견에 동의한다. 직관적 통합은 생각의 통합에서 중요한 요소이다. 하지만 우리는 이러한 문제가 교사에게서 비롯된다고 생각하지 않는다. 혼란스러운 생각을 일으키는 것은 혼란스러운 교육과정 설계이다. 교사는 최선을 다하고자 한다. 그들은 수업을 계획하고 준비하는 데에 많은 시간을 투자한다. 하지만 수많은 학교가 고차원적 사고가 아닌 저차원적 사고만을 촉진하는 교육과정을 계속 제공하고 있는 것이 현실이다. 어떤 교사는 이러한 현실을 극복하기 위해 교수 · 학습에 대한 자신의 지식을 활용하여 수업을 재구성한다. 또한, 보다 많은 학교가 교육과정과 수업 설계에 있어 개념적 구조를 사용하기 위해 노력하고 있다는 점도 희망적이다. 하지만 그렇지 않은 교사나 학교들이 아직은 더 많다. 이로 인해 학생 성취도에서 큰 편차가 나타나기도 한다.

지적 발달

지적 특성과 성향

학교는 지적 발달에 중요한 역할을 한다. 하지만 론 리치하트(Ron Ritchhart)가 『지적 특성(Intellectual Character)』(2002)에서 언급한 바와 같이

> 학교는…… 본질보다는 스타일을, 깊이보다는 폭을 추구하며, 무엇보다도 속도를 강조한다. ……우리는 '교육과정, 교과서, 성취기준, 수업목표, 시험'을 어떤 목표를 향한 도구가 아니라 그 자체를 목적으로 잘못 생각해 왔다(pp. xxi, 8).

리치하트(2002)는 우리가 잘못된 것을 가르쳐 왔다고 지적한다. 강력한 "지적 특성(intellectual character)"을 길러 주는 "지적 성향(intellectual disposition)"을 키우는데 집중해야 한다고 말한다(p. 10). 리치하트는 **지적 특성**을 시간의 흐름에 따라 형성되고 드러나는 행동, 사고, 상호작용의 "패턴"이라고 정의한다. 그는 **지적 성향**을 창의적 사고(개방성, 호기심), 비판적 사고(진리와 이해 추구, 전략적, 의문을 제기하는), 반성적 사고(메타인지)로 범주화하였다(p. 27).

지력(intellect) 없는 정보는 무의미하다.

교사는 성취기준(standards)을 충족시켜야 한다는 압박감으로 인해 진도를 빨리 나가게 된다고 생각한다. 그리고 이 때문에 "지적 성향"을 계발할 충분한 시간이 없다고 본다. 하지만 교육의 목적을 놓쳐서는 안 된다. 교육은 여러 기능을 배우거나 많은 정보를 획득하는 것 이상이어야 한다. 실제로 사회에서의 생존은 사회, 경제, 정치, 환경 문제에 지적이고 창의적으로 대응하는 능력에 달려 있다. 지력 없는 정보는 의미가 없다.

우리는 성취기준이 의도하는 바에 도달하면서도 지적 발달에 지속적으로 집중할

수 있다. 그 비결은 바로 교육과정과 수업 설계 그리고 지적 성향을 계발하는 전략을 배우고 실천하려는 교사의 의지에 있다. 3차원의 개념 기반 교육과정과 수업은 지적 성향의 계발을 위한 강력한 틀을 제공한다.

① 창의적 사고

창의적 사고 영역은 반성적이고 비판적인 사고가 궁극적으로 표현되는 것이기 때문에 대단히 흥미롭다. 창의적 사고는 복잡한 문제를 다루는 세계에서 점점 더 중요해지고 있다. 하지만 고부담시험(high-stakes test)을 강조한 결과 학교 교육과정이 편협해지는 것에 대해 오늘날 교육자들은 더욱더 우려하고 있다. 우리는 이러한 우려에 동의한다! 개념 기반 교육과정과 설계는 학생들의 창의적 사고를 포기하지 않으면서 새로운 성취기준에 대한 기대치를 충족시킬 수 있다.

때때로 사람들은 창의적 사고가 실제로 무엇을 수반하는지 이해하지 못하기 때문에 학교교육에서 필수적이지 않은 것으로 생각한다. 창의적 사고의 가치를 더 잘 이해하기 위하여 창의적 사고의 구성 요소가 개방성과 호기심이라고 언급한 리치하트의 견해를 살펴볼 것이다(2002, p. 28). 개방성은 들어오는 정보를 비판적으로

그림 1-5 창의적 사고

출처: David Ford Cartoons, davidford4@comcast.net. 허가 후 게재.

성찰하는 능력, 다양한 관점으로 바라보는 능력, 요소 간 어떤 패턴이나 관련성이 있는지 통찰과 유연성을 가지고 찾아보는 능력에 달려 있다. 호기심은 지적 발달을 유도한다. 호기심은 학습의 출발점이며, 창의적인 문제 해결로 가는 관문이다.

창의성에 대해 깊이 있게 연구한 또 다른 유명한 저자는 켄 로빈슨(Ken Robinson)이다. 로빈슨의 2006년 테드 강연 '학교는 창의성을 죽이는가?'는 창의성과 관련하여 많이 시청한 영상 중 하나이다. 당시에 그가 말한 아이디어는 오늘날에도 대단히 유의미하다. 그가 논한 것 중 하나는 오늘날 교육에서 문해력만큼 창의성이 중요하다는 것과 학교는 창의성을 문해력과 동등한 수준으로 다루어야 한다는 것이었다. 불행히도 최근의 교육정책들로 인해 교육은 이와 같은 생각에서 더욱 멀어지고 있다. 로빈슨은 우리가 틀릴 준비가 되어 있지 않다면, 우리는 어떠한 독창적인 것도 생각해 내지 못할 것이라 주장한다. 과제, 교실 토론, 평가에서 정답과 정답으로 이어지는 생각에만 보상을 주는 것은 틀리는 것을 두려워하는 학습자를 만든다. 하지만 로빈슨은 '틀리는 것'과 '창의적인 것'은 다르다고 말한다.

> 우리가 알아야만 하는 것은 여러분이 틀릴 준비가 되어 있지 않다면, 어떤 독창적인 것도 만들어 내지 못한다는 것이다. ……우리는 실수를 비난한다. 그리고 우리는 실수를 여러분이 만들어 낼 수 있는 최악의 것으로 간주하는 교육 시스템을 운영하고 있다. 그 결과 우리는 사람들이 자신의 창의적 역량을 발휘하지 못하게 하고 있다. ……확실히 말하건데 내 생각에는 우리가 창의적이지 못하며, 가지고 있던 창의성마저 없어지고 있다고 생각한다. 더 정확히 말하면 창의성을 회피하고 있다.

물론 학교 학습의 결과로 틀린 대답을 하게 되는 것이 괜찮다고 말하는 것은 아니다. 개념 기반 교육과정과 설계가 추구하는 것은 자연스러운 학습의 일부분으로서 학생들이 사고하고, 처리하고, 종합하고, 토론하고, 실수를 할 수 있는 기회이다. 즉, 학습 과정에서 창의적인 사고를 할 수 있게 하는 것이다. 교사는 학생들을 코칭하고, 학생들에게 질문하고 의미 있는 피드백을 제공하며, 학습해야 할 내용에 대한 이해를 바탕으로 발전된 사고를 요구하는 과제를 설계함으로써 학생들의 사고를 생산적으로 이끌어 가야 할 책임이 있다. 궁극적으로 우리는 학생들이 학습을 통해 중요하고 전이 가능한 아이디어에 대한 이해를 구성해 나가기를 원한다. 또한 어떻게 그런 이해에 도달하게 되었는지 이해하기를 바란다.

문제 해결에서 창의적 사고를 사용하는 것은 모든 분야에 이로움을 주지만, 창의적 사고는 예술의 근원이기도 하다. 과학은 사람들이 자연과 인문 세계의 현상을 이해하고 설명하는 데 도움을 주지만, 예술은 한 단계 더 나아가 물리적이고 사회문화적인 세계에 대한 개인의 해석을 만들고 공유할 수 있게 한다. 그러므로 학교가 결국 잊어버리게 될 내용을 가르치고 반복 학습을 하느라 예술 프로그램을 줄이는 것은 걱정스러운 일이다.

창의적 사고는 개인적인 **의미**를 구성하는 것이다. 창의적 사고는 모양, 소리, 색, 단어, 아이디어를 이리저리 만져 보며 상상하는 것이다. 창의적 사고는 독특하고, 혁신적인 산출, 문화적인 표현, 전 세계적인 문제를 해결할 수 있게 하는 근원이다.

창의적 사고는 독특하고, 혁신적인 산출, 문화적인 표현, 전 세계적인 문제를 해결할 수 있게 하는 근원이다.

모든 학문 분야에서 예술은 가장 개방적이다. 비록 예술에서 활용되는 기술과 비평을 언어로 표현한 '개념과 원칙'이라는 형식적인 구조가 있지만, 예술은 다른 분야에 비해 창의적인 정신을 자극한다. 창의적인 정신은 인지적 유연성을 발달시키며, 상황 · 사물 · 이슈를 여러 관점에서 검토할 수 있게 하고, 끊임없이 반복되는 문제에 대해 참신한 해결책을 제안할 수 있게 한다. 따라서 예술은 문화와 감정의 개인적, 사회적 표현으로서 본질적인 가치를 가지고 있지만, 오늘날 학교에서 예술은 창의적 사고를 계발하기 위한 강력한 수단으로 그 중요성이 커지고 있다. 로빈슨(2013)은 "예술이 다만 수학 성적을 올리는 데 도움을 주기 때문에 중요한 것이 아니라 어린이의 본성을 움직이며, 그렇지 않고서는 계발될 수 없기 때문이다."라고 우리에게 거듭 말한다. 우리가 사는 세상의 미래는 창의적이고, 비판적이고, 개념적이며, 반성적인 사고의 긴밀한 융합에 달려 있다. 이에 대해서 의심할 여지가 없다.

② 비판적 사고

비판적 사고란 무엇인가? 다양한 정의가 있지만, 우리는 비판적 사고의 요소로 "진리와 이해를 추구하고, 전략적이며, 의문을 제기하는" 성향을 포함하는 리치하트 (2002, p. 29)의 정의를 선호한다. 이와 같은 특성이 현재의 성공을 이끈 근본적인 요소가 아니라고 누가 주장할 수 있겠는가? 오늘날 사람들은 사실에 근거하거나 혹은 그렇지 않은 다양한 시각과 의견이 범람하는 세상에서 살아가고 있다. 비판적으로 생각하는 사람들은 표현의 타당성과 근거의 타당성을 확인함으로써 자신들이 접하는 정보를 편견 없이 판단한다. 이들은 모든 사실을 확인하기 전까지 정보에 대해 건전한 회의론을 유지한다. 이들은 상황을 평가하는 데 있어서 자신이 가지고 있는 개인적 편견을 자각하며, 증거를 고려할 때 자신들의 편견을 극복하려고 애쓴다. 비판적으로 생각하는 사람들은 논리를 사용하여 문제를 해결한다. 이들은 문제가 무엇인지, 문제를 구성하고 있는 요소가 무엇인지 명확히 하고, 대안의 실행 가능성을 고려하며, 해결을 위한 일정과 단계를 마련함으로써 문제를 전략적으로 처리한다.

비판적으로 생각하는 사람들은 다양한 사고의 가치를 안다. 그렇다면 어떤 종류의 생각이 가치 있을까? 이는 리치하트(2015)가 제기한 질문이며, 그에 대한 답은 다음과 같다.

> 이는 당연히 학습 상황에 따라 달라지지만, 우리는 학생들이 자신의 이해를 계발하는 데 필요한 사고에 능숙해지기를 바란다.
>
> 예를 들면,
>
> - **질문**하기, 문제를 파악하며, 연구 대상과 아이디어에 대해 밝혀지지 않은 점과 함의를 궁금해하기
> - **연결**하고 비교 및 대조하기-연결할 때는 배우는 내용과 선행지식을 연결하는 것뿐만 아니라 학문 내 그리고 학문 간 내용을 연결하는 것을 포함하기
> - 끊임없이 발전하는 지식과 이해를 바탕으로 지속적이며 점진적으로 **설명**, 해석, 이론을 구축하기

- 편견을 분별하고 문제나 아이디어, 사건에 대해 보다 균형 있게 접근할 수 있도록 다양한 **관점**과 대안적인 시각에서 대상을 검토하기
- 세부 사항, 미묘한 차이, 숨겨진 측면을 충분히 파악하고, 해석과 이론에 대한 기본적인 증거로서 실제로 일어난 일을 확인하기 위해 관심을 기울이고 관찰하며, **자세히 살펴보기**
- 해석, 예측, 이론, 논증 및 설명을 뒷받침하고 정당화하는 증거를 확인하고 수집하며, **근거에 기반하여 추론하기**
- 주제의 복잡성과 과제를 규명하고 표면이 아닌 **본질을 볼 수 있도록** 깊이 있게 탐구하기
- 그것이 정말로 무엇인지 분별할 수 있도록 대상의 **핵심**이나 본질을 **포착하기** (pp. 31-32)

궁극적으로 학생들은 자신이 비판적 사고가가 되기 위해서 무엇이 필요한지 알아야 하고, 모든 교과에서는 비판적 사고를 포함하는 학습 활동이 이루어져야 한다. 비판적 사고의 성향에 대해 제대로 알지 못한다면 학생들은 쉽게 조종당할

그림 1-6 지력 없는 정보

출처: David Ford Cartoons, davidford4@comcast.net. 허가 후 게재.

수 있으며, 피상적인 이해에 그칠 위험이 있다.

③ 반성적(메타인지적) 사고

리처드 폴(Richard Paul)과 린다 엘더(Linda Elder)는 비판적 사고의 전문가로 잘 알려져 있다. 이들의 가장 큰 공헌 중 하나는 『비판적 사고를 위한 작은 가이드북: 개념과 도구(The Miniature Guide to Critical Thinking: Concepts and Tools)』(Paul & Elder, 2014, pp. 12-13)에 일련의 지적 기준(intellectual standards)을 제시한 것이다. 개념적 사고 과정뿐만 아니라 여러 종류의 비판적 사고는 지속적인 메타인지를 필요로 한다.

사고에 대한 메타인지 평가를 하려면 지적 기준이 필요하다. 교사는 폴과 엘더의 연구를 사용하여 학생들이 사고 능력의 질적 수준과 성장에 대해 성찰할 수 있도록 도울 수 있다. 메타인지와 관련하여 우리가 해야 할 것들이 많다. 이때 그들이 만든 기준은 탄탄한 시작점이 된다.

다시 말하지만, 우리가 말하고자 하는 바는 학생들의 사고력을 계발하는 것은 교과 내용을 습득하는 것만큼 중요한 학습목표라는 것이다. 개념 기반 교육과정과 수업은 두 목표가 모두 실현될 수 있게 한다. 교사로서 우리는 학생들이 향상시켜야 할 사고가 무엇인지 분명하게 밝히는 것도 중요하다. 또한 이해를 심화하는 데 있어서 사고가 매우 중요한 역할을 한다는 점을 학생들이 인식할 수 있게 해야 한다. 학생들은 자신의 사고를 촉진하고 이끄는 데 사용할 수 있는 전략에 대해 거의 모르는 편이다-학습에 어려움을 겪는 학생들은 특히 더 그렇다. 만약 이런 지식이 없다면 효과적인 학습이 일어나지 않고, 독립적이고 능동적이며 반성적인 학습자가 되기 힘들다(Ritchhart, Church, & Morrison, 2011).

명확성	더 자세히 설명해 줄 수 있나요?
	예를 보여 줄 수 있나요?
	무슨 의미인지 설명해 줄 수 있나요?

정확성	그것을 어떻게 확인할 수 있나요?
	그것이 사실인지 어떻게 알 수 있나요?
	우리가 그것을 어떻게 확인하거나 검증할 수 있나요?
정밀성	더 구체화할 수 있나요?
	보다 세부적인 내용을 말해 줄 수 있나요?
	더 정확하게 할 수 있나요?
관련성	그것은 문제와 어떤 관련이 있나요?
	그것은 질문에 어떻게 영향을 주나요?
	그것은 이 문제를 다루는 우리에게 어떤 도움을 주나요?
깊이	왜 이 문제가 어렵나요?
	이 질문에 포함된 복합적인 요소들은 무엇인가요?
	우리가 다루어야 할 어려움은 무엇인가요?
너비	이것을 다른 관점에서 볼 필요가 있나요?
	다른 시각을 고려해야 할까요?
	우리는 이것을 다른 방식으로 보아야 할까요?
논리	이 모든 것이 타당한가요?
	첫 번째 단락의 내용과 마지막 단락의 내용이 일치하나요?
	당신은 증거를 바탕으로 말하나요?
중요성	이것이 고려해야 할 가장 중요한 문제인가요?
	이것이 중심 아이디어인가요?
	가장 중요한 것은 무엇인가요?
공정성	나는 이 문제에 기득권을 가지고 있나요?
	나는 다른 사람들의 견해에 동감하고 있나요?

• 그림 1-7 지적 기준에 초점을 둔 질문

출처: Paul, R. W., & Elder, Linda. (2012). *The Thinkers Guide to the Nature and Functions of Critical and Creative Thinking*. Tomales, CA: Foundation for Critical Thinking. www.criticalthinking.org. (원전은 2004년에 출판) 허가 후 게재.

④ 개념적 사고

리치하트와 폴은 지적 학습에 대한 논의에서 개념적 사고를 명시하지는 않았지만, 개념적 사고는 비판적, 창의적, 메타인지적 사고를 포함하는 형태로 볼 수 있다. 개념적 사고에는 사실적 정보를 비판적으로 검토하고, 새롭게 학습한 것을 선행지식과 연결하며, 패턴과 관련성을 파악하고, 개념적 수준에서 중요한 이해를 이끌어 내고, 증거에 근거하여 이러한 이해의 진위 여부를 판단하고, 시공간을 초월하여 자신의 이해를 전이시키며, 문제를 해결하거나 새로운 제품, 프로세스, 또는 아이디어를 개발하기 위해 개념적 이해를 창의적으로 적용하는 능력이 요구된다. 이 책에서는 개념적 사고의 본질, 지적 발달의 중요성, 이와 같이 복합적인 형태의 사고를 계발하기 위해 교육과정과 수업을 어떻게 만들 것인지 이해할 수 있게 도와주고자 한다.

학생들의 사고는 우리가 어떤 사고를 가치 있게 여기느냐에 따라 영향을 받기 마련이다. 우리가 제기하는 질문과 학생들이 답을 찾고자 하는 질문은 문제, 이슈 또는 어려운 내용을 통해서 사고하는 방법에 집중할 수 있는 기회를 제공한다. 우리는 학생들이 독립적으로 분석하는 사람, 문제를 해결하는 사람, 생각하는 사람이 되는 방법을 배울 수 있도록 도와야 한다. 학생들에게 사고하는 방법을 보여 주어 따라하게 하고, 지적 학습을 필요로 하는 학습 과제를 설계함으로써 학생들이 일반적인 방식으로 자신의 사고를 다루게 도울 뿐만 아니라 아이디어, 상황 및 예를 연결하고 자신의 사고를 효과적이고 비판적으로 평가할 수 있는 방법을 제공해야 한다.

사고와 수행의 학문적인 방식

이 장에서는 일반적인 용어로 다양한 사고에 대해 논의했지만, 각 학문(예술, 수학 등)은 고유의 사고 과정, 도구, 의미를 만들어 내는 방법을 사용한다. 예술 분야 전문가들은 학문의 깊이가 문제 해결의 질적 수준과 관련되어 있다고 확신한다. 개념 기반 교육과정과 수업은 각 **학문**에서 학년별로 지식, 개념적 이해, 과정 및 기능을 체계적으로 가르치는 것이 중요함을 강조한다. 예술 교과 교사는 깊이 있고 개인적인 학습 경험에서 비롯된 학생들의 행동양식, 사고, 상호작용은 이후에 학생들이 학문적인 방식으로 생각하고 행동할 수 있게 한다고 말한다. 예술가, 과학자, 수학자, 사회과학자는 자신이 몸담고 있는 학문의 본질과 일관된 방식으로 문제를 바라보고 문제를 해결한다.

다른 분야의 전문가들 또한 학생들이 각 학문에 대한 "실천가(practitioners)"가 되도록 적절한 경험을 제공하는 교육과정과 수업을 권한다. 이는 학문적 지식, 이해, 수행에 대해 친숙해져야만 한다는 것을 뜻하며, 이를 통해 교사는 학생들의 문제해결과 통찰력을 계발하는 교과 학습 활동을 설계할 수 있다. 하지만 이는 학생들이 반드시 학문의 경계 안에서 학습해야만 함을 의미하지 않는다. 오히려 깊이 있고 폭넓은 이해를 위하여 **간학문적**인 관점에서 문제와 주제를 고찰해야 할 때가 있다. 간학문적인 학습은 여러 학문 각각의 내용, 개념 및 방법만큼이나 강력하다. 따라서 우리는 교육과정 개발자와 교사들이 학년에 따라 학문적 지식, 이해, 수행을 체계적으로 개발하되, 간학문적 수업에서 학문적인 지식과 과정을 유연하게 사용할 수 있도록 학생들이 복잡한 문제나 주제를 다루게 할 것을 제안한다.

생각하는 교사와 학생

주요 목표가 학생의 지적 발달이라면 비판적이고, 반성적이며, 창의적이고, 개념적으로 생각하는 교사의 능력이 중요하다는 것은 의심할 여지가 없다. 개념 기반 워크숍에 참가한 교사들은 학문적인 사실과 기능을 넘어서서 "어떻게?" "왜?", 그들이 가르치는 내용이 "무엇 때문"인지 밝히려고 노력하는 모습을 보여 왔다. 워크숍이 끝날 때가 되면 교사들은 "너무 많이 생각해서 머리가 아파요."라고 이구동성으로 말한다. 하지만 워크숍에서 배운 것을 자신의 학급에 바로 적용하고 싶다고 말한다. 처음에 우리는 교사들이 생각하는 것이 얼마나 힘든지 표현한 후에도 왜 그렇게 열정을 보이는지 궁금했다. 그다음에 '인간은 지적인 존재이며, 우리는 생각하기 위해 태어났다.'는 생각이 떠올랐다. 우리가 성공적으로 정신을 잘 활용하면 더 많은 것을 배우고 싶은 동기를 갖게 된다. 이 중요한 전제는 학생들에게도 마찬가지로 적용된다. 학생들은 자신의 정신(mind)을 잘 사용함으로써 개인적인 만족감을 얻게 된다.

학생들은 자신의 정신(mind)을 잘 사용함으로써 개인적인 만족감을 얻게 된다.

때로, 교사들은 개념 기반 교육에 대해 더 많이 알고 싶어 하며 자신이 이미 실천하고 있는 개념 기반 교육이 잘 이루어지고 있는지 확인하기 위해 우리 워크숍에 참여한다. 이들은 워크숍을 통해 더 깊이 있게 개념 기반 교육을 이해하게 되며, 자신의 실천을 확장하게 된다. 어떤 이들은 부정적인 선입견을 가지고 워크숍에 참여할 수도 있지만, 학문적 사실과 기능이 여전히 핵심적인 요소로 가치 있다는 것을 알게 되면 거부감 없이 편안한 마음으로 참여한다. 어떤 교사는 개념 기반 교육에서 다루는 내용을 제대로 이해하지 못할까 봐 전전긍긍하며 워크숍에 들어온다. 그러나 이러한 교사는 대체로 "나는 개념 기반 수업에 대해 더 많이 생각해 볼 필요가 있어. 그렇지만 난 내가 이걸 해낼 수 있다는 걸 알아!"라는 의견을 남긴다.

교사가 생각해 봐야 할 가장 핵심적인 것은 학생들이 사고하도록 동기를 부여하는 것이다. 교사는 학생들이 비판적이고, 반성적이며, 창의적이고, 개념적으로 사고하도록 배워야 하는 것을 사회가 왜 중시하고 있는지 이해해야 한다. 이번 절의 결론으로서 엘더와 폴이 주는 현명한 조언을 살펴보자.

> 학생들의 사고력을 계발할 수 있도록 내용을 가르치는 방법에 여러 가지가 있다. 하지만 그렇게 하려면 우리는 지적으로 정신을 활용하는 데 초점을 두어야 하며, 학생들의 발달 단계를 파악해야 한다. 우리와 학생들은 우리의 사고력이 점진적으로 발달하고 있다는 것을 인식해야 하며, 우리 중 누구라도 이러한 발달이 우리의 노력과 지적인 과정을 통해 얻은 지식(intellectual knowledge)의 수준에 따라 결정된다는 것을 알아야 한다. 달리 말하면, 만약 내가 비판적 사고력을 계발하고 싶다면, 나

는 반드시 내 생각을 "발견"해야 하며 주도적으로 이끌고 가야 한다. 이러한 목표를 달성하기 위해서는 많은 노력이 필요하다.

> 왜 노력이 중요한가? 엄밀하게 말하자면, 인간의 정신은 즉각적으로 쉽고, 편하고, 자신의 이익을 위해 노력하는 것을 추구하기 때문이다. 동시에 이해하기 어려운 것, 복잡한 것, 다른 생각이나 상황을 고려해야 하는 것에 저항한다.

이러한 이유로 우리는 교사로서 그리고 교육자로서 우리 자신의 "생각"을 발견하는 것이 중요하다. 즉, 우리가 교실 안팎에서 하는 생각, 문제로 우리를 끌어들이는 생각, 우리를 성장하게 하는 생각을 발견하는 것이 중요하다. 교육자로서 우리는 질적으로 높은 수준의 사고를 최우선으로 다루어야 한다. 이는 우리 삶의 질을 결정하는 근본적인 요소이다. 우리 학생들의 삶을 결정짓는 근본적인 요소이다. 우리는 생각하는 사람으로서 성장하는 단계에 있다. 우리 학생들은 자신들만의 단계에 있다. 성장하는 사고자로서 우리가 함께 배워 나갈 때, 우리의 사고를 다음 단계로 높이려 노력할 때, 또 그다음 단계로 향해 갈 때, 모든 사람은 이로움을 얻으며 학교교육은 본래 지니던 목적, 즉 평생 학습을 가능하게 하는 힘을 발견하는 장소가 된다. 중요한 교육의 목적은 우리의 모든 학생이 생각하는 사람으로서 발걸음을 내딛고, 실력을 쌓아 나가며, 진보할 수 있게 돕는 것이어야 한다(Elder & Paul, 2010).

요약

제1장 "생각하는 교실"은 21세기의 복잡한 삶을 준비시키는 데 있어서 지적 발달이 교육의 중요한 초점이 되어야 한다는 점을 다루었다. 생각하는 교실은 기존의 교실과 다르다. 생각하는 교실의 교사는 학생들의 사고를 깊이 있는 수준—상황, 시간, 문화를 초월하여 영속적 이해를 전이시킬 수 있는 수준으로 통합하기 위해 개념을 사용하는 방법을 이해한다.

이 장에서는 뇌가 어떻게 학습하는지 간단히 설명하였고, 저차원의 사고와 개념적 수준의 사고 간에 시너지를 창출하는 개념적 렌즈의 힘을 설명하였다. 또한 사고의 발달에 대해 다루었고, 학생들이 메타인지를 사용하여 사고 과정의 질을 평가하는 데 도움이 되는 폴, 엘더와 리치하트의 아이디어를 살펴보았다. 리치하트가 언급한 "지적 성향"은 비판적, 창의적, 반성적 사고를 포함하며, 우리는 여기에 개념적 사고를 추가하였다. 마지막으로, 지적 성향은 학문적인 지식과 수행을 통해 계발될 때 그리고 간학문적 맥락에서 간학문적으로 사고할 때 지적 성향의 폭과 깊이가 심화될 수 있음을 제시하였다.

제2장에서는 지식과 과정이 구조화되는 방식을 보여 주고, 지식의 낮은 수준과 개념적 수준, 사고, 이해 간의 차이점을 드러냄으로써 간단한 사고와 복잡한 사고에 대해서 알아볼 것이다.

사고를 확장해 보기

1. 여러분의 교실을 어떻게 표현할 수 있는가? "교실 장면"을 작성해 보시오.
2. 여러분의 교실을 개념 기반으로 하는 것에 대해 생각해 보겠는가? 그 이유는 무엇인가?
3. 개념 기반 교육과정과 수업을 지지하는 여러 가지 이유는 무엇인가?
4. 제1장에서는 '시너지를 내는 사고'와 '저차원적 사고 및 개념적 사고'를 어떻게 관련시키고 있는가?
5. 제1장에서는 통합을 왜 고차원적인 인지 기능으로 보고 있는가?
6. 개념적 렌즈는 어떻게 사고의 통합을 촉진하는가?
7. 개념의 전이는 왜 심층 이해의 지표가 되는가?
8. 성취기준을 충족시키면서 지적 성향의 발달을 놓치지 않는 방법은 무엇인가?
9. 학생들이 지적 기준(정확성, 명확성, 관련성, 깊이 등)을 사용하는 것은 어떻게 그들의 반성적(메타인지) 사고를 향상시킬 수 있는가?
10. 제1장에서 제시한 아이디어가 앞으로 다가올 세상과 사회에 중요한 이유는 무엇인가?

지식과 과정의 구조

동물과 식물이 특정 구조를 가지고 있듯이 학교에서 배우는 모든 교과는 고유한 구조를 가지고 있다. 사실 모든 시스템에는 자연스러운 조직이 있다. 구체적인 구조가 없으면 다양한 체제들 간의 차이를 규명하기 힘들다. 아메바와 침팬지 모두 동물로 분류할 수 있지만 이러한 분류가 보다 세밀한 유사점, 차이점, 관계를 이해하는 데에는 별로 도움이 되지 않는다.

1950년대와 1960년대에 영향력 있고 통찰력 있는 교육자였던 힐다 타바(Hilda Taba)는 사회과 지식의 여러 수준과 조직을 명료하게 제시하였다. 그녀는 사실적 정보를 피상적으로 가르치는 것보다는 개념 및 **주요 아이디어**(전이 가능한 개념적 이해)를 깊이 있게 가르칠 것을 주장했다(Taba, 1966).

이 장에서는 다음과 같은 이유로 지식(knowledge)의 구조와 과정(process)의 구조에 대해서 다룬다.

- 우수한 교육과정과 수업 설계를 위해서는 지식과 과정의 구조에서 나타나는 여러 수준을 이해하고, 서로 다른 수준이 교육과정 설계, 수업, 학습에서 어떻게 상호 관련되는지 이해해야 한다.

- 교사 교육 기관은 교사들이 지식과 과정이 어떻게 구성되는지 기본적으로 이해하도록 도와주고, 이러한 구조가 교수, 학습, 지적 발달과 어떻게 관련되는지를 이해할 수 있도록 함으로써 이들을 교실 수업에 더 잘 준비시킬 수 있다.
- 학문적 기준과 교육과정 자료는 기존의 행동주의적 목표로부터 벗어나 학생들이 무엇을 **알고**(중요한 사실적 지식), **이해하고**(일반화와 원리), **할 수 있어야**(과정 혹은 기능) 할지를 명시함으로써 학생들과 교사들의 지적 수준을 높일 수 있게 한다. 전통적으로 과학과 경제학은 개념적 수준의 이해에 도달하기 위해 노력하는 영역이지만, 역사, 수학, 언어 그리고 대부분 다른 교과는 아직 교육과정 설계에 개념적 수준의 이해를 두지 않는다.

[그림 2-1]은 지식의 구조와 과정의 구조를 시각적으로 표현한 것이다. 각각의 구조를 살펴보자.

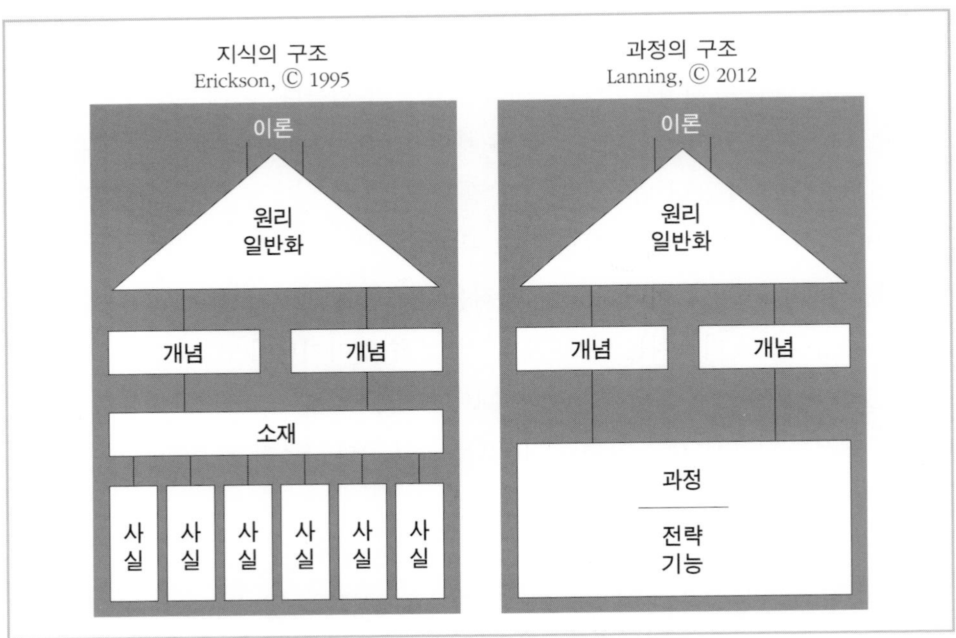

● 그림 2-1 **지식의 구조와 과정의 구조**

출처: Erickson & Lanning (2014).

지식의 구조

지식의 구조 그림은 우리가 가르치는 **소재**와 **사실**들, 그 소재와 사실들로부터 도출된 **개념** 그리고 두 가지 이상의 개념이 결합하여 만들어지는, 시간이나 문화 그리고 상황을 넘어서서 **전이**되는 이해에 도달하도록 하는 **일반화**와 **원리**들 간의 관계를 보여 준다. 그리고 이론 수준이 있는데, 우리는 이론을 다루긴 하지만 대체로 고등 교육에서 가르치며, 개념과 일반화 수준에서 작업해야 할 것이 많다. 따라서 이 책에서 우리는 각각의 수준에 대해 학생들이 학습해야 할 사실적 내용과 이들의 관계에 초점을 맞출 것이다.

[그림 2-2A]부터 [그림 2-2C]는 지식의 구조 그림에 나타나 있는 서로 다른 수준의 사례들을 보여 준다. 예시를 살펴보면서 **소재**와 **개념**의 차이 그리고 **사실**과 **일반화**의 차이를 파악할 수 있는지 확인하시오.

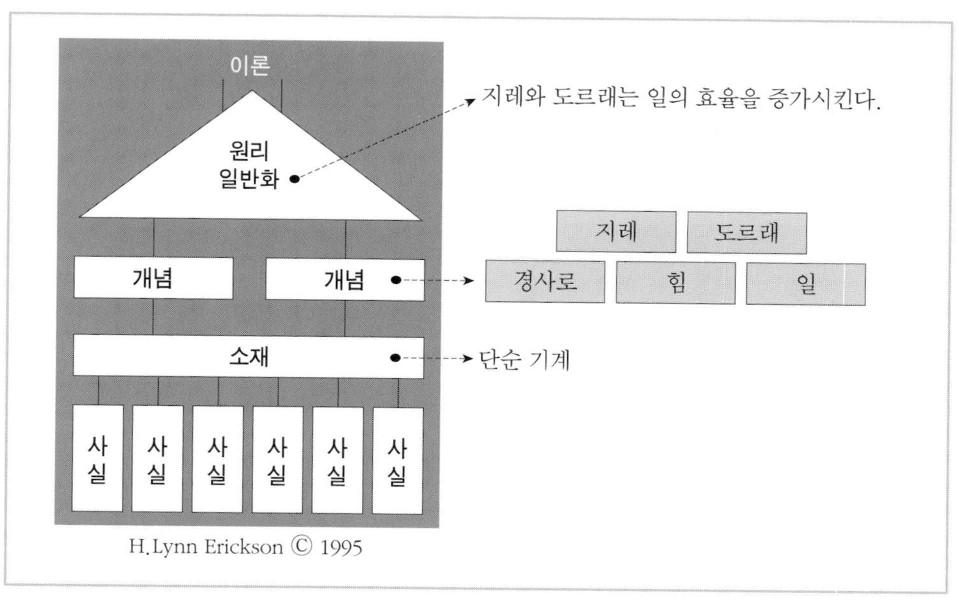

● 그림 2-2A 과학과의 사례

출처: Erickson & Lanning (2014).

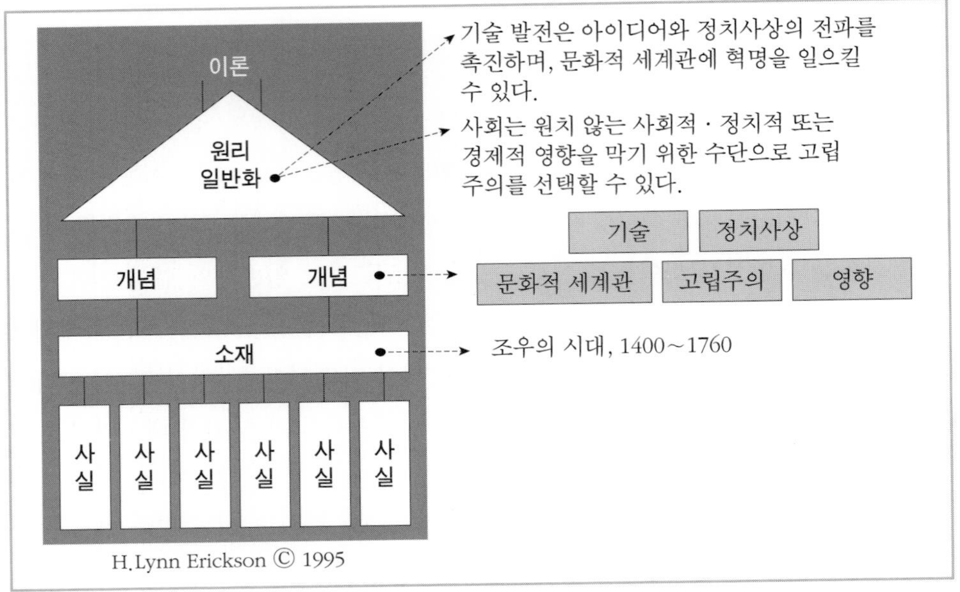

● 그림 2-2B **사회과의 사례**

출처: Erickson & Lanning (2014).

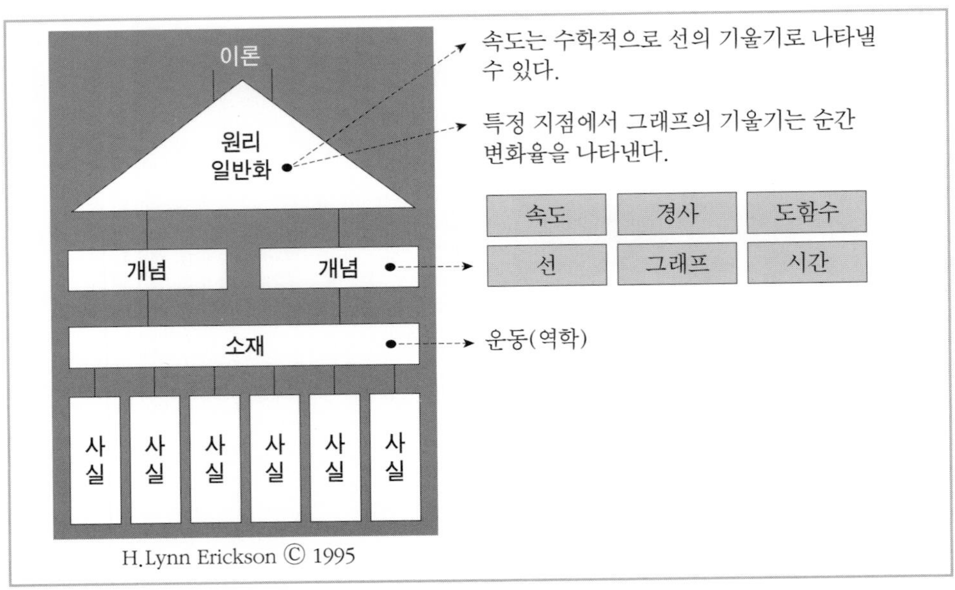

● 그림 2-2C **수학과의 사례**

출처: Erickson & Lanning (2014).

수학과의 소재 및 개념에 대한 참고 사항

수학과에서 지식의 구조는 역사와 같이 소재가 많은 학문에 비해 훨씬 더 개념적이다. 그래서 수학 교사가 단원을 구성하는 소재나 단원명을 생각할 때, 보다 광범한 개념을 찾는다([그림 2-2C]에 있는 "운동[역학]" 참조). 수학이 역사와 다르게 구조화되는 이유는 수학은 본디 개념적이기 때문이다. 수학은 개념, 하위개념 그리고 이들의 관계에 대한 언어이다. 수, 패턴, 측정, 통계 등은 가장 광범한 개념적 조직자이다. 각각의 매크로 개념하에 마이크로 개념들이 있다. 예를 들어, **수**라는 매크로 개념은 덧셈, 뺄셈, 곱셈, 나눗셈이라는 더 작은 개념들로 쪼개어지고, 각각은 더 작은 개념으로 쪼개어진다. 수학을 가르치는 사람은 이러한 개념의 구체적인 예[2+2=4, 파이(pi)=3.14와 같은 것]를 "사실"이라고 본다.

지식의 구조를 구성하는 요소들

그렇다면 이 모든 지식의 구조에는 어떤 공통점이 있는가? 비록 내용은 다르지만, 각각의 학문은 동일한 구조를 따른다. 일반화를 결정하기 위해서 구조의 아래에서부터 위로 올라간다는 것을 주목하자. 즉, 소재와 사실들로부터 개념으로 그리고 일반화와 원리, 이론으로 향해 간다. 우리의 생각을 공고히 뒷받침하기 위해 중요한 사실로부터 개념과 일반화를 도출한다. 지식의 구조를 구성하는 요소들을 이해할 수 있도록 각 요소의 정의와 사례들을 보다 자세히 살펴보자. 본인이 이해하고 있는 소재와 개념의 차이, 사실과 일반화의 차이를 다음의 정의에 비추어 점검해 보기를 바란다. 그리고 여러분이 쉽게 참고할 수 있도록 용어 정의를 책 뒤편 [자료 A]에 제시하였다.

① 소재(Topics)는 구체적인 인물, 장소, 상황 혹은 물건과 관련된 일련의 사실에 틀을 제공한다. 소재는 단원을 학습할 때에 맥락을 제공한다.

소재는 **전이되지 않는다**. 소재는 구체적인 사실적 사례들을 관련짓는다.

예

- 아마존 우림 내 생태계
- 최근의 피난민 위기에 대한 유럽의 대응
- 수학에서 식과 방정식
- 피카소: 예술과 그것이 미치는 영향

② 사실(Facts)은 인물, 장소, 상황 혹은 물건의 구체적인 예이다. 사실은 원리와 일반화를 뒷받침한다. 사실은 **전이되지 않으며** 시간, 장소, 상황에 한정적이다.

예

- 아마존 우림의 열대성으로 인해 밀집한 생태계가 만들어진다.
- 2 + 2 =4, 3 + 1 =4
- 글쓰기의 6+1 특성
- 일본 정부는 입헌군주제이다.

③ 개념(Concepts)은 소재로부터 도출된 지적 구성체이며, 다음과 같은 조건을 충족한다. 시간에 제한받지 않고, 한두 단어 혹은 짧은 구이며, 보편적이고 (정도는 다양하지만) 추상적이다. 공통의 속성을 가진 개념들의 예로 서로 다른 것이 있을 수 있다. 개념은 **전이된다**. 개념은 그것이 가진 일반화 정도로 인해 소재보다 추상화의 수준이 더 높다. 개념은 일반성, 추상성, 복잡성 면에서 다른 수준으로 존재한다. 개념은 매크로 하거나 마이크로 할 수 있다.

예

- 시스템
- 체제 (order)
- 서식지

- 가치
- 선형 함수

④ 일반화(Generalizations)는 하나의 문장으로 두 개 이상의 개념 간 관계를 진술한 것이다. 시간에 제한받지 않고, 여러 문화 그리고 여러 상황에 걸쳐서 적용된다. 일반화는 다음의 조건을 충족한다. 대체로 보편적으로 적용되며, 시간에 한정되지 않고, (정도는 다를 수 있으나) 추상적이며, 다른 (상황적) 예에 의해서 뒷받침된다. 일반화는 개념적 이해를 의미하며, 어떤 문서에서는 영속적인 이해 혹은 핵심적인 이해라고 불리기도 하고 빅 아이디어라고 불리기도 한다. 일반화는 사실에 비추어 검증되고 사실에 의해 지지되어야 한다. 일반화는 때로 '**종종**, ~**할 수 있다**, ~**일 수 있다**'와 같은 한정어를 동반하는 경우도 있는데, 이는 일반화 내용이 의미 있는 것이지만, 모든 상황에서 진리가 아닌 경우이다.

예

- 유기체는 생존하기 위해서 변화하는 환경에 적응한다.
- 개인이나 사건은 역사에서 핵심 전환점을 만들어 낼 수 있다.
- 합성수는 소수의 결합으로 표현될 수 있다.

⑤ 원리(Principles)는 학문에서 기초를 이루는 "진리"로 간주된다[예를 들면, 수학에서 정리(定理)나 과학에서의 법칙과 같다]. 원리는 문장에 한정어(**종종**, ~**할 수 있다**, ~**일 수 있다**)를 사용하지 않는다. 보편적인 일반화처럼 원리 또한 교육 문서에서 "영속적인 혹은 핵심적인 이해" 또는 "빅 아이디어"로 불리기도 한다.

예

- 공급이 감소하면 가격이 올라간다. 공급이 증가하면 가격이 내려간다.
- 물체에 힘이 작용하지 않으면 정지한 물체는 계속 정지해 있고, 일정한 속

도로 운동하고 있는 물체는 현재의 속도로 운동을 유지한다.
- 직선은 제한 조건이 없으면 무한히 확장된다.

⑥ 이론(Theories)은 현상이나 실천 양상을 설명하기 위해 사용되는 개념적인 아이디어의 집합 혹은 가정이다. 이론은 절대적인 사실들보다는 최선의 증거에 의해서 뒷받침된다.

예
- 우주의 근원에 대한 빅뱅 이론
- 인류의 초기 이동에 대한 육교설
- 화학에서 원자가껍질 전자쌍 반발 이론

과정의 구조

앞서 논의했듯이 몇몇 교사는 여전히 교과서에 의존하여 학생들에게 기능과 사실을 가르치거나 정해진 시간 내에 수업할 수 있는 책 목록에 의존하기도 한다. 과정 교과(process subject)를 숙달해야 할 분절적인 기능들로 보는 것은 문제가 많다. 예를 들어, 언어 시간에 매주 학생들에게 특정 지문에 대해서 질문하고 또 질문하면서 학생들을 힘들게 한다면 많은 학생에게 그 수업은 재미도 없을 뿐만 아니라 학생들의 이해를 촉진시키지도 못한다. 사실 학습에는 거의 도움이 되지 않는데 귀중한 시간을 소모하는 것이다.

우리가 학생들을 대상으로 파편적이고 분절적인 기능을 평가하거나 사실을 뱉어내게 하는 질문을 한다면, 학생들은 전통적인 시험에서 높은 점수를 받을 수는 있을지라도 다른 지문이나 학습 상황에 어떤 능력도 전이시키지 못할 것이다. 학생들에게 이 두 가지 상반된 것을 함께 요구한다면 학생들은 혼란에 빠지게 되고, 결국에는 공부를 포기하거나 혹은 이해를 못한 채 쓸데없이 더 열심히 공부하게 된다

그림 2-3 공룡: 보편적이고 영원한 것들

출처: David Ford Cartoons, davidford4@comcast.net. 허가 후 게재.

(Lanning, 2013).

이러한 순환을 끊으려면 교육과정 설계는 과정 및 지식과 관련된 개념적 이해를 명확하게 밝힘으로써 수업과 평가를 안내해야 한다. 우선 교육과정의 수준을 높이는 것이 첫 번째로 이루어져야 한다. 학생들의 개념적 이해를 안내하기 위해 귀납적 교수법과 탐구를 사용한다면 그들의 심층적인 이해에 도움이 될 뿐만 아니라, 낮은 수준의 사고와 높은 수준의 개념적 사고를 결합시킴으로써 시너지를 내는 사고를 자극하여 개인의 지적 능력을 계발시키게 된다. 학생들의 지적 사고를 가치 있게 여기게 되므로 이렇게 지적 능력을 관여시키는 것은 학습에 대한 동기를 높인다. 학생들은 이해하게 되면 배운 것을 더 잘 기억하고 전이시킬 수 있다. 아마 겉으로 볼 때 학생들은 책에 대한 정보를 있는 그대로 되뇌고 흔히 하는 글쓰기 기능을 활용할 것이다. 하지만 심층적인 개념적 이해가 없다면 스스로를 능력 있고 자신감 있는 독자와 작가처럼 여기거나 혹은 그렇게 생각하고 수행할 수 없을 것이다.

학생들은 이해하게 되면 배운 것을 더 잘 기억하고 전이시킬 수 있다.

앞서 논의했듯이 지식의 구조는 지식의 구성 요소 간 관계를 보여 준다. 사회 및 과학 같은 학문 분야는 내용 지식이 많아서 이러한 구조에 자연스럽게 부합한다.

[그림 2-4A]부터 [그림 2-4E]는 기능에 더 기초한 교과 사례를 보여 준다. 이들 교과는 과정의 구조에 따라 구조화되어 있다. 지식의 구조와 마찬가지로 낮은 인지 수준으로부터 개념적 이해의 수준으로 올라가는 사고의 위계를 나타낸다. 다시 말하면, 이러한 구조는 구체적인 전략과 기능으로부터 그 과정에 중요한 전이 가능한 아이디어를 깊이 있게 이해하는 것으로 올라간다. 언어, 음악, 예술과 같은 교과는 배우고 수행해야 할 과정, 전략, 기능이 많다. 지금까지는 이러한 실천에 의미를 부여하고 학생들이 습득한 것을 지속하게 하는 개념적 이해가 부재했다(Lanning, 2013).

각 그림에 제시한 일반화 외에도 학습 내용과 관련한 전이 가능한 이해(일반화)와 중요한 과정을 각 단원에 추가할 수 있다.

과정 요소의 구조

학생들이 학습에 참여하고 탐색하도록 도와주는 도구로 **과정**(processes), **전략**(strategies), **기능**(skills)을 고려하라.

과정의 구조는 기능(skills), 전략(strategies), 과정(processes), 개념(concepts), 일반화(generalizations), 원리(principles)의 관계를 보여 준다. 이 구조에서 개념 수준에 도달하게 되면, 우리는 그것을 '하는 것'으로부터 **왜** 그것을 하는지 '이해'하게 된다.

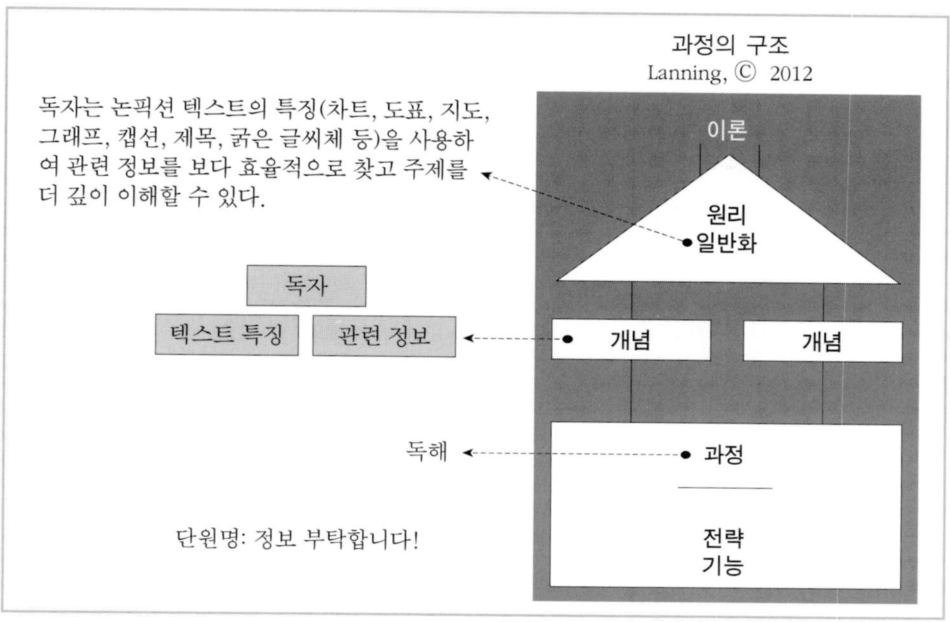

그림 2-4A 영어

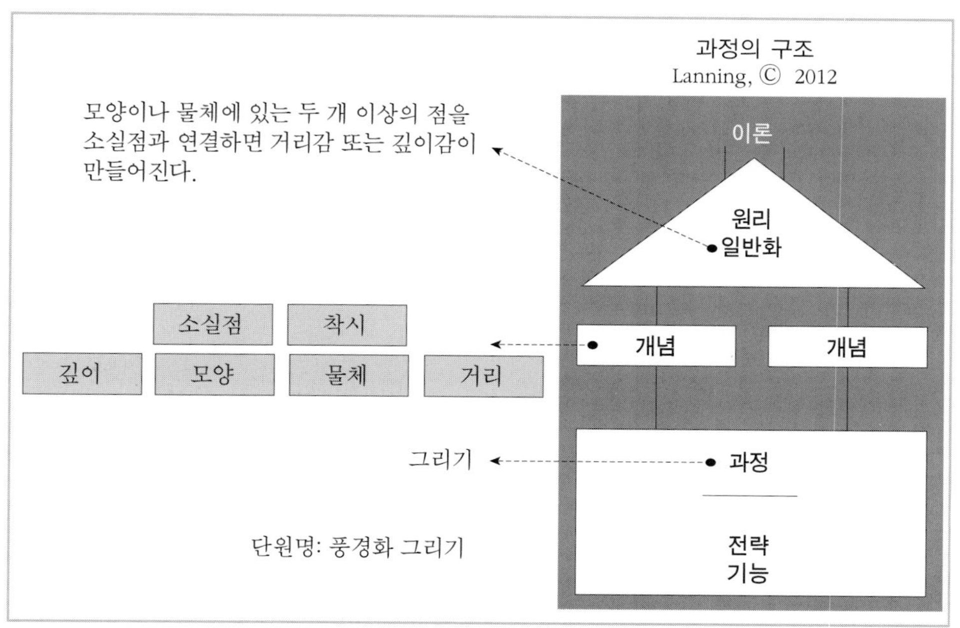

그림 2-4B 미술

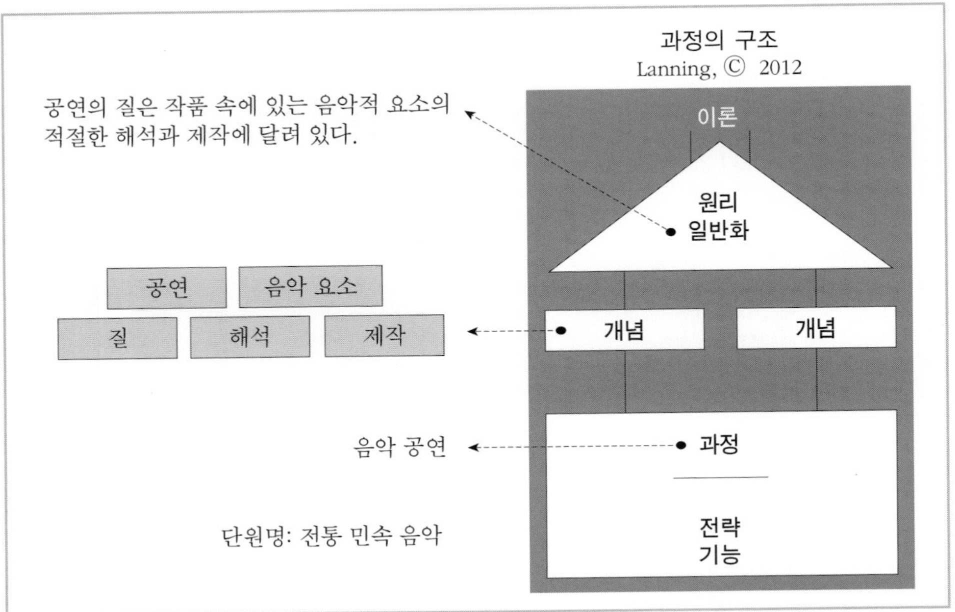

그림 2-4C 음악

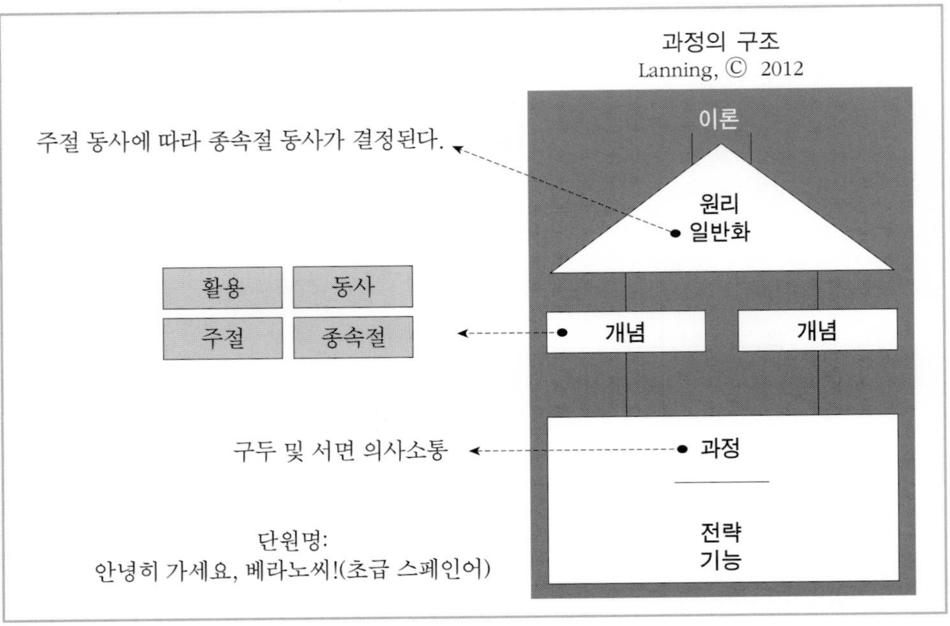

그림 2-4D 외국어

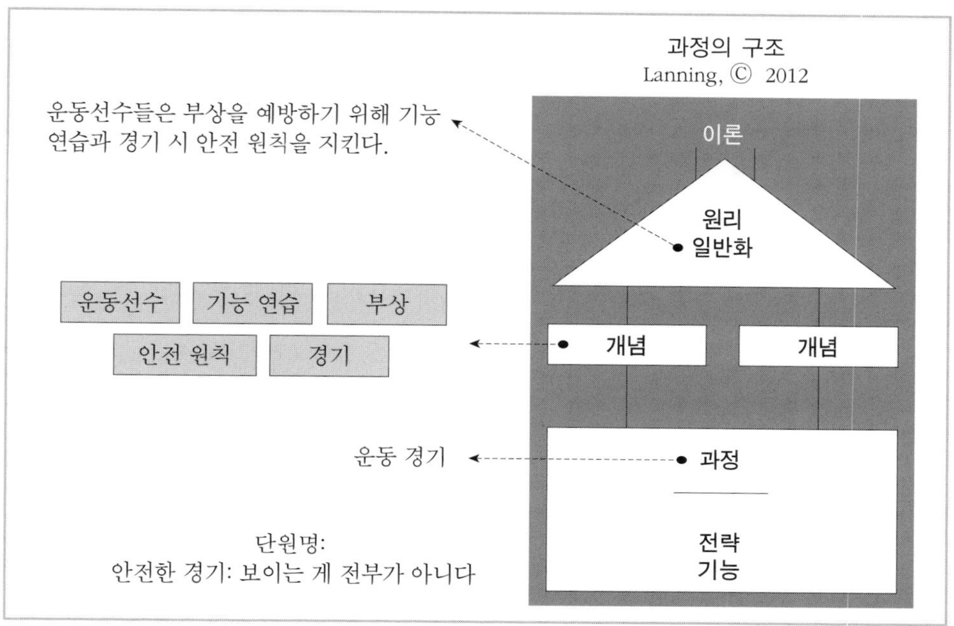

● 그림 2-4E **체육**

개념은 예컨대 과정, 전략, 혹은 기능을 활용하는 것과 같이 "하는" 행위는 아니지만, 이러한 행위들로부터 도출될 수 있으며 학생들의 이해를 지원할 수 있다. '과정의 구조'를 설명하자면 **과정**, **전략**, **기능**들은 학생들이 학습하고 있는 내용에 참여하고 그것을 탐색하도록 하는 도구로 볼 수 있다.

과정의 구조를 구성하는 각 요소의 정의는 다음과 같다.

① 과정, 전략 그리고 기능: 구조의 아래에는—과정의 구조에서 제일 아래쪽 단계—**과정**, **전략** 그리고 **기능**이 있다. 세 가지 모두 이 과정 요소 안에 포함되어 있는데, 이 중에서 과정이 가장 광범하면서 복잡한 것이며, 그다음이 전략이고, 마지막이 기능이다. 개념은 과정, 전략, 기능 중 어느 것에서 추출될 수 있으므로 그림에서 이들 세 가지 행동은 함께 묶여 있다.

과정: 과정은 결과를 만들어 내는 행동이다. 과정은 연속적이고 단계를 거쳐 나아간다. 이 단계들을 거치면서 투입(자료, 정보, 사람들의 조언, 시간 등)은 그 과정이 흘러가는 방식을 변환시키거나 바꿀 수도 있다. 과정은 수행해야 할 것을 규정한다. 즉, 과정은 연속적이며 개입이 발생한 경우에 멈춘다. 결과의 질은 (앞에서 언급한) 투입에 달려 있다. 과정의 다양한 단계를 거치면서 투입은 그 과정이 진행되는 방식을 바꿀 수도 있고, 그 결과는 원래 계획했거나 기대했던 것과 다른 양상으로 나타날 수도 있다.

예

- 글쓰기 과정
- 독해 과정
- 문제 해결 과정
- 과학적 과정
- 연구 과정

전략: 전략은 학습자가 자신의 학습 수행을 향상시키기 위해서 의식적으로 적용하거나 점검하는 체계적인 계획으로 생각할 수 있다(Harris & Hodges, 1995). 전략에는 많은 기능이 들어 있어서 복잡하다. 어떤 전략을 효과적으로 수행하기 위해서는 그 전략을 지원하는 다양한 기능을 통제해야만 하고, 그 기능을 유창하고 유연하게 활용할 수 있어야 하며, 관련된 다른 기능과 전략을 적절하게 통합할 수 있어야 한다.

예

- 자기 조절
- 항목별로 나누기 및 목록 조직
- 과제 규명
- 투영(projection)

기능: 기능은 전략에 내재된 가장 작은 행동이나 조작들이다. 따라서 적절하게 적용하면 전략이 작동하게 '할 수' 있다. 기능은 보다 복잡한 전략의 토대가 된다.

예

- **자기 조절**이라는 전략 내의 기능: 읽기의 목적 알기, 되돌아보기, 다시 읽기, 서로 체크하기, 예측하기, 확증하기, 명료화하기, 교정하기
- **항목별로 나누기** 및 **목록 조직**에서의 기능: 중요한 정보 파악하기, 조합 결정하기, 가능성들을 열거하기, 패턴 찾기, 항목 세기

② 개념: 과정의 구조에서 다음 단계에 있는 것은 **개념**이다. 개념은 한두 개의 단어(명사)로 표현된다. 개념은 내용(소재)으로부터 추출된 정신적 구인 혹은 아이디어이기도 하고, 학습하고 있는 복잡한 과정, 전략, 기능으로부터 도출되기도 한다. 개념은 학생들이 단원 학습을 마치고 난 다음에 깨달을 수 있기를 원하는 이해(일반화)를 진술할 때 사용된다. 이전에 지식의 구조에서 개념을 정의했던 것과 마찬가지로 개념은 시간에 구애받지 않는다. 개념은 시대가 지남에 따라 점차 정교화된다. 개념은 보편적이므로 여러 시대와 상황에 걸친 대표적인 사례가 도출될 수 있다.

예

- 성격 묘사
- 정체성
- 대칭
- 추론
- 리듬

드디어 이제 삼각형에 도달했다.

③ 일반화: 사고의 요약을 나타내는 진술문이다. 다음 질문으로 일반화의 적절성을 살펴보자. "내가 공부한 결과로 무엇을 이해할 수 있어야 하는가?" "공부의 결과로 어떠한 배움이 새로운 상황으로 전이될 수 있을 것인가?" 다시 말하지만, 일반화는 형식 면에서 두 개 이상의 개념으로 정의되며 그 개념들 간의 관계로 진술된다. 가끔 그 아이디어가 교과에서 중요하지만 모든 상황에 걸쳐서 검증되지 않았다면 그 진술문에 한정어가 붙을 수도 있다. 혼란을 피하기 위해서 교육과정 문서에 작성할 때에는 **일반화**라는 용어만 사용하기로 하겠다. 그렇게 하면 이해의 진술문이 일반화인지 원리인지 신경 쓰지 않아도 된다. 사실 그 차이가 중요한 것은 아니다. 중요한 것은 단원의 학습을 마쳤을 때 우리 학생들이 전이하기를 바라는 이해가 무엇인지 파악하는 데 있다.

예

- 현장 노트는 다른 사람들이 시간 경과에 따른 변화를 확인하고 관찰할 수 있도록 현장 활동(예: 조사, 관찰, 의견, 날짜, 장소, 상태 등)을 정확하고 상세하게 설명해야 한다.
- 작가들은 삶이나 인간 본성에 대한 더 깊은 메시지를 암시하기 위해 등장인물의 내적, 외적인 갈등을 만들어 낸다.
- 데이터의 수집, 구성 및 해석은 예측을 가능하게 하고 문제를 해결하는 데 도움을 준다.

원리: 원리는 기본 원칙 혹은 진리로 간주되는 일반화로 정의된다. 예술과 음악에서는 각 학문 영역의 핵심적인 구성 요소를 정의하는 예술과 음악의 원리가 있다. 영어에서 어떤 이들은 규범 문법이나 관용어를 원리로 간주할 수도 있다.

예

- 소리와 침묵이 적절하게 만들어 내는 패턴은 리듬을 만든다.
- 대칭적인 균형을 만들기 위해서는 디자인의 양쪽에 비슷한 요소를 사용해야

한다.

- 언어의 기본적인 구조는 문법 규칙으로 만들어진다.

④ 이론: **이론**은 현상이나 실제를 설명하기 위해 사용된 일련의 개념적 아이디어 집합이나 가정을 의미한다.

예

- 문법 구조의 획득은 예측 가능한 순서로 진행된다.
- 모든 미학 체계의 출발점은 독특한 감정을 지닌 개인적 경험이어야 한다.

이론과 **개념** 그리고 **일반화**/**원리**라는 용어는 지식의 구조와 과정의 구조 모두에 포함되어 있음을 확인할 수 있을 것이다. 이 용어들은 두 가지 구조 모두에서 동일한 방식으로 정의되며, 동일한 관계를 나타낸다.

지식과 과정의 관계

우리들 대부분 그리고 불행하게도 너무나 많은 학생이 배운 것을 잊어버린다. 우리는 우리가 이해하지 못했던 것과 그것이 우리를 얼마나 불편하게 만들었는지 기억한다. 혹은 지난날 학습한 것의 일부분을 기억할지라도 오개념투성이 일 수 있다. 우리 중에서 얼마나 많은 사람이 다항방정식을 푸는 모든 단계를 기억할까? 아마도 우리 대부분이 기억하지 못할 것이다. 왜냐하면 우리가 고등학교에서 다항방정식을 풀 때 그 과제가 현실 세계와 어떤 관련이 있는지 몰랐기 때문일 수 있다. 사실 우리가 다항방정식 문제를 마지막으로 풀었던 것이 언제인가? 아마도 고등학교 때일 것이다! 우리가 다항방정식을 배울 때 그 공식이나 규칙에 놓인 개념들을 제대로 이해하지 못했기 때문에 기억하지 못하는 것일 수도 있다. 우리는 이해하지 못한 상태로 알고리즘을 "행한" 것이다(Lanning, 2013).

개념 기반 교육과정을 '정체성은 어떻게 발달하는가?'와 같이 개념적인 단원명으로 조직하면 서로 연결된 그리고 흥미로운 학습을 지원할 수 있다. 이에 더해서 교사가 앞으로 사용하게 될 지식과 경험을 반영한 실제적인 경험으로 교육과정을 실행한다면 학생들의 이해는 증진될 것이다. 마지막으로, 교육과정이 사고와 성찰을 그리고 학습에 대한 주인의식을 자극한다면 학생들의 학습 동기는 높아질 것이고 훨씬 학생들의 기억에 더 오래 남을 것이다.

교사가 앞으로 사용하게 될 지식과 경험을 반영한 실제적인 경험으로 교육과정을 실행한다면 학생들의 이해는 증진될 것이다.

모든 학문 분야에서 강력한 교육과정 단원은 대체로 지식의 구조와 과정의 구조를 모두 반영한다. 왜냐하면 정도에는 차이가 있겠지만 모두 깊이 있는 이해에 필수적이기 때문이다. 한 단원에서 지식의 구조와 과정의 구조로부터 나온 개념 및 일반화의 수는 아이디어, 지식, 과정에 따라 달라진다.

우리가 말하는 것이 무슨 뜻인지 알 수 있도록 [그림 2-5A]의 사례를 간단히 살펴보자. 초등학교 영어 단원명이 "신화의 인물들"이라고 할 때, 단원에 사용된 지문(민화, 동화, 우화)으로부터 일반화를 끌어낼 수 있다. 왜냐하면 이 일반화는 학습 중인 내용으로부터 중요한 아이디어를 반영하기 때문에 지식의 구조에 걸맞다고 할 수 있다.

하지만 영어 수업이 단원의 지문에서 찾을 수 있는 아이디어에만 초점을 맞춘다면 영어라는 교과에서 학습해야 할 중요한 기대(expectation)를 소홀히 할 수 있다. 효과적인 독자, 작가, 시청자, 화자 혹은 연구자가 되는 데 필요한 학습자의 개념적 이해를 돕기 위해서는 과정의 구조로부터 개념적 이해가 도출되어야 한다. 그 결과 이 단원의 일반화는 [그림 2-5B]와 [그림 2-5C]에 제시된 것이나 그와 같은 것이 될 수 있다.

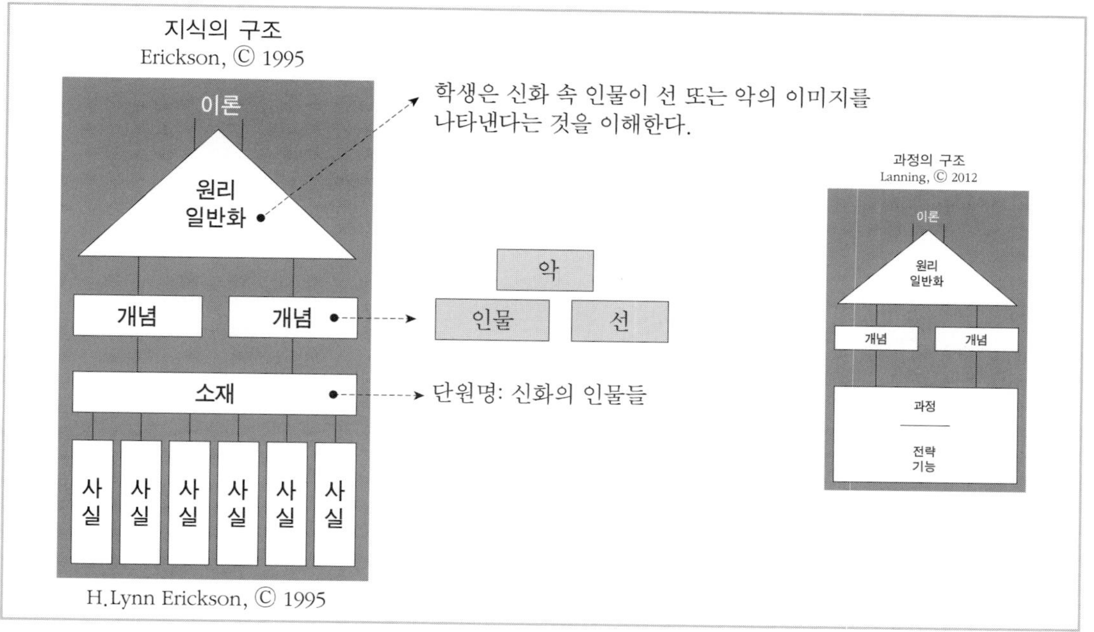

● 그림 2-5A 지식의 구조: 신화의 인물들

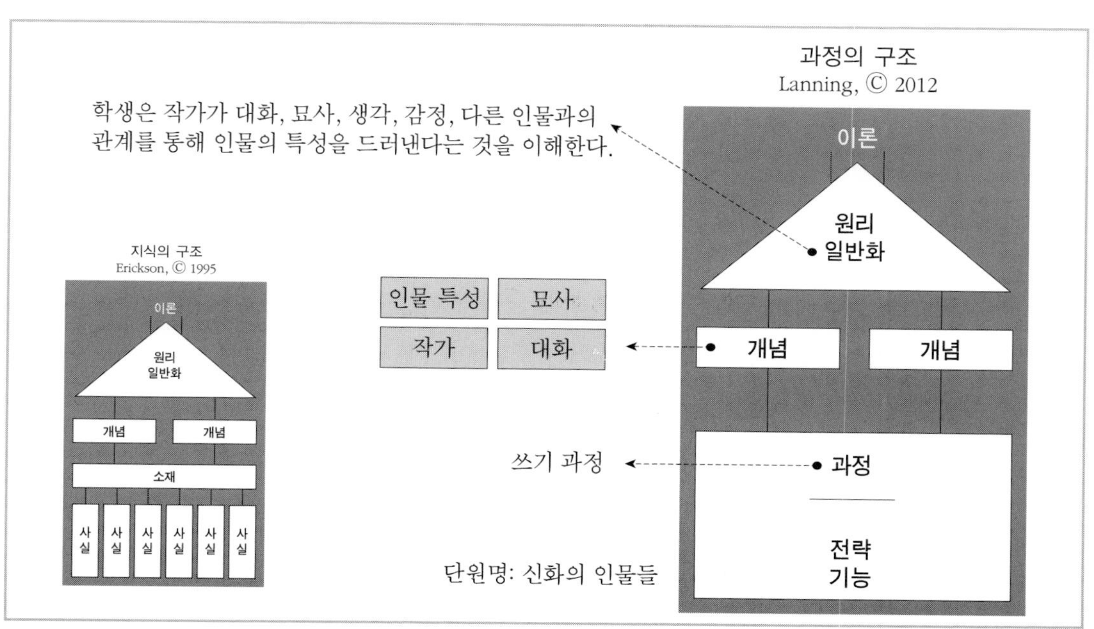

● 그림 2-5B 과정의 구조: 신화의 인물들–쓰기 과정

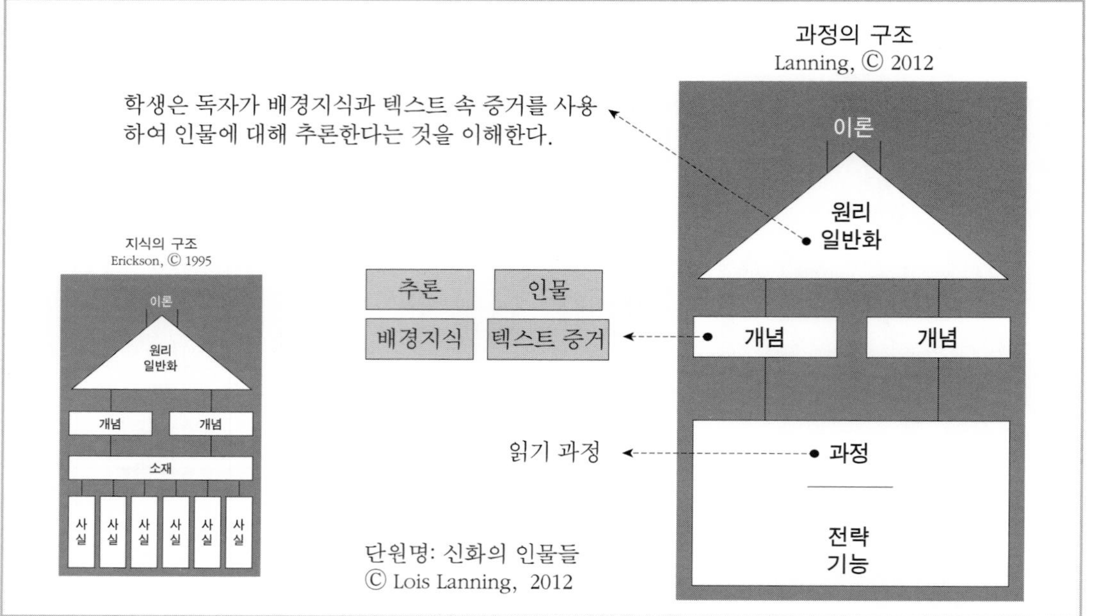

● 그림 2-5C **과정의 구조: 신화의 인물들-읽기 과정**

교사의 패러다임 전환

개념적 사고를 형성하는 패러다임으로 전환하기 위해서는 소재, 사실, 기능을 그 자체로서가 아니라 도구로 하여 학생들에게 개념, 일반화, 원리를 귀납적으로 가르쳐야 한다. 이 부분에 대해 중요한 점을 짚어보면 다음과 같다.

① 귀납적으로 가르친다는 것은 학생들에게 개념, 원리 그리고 일반화를 이해하도록 **안내**하는 것을 의미한다. 일반화와 원리를 사실처럼 직접적으로 가르쳐서는 안 된다. 왜냐하면 그렇게 명시적으로 가르치면 학생이 높은 수준의 이해를 위해서 사고하는 기회를 없애기 때문이다. 이는 개념 기반 교육과정과 수업이 구성주의와 탐구 학습을 가치 있게 여기는 이유이기도 하다. 학생이

어른이 되었을 때 옆에서 빅 아이디어를 말해 주는 사람은 없다. 상황과 사건을 깊이 있게 이해하기 위해서는 정보를 스스로 분석할 수 있어야 한다. 교사는 학생이 이러한 연결고리를 만들 수 있는 기능을 학습하도록 도와주어야 한다. 도움을 주기 위해서는 가르치기 전에 먼저 교사 스스로 학생들에게 안내할 개념과 아이디어가 무엇인지 분명하게 파악할 수 있어야 한다. 교사의 이와 같은 작업에 전통적인 교육과정 문서는 핵심적인 지원을 제공하지 못했다. 전통적인 교육과정 문서에서는 소재나 개념에 뒤따르는 동사를 **목표**로 열거하며, 이를 가르치는 것이 개념적 이해로 이어질 수 있다고 **여긴다**. 하지만 우리는 수업에서 깊이 있는 개념적 이해가 바로 나올 것이라고 가정하지 않는다. 개념 기반 교육과정 문서는 교사가 개념 기반 수업을 하는 데 나침반 역할을 할 중요한 개념과 일반화를 명료화함으로써 교사들을 지원한다.

② 소재, 사실과 기능을 종착점으로서가 아니라 학습 지원 도구로 사용하게 되면 학문적 기준과 가르침의 기준이 확실히 높아진다. 학생들은 여전히 사실과 기능을 배우지만—이때는 직접적인 교수법과 모델링이 필요함—수업은 결국 학생들의 깊이 있는 개념적 이해를 계발시키는 데에 초점을 두게 될 것이다. 그리고 개념적 이해는 사실을 배울 때 관련성과 목적을 제공한다. 너무 많은 교사가 자신이 하는 일은 학생들에게 사실과 기능 면에서 진도를 나가는 것이라고 생각한다. 만약 고등학교 역사 교사에게 "왜 미국 남북 전쟁에 대해서 가르치나요?"라고 물어본다면, 그 대답은 아마 "그래야 내 학생들이 노예제도에 관해서 북부와 남부가 어떤 다른 관점을 가졌는지 이해할 수 있습니다."와 같이 구체적인 사실과 관련된 반응일 것이다. 하지만 개념 기반의 교사는 아마도 이렇게 대답할 것이다. "그래야 내 학생들이 한 국가 내의 전쟁은 자신들이 가진 믿음과 가치에 밑바탕을 둔 관점들이 충돌할 때 생길 수 있다는 역사의 중요한 교훈을 이해할 수 있습니다." 이 교사는 아마 학생들이 이것을 이해할 수 있

> 학생이 어른이 되었을 때 옆에서 빅 아이디어를 말해 주는 사람은 없다. 상황과 사건을 깊이 있게 이해하기 위해서는 정보를 스스로 분석할 수 있어야 한다.

> 도록 미국 남북 전쟁 자체를 목적으로서가 아니라 도구로, 즉 깊이 있는 이해를 계발하고 학생들을 자신의 지적 활동에 참여시키는 구체적인 사례로 사용할 것이다. 교사는 사실을 가르치고 평가도 하지만, 사실에서 더 나아가 사고할 수 있도록 한다. 어떤 교사가 학생들의 지력을 계발시키는가?

『학습과학: 뇌, 마음, 경험 그리고 교육(How People Learn: Brain, Mind, Experience, and School)』이라는 저서에서 존 브랜스포드(John Bransford), 앤 브라운(Ann Brown), 로드니 코킹(Rodney Cocking)은 교수와 학습에 대해 강력하고 통찰력 있는 내용을 제시한다. 저자들은 어떤 분야에서 초보자와 전문가가 어떻게 지식을 조직하는지 탐색하고, 개념적 뇌 스키마가 문제를 이해하고 표상하는 능력에 어떤 영향을 미치는지 설명한다. "물리학에서 전문가의 사고는 뉴턴(Newton)의 법칙과 같은 빅 아이디어와 빅 아이디어가 적용되는 방법을 중심으로 조직되어 있다. 반면에 초보자의 사고는 답을 구하기 위해 기억을 떠올리고 회상하며, 등식을 대입하는 것으로 문제 해결을 인식하는 경향이 있다."(Bransford, Brown, & Cocking, 2000, pp. 37-38) 저자들은 탄탄한 사실적 지식이 사고와 문제 해결에 중요하다고 하면서(사람들은 무엇인가에 대해서 사고한다), 전문가들은 이러한 사실적 지식을 다른 상황에 적절하게 전이시킬 수 있도록 촉진하는 중요한 개념들과 연결을 짓고 이것을 중심으로 조직한다고 결론을 내린다. 예를 들어, 누군가 12개 태평양 연안 국가들 간의 태평양 협약(Trans-Pacific Partnership)에 대해서 입장을 표명하기 위해서는 특정 무역 관계와 관련된 사실들, 외국에서의 제품 판매, 외국의 물건 구매에 관해 아는 것 이상이 필요하다. 정치력과 결합된 경제력 관련 개념뿐만 아니라 비용 편익 비율, 국가 무역 적자 및 무역 수지와 같은 경제 및 수학 개념을 이해할 필요가 있다. 브랜스포드와 동료들은 다음과 같은 명백한 사실을 우리에게 상기시킨다. ―"전문가의 지식이 중요한 아이디어와 개념으로 조직되어 있다는 사실은 교육과정 역시 개념적 이해를 이끌어 내는 방식으로 조직될 필요가 있음을 암시한다."(2000, p. 42)

패러다임을 3차원의 개념 기반 모형으로 전환하는 것은 쉬운 일이 아니다. 이것은 초등학교 1학년 학생이 소리와 철자의 관계, 문장을 구성하는 낱말들 간의 관계, 철자가 의미를 전달한다는 사실을 이해할 때 결국 '읽기'의 의미를 진정으로 깨닫는 것과 같다. 교사는 "이번 주에 우리 토미(Tommy)의 머릿속에 읽기-불이 켜졌구나!"라고 말한다. 이는 교육과정 설계 및 수업에서 교사가 지식의 구조와 과정의 구조 간 중요한 관계를 이해하게 되는 경우도 마찬가지이다. 깊이 있는 이해와 지적인 발달은 교사 한 명 한 명을 거치면서 학생들 내에서 빛이 점차 증가되는 것에 달려 있다.

가끔은 교사가 사실적 지식이나 특정 전략과 기능을 가르치기 위해서 직접적인 교수법을 사용해야 할 때가 있다. 수업의 목표가 구체적인 내용을 배우고 암기하도록 하는 것 혹은 구체적인 기능을 연습해야 하는 것일 수 있다. 하지만 이 책에서는 교수·학습이 사실적 수준 혹은 기본적인 기능 수준을 넘어서야 할 필요성을 강조한다. 2차원적인 직접 교수법을 사용하는 것은 너무 쉽다. 문제는 너무 많은 학생이 자신이 공부하고 있는 것에 내재된 중요한 개념과 아이디어를 결코 깊이 있게 이해하지 못하게 되거나 개념적 사고의 가치를 알아차리지 못하게 된다는 것이다.

이제 우리는 교육에서 학생을 중요한 개념적 이해로 안내하는 데 더 많은 시간을 보내야 한다는 것을 알게 되었다. 뇌의 개념적 구조가 견고한 아동은 방대한 양의 정보를 더 잘 처리할 수 있으며, 자신이 이해한 것을 더 잘 전이, 즉 활용할 수 있다.

학년에 따라 개념적 이해를 형성하기

개념들은 일반화 정도와 복잡성 정도가 다른 수준으로 나타난다. 각 학문 영역 내 개념들은 그 범위가 구체적인 것(마이크로)부터 광범한 것(매크로)까지 있다. 체제, 변화, 규칙과 같은 매크로 개념들은 종종 "통합 개념(integrating concepts)"이라고 불린다. 왜냐하면 이들은 광범위하여 여러 다른 사례에 걸쳐 있기 때문이다. 이러한 매크로 개념들 중에서 어떤 것들은 여러 학문 분야에 걸쳐서 적용되기도 하고, 어떤 것들은 하나의 학문 분야에만 해당된다. 만약 내가 체제란 무엇인가를 일반적으로 이해하고자 한다면 그리고 특정 체제가 어떻게 작동하는지를 이해하고자 한다면 다양한 종류의 체제(예를 들어, 사회, 경제 그리고 환경 체제)를 쉽게 인식하고 예상하고 이해할 것이다. 즉, 체제에 대한 나의 개념은 전이 가능하다. 이와 같은 매크로 개념은 중요하다. 왜냐하면 이는 지식을 구조화하는 데 광범한 범주를 제공하기 때문이다. 각각의 학문 영역은 고유의 매크로 개념을 가지고 있으며, 이는 그 학문의 중심 아이디어를 반영한다. 언급했듯이 어떤 매크로 개념들은 여러 학문 영역에 걸쳐서 중요하다. 예를 들어, **변화**라는 개념은 모든 학문 영역에서의 매크로 개념이다. 하지만 특정 학문 분야에만 더 적절한 매크로 개념들도 있다.(예를 들어, 연극에서 목소리, 움직임, 등장인물, 주제는 매크로 개념이다. 이러한 매크로 개념은 문학, 또 다른 시각 및 행위 예술에도 관련되지만, 과학이나 수학으로 전이되지는 않는다.)

매크로 개념은 전이력이 가장 크기 때문에 많은 교사는 매크로 개념이 가장 적절하다고 생각한다. 그 결과, 매크로 개념으로 쓴 일반화—"체제는 상호의존성을 요구한다." 또는 "변화는 성장을 가능하게 한다."—는 **정말** 광범하게 만들어진다. 이와 같이 매크로 아이디어가 수업의 주요 대상이 되면, 마이크로 개념의 가치는 간과된다.

매크로 개념은 이해의 **폭**을 제공하는 반면, 마이크로 개념은 이해의 **깊이**를 제공한다. 마이크로 개념은 구체적인 학문 분야의 깊이 있는 지식을 반영한다. 학문의 전문가들은 마이크로 개념과 그들 간의 관계에 대해 지식을 가지고 자유롭게 사용한다. 이것은 마이크로 개념들을 해당 학문의 더 광범한, 조직 개념과 연결하는 전문 지식을 요구한다(〈표 2-1〉 참조). 개념 기반 교육과정은 신중하게 보다 많은 마이크로 개념을 각 학년에 반영시켜서 학생들이 점진적으로 그 교과의 전문 지식을 발달시킬 수 있도록 한다.

학생들의 전문 지식 발달을 염두에 두는 교육자는 학문을 기반으로 한 마이크로 개념 목록을 지속적으로 확장해 나갈 것이다. 마이크로 개념 간 미묘한 관계를 이해한다는 면에서 전문가는 어떤 소재나 과정을 일반적으로만 이해하고 있는 학습자와 다르다. 이러한 마이크로 개념은 단원의 일반화를 작성할 때 사용된다. 전이

〈표 2-1〉 매크로와 마이크로 개념의 예

매크로 개념	마이크로 개념	
변화	미생물	생태적 지위
시스템	전기 음성도	크기
규칙	기울기	선형 함수
상호의존성	명도	채도
음성	어조	음조

가능한 일반화는 개념적 관계를 표현하는 진술문이다. 만약 우리가 이러한 개념적 이해를 학문별로 학년에 따라 정교화시켜 나간다면 사실적 내용으로 뒷받침되는 강력하고도 아이디어 중심적인 교육과정이 만들어질 것이다.

〈표 2-2〉는 학년에 따른 개념적 이해(일반화)의 사례를 보여 준다. 각 문장에서 개념은 고딕체로 표시되어 있다. 일반화가 학년이 올라갈수록 점차 더 정교해지고 있음에 주목하라. 학생이 자신의 개념적 이해를 뒷받침하기 위해 사용하게 될 사실적 내용 혹은 기능에 대해서 생각해 보시오. 그리고 이러한 아이디어가 시간과 문화, 상황에 걸쳐 전이되는지 고려하기를 바란다.

〈표 2-2〉 단원 일반화(개념적 이해)

	2학년	4학년	8학년	11학년
사회	지역 사회 구성원들은 필요와 요구를 만족하기 위해 협력한다.	사람들은 변화하는 필요와 요구를 만족시키기 위해서 환경에 적응하거나 환경을 바꾼다.	사람들은 변화하는 필요와 요구를 보다 효과적이고 효율적으로 다루기 위해서 도구와 과학기술을 개발하고 발전시켜 나간다.	사회가 교통 및 무역망을 발전시킴에 따라 다른 지역과의 사회·경제·정치적 상호작용은 협력적이고 경쟁적인 사회·경제·정치적 관계로 이어진다.
과학	생물은 환경과 상호작용한다.	유기체는 변화하는 외부 환경에 적응한다.	유기체는 서식지에서 특정 생태적 지위를 차지한다.	한 종의 개체군은 적응할 수 있는 서식지를 채우기 위해 자랄 것이다.
수학	숫자는 물건이나 사건을 순서화한다.	숫자는 역관계를 나타낼 수 있다.	분수, 소수 또는 백분율은 전체의 부분을 나타낸다.	지수와 로그는 역함수를 나타낸다.
시각 예술	선으로 감정이나 기분을 표현할 수 있다.	선의 반복은 질감이나 패턴을 암시할 수 있다.	수렴선은 깊이감을 만든다.	예술가는 선을 사용하여 섬세함이나 힘을 보여 줄 수 있다.
언어 작가의 기법	작가는 감정을 표현하기 위해 특정 단어를 선택한다.	작가의 단어 선택은 독자의 참여를 유도하거나 소외시킬 수 있다.	독자와 글쓰기의 목적에 따라 작가의 작문 스타일이 결정된다.	명료성, 정밀성, 깊이 있는 글은 작가의 사고 성향을 반영한다.
주제	관점은 행동을 형성한다.	어려운 상황에서 용기를 보여 주는 실재와 허구의 인물은 자신의 역경을 다룸으로써 다른 사람들에게 영감을 줄 수 있다.	사회적 불의에 직면한 사람들은 복종 또는 반란을 선택할 수 있다.	극심한 스트레스는 소외와 외로움의 감정으로 이어질 수 있다.
구조	글쓴이는 처음, 가운데, 끝으로 이야기를 조직한다.	전기 및 역사 소설은 시간 순서대로 조직되어 독자에게 일련의 사건을 안내한다.	표시어(Signal words)는 텍스트가 구성된 패턴을 드러낸다.	텍스트 구조를 나타내는 도구(예: 그래픽 조직자)는 텍스트의 기억과 이해를 향상시킨다.

요약

지식과 기능이 어떻게 구조화되어 있는가에 대한 이해는 효과적인 교육과정과 수업 설계의 바탕이 된다. 이와 같은 정보 없이 교원 양성 기관을 졸업하는 사람은 없어야 하지만, 대다수의 교사는 소재와 개념, 또는 사실, 과정과 일반화 간 차이에 대해서 배우지 못했다. 혹시 직관적으로 알고 있다고 할지라도 이해는 우연히 이루어진다.

이 장에서는 지식의 구조와 과정의 구조 간의 관계 그리고 이러한 구조가 교실 수업 상황에서 어떻게 작용하는지에 대해서 논의했다. 교사는 교과서와 학습 자료가 가장 낮은 수준의 소재, 사실, 기술을 단지 훑고 있음을 알아차릴 때 이를 걱정하면서도 학생들이 보다 깊은 개념과 원칙을 이해할 것이라고 **가정한다**.

내용에서 주요 개념과 일반화를 도출하는 것은 연습이 필요하다. 많은 교육자는 그들이 가르치는 것에서 더 깊은 이해를 이끌어 내어 달라는 요청을 받은 적이 없기 때문에 이 작업은 힘들다. 하지만 우리의 목표가 학생들이 복잡한 수준에서 사고할 수 있는 능력을 가지도록 하는 것이라면 교육과정과 수업의 패러다임은 바뀌어야 한다. 이러한 전환은 학습목표를 훑는 것으로부터 벗어나 사실과 기능을 그 기저에 있는 개념과 일반화를 깊이 있게 이해하도록 하는 도구로 사용하는 수업으로부터 이루어져야 한다.

여러 학문 영역에 걸쳐서 개념 기반 교육과정 설계는 학습하는 단원의 중요한 개념적 구조, 즉 지속적인 학습을 가능하게 하는 개념 및 일반화 혹은 원리를 파악한다. 교사는 수학이 숫자뿐만 아니라 낱말로도 진술되는 개념적 관계의 언어임을 바로 인지하게 된다. 또한 언어 교과나 여러 과정 중심 학문에 대해 살펴보며 과정의 구조가 이러한 학문에 깊이를 더하는 개념적 틀을 제공한다는 것을 알게 된다.

학업 성취뿐만 아니라 지적 발달을 향상시키기 위해서는 지역구나 주 수준의 교육과정이 다시 작성되어야 한다. 지나치게 많은 성취기준이 간학문적인 설계를 하는 데 일관되지 않다. 제3장에서는 질적으로 우수한 개념 기반 단원 설계를 알아보고 그 설계 과정과 관련된 질문에 답하고자 한다.

사고를 확장해 보기

1. 여러분은 학교에 새로 온 교사에게 지식의 구조와 과정의 구조의 여러 수준을 어떻게 설명하겠는가?
2. 질적으로 우수한 교육과정 설계와 수업에서 지식과 과정의 구조를 이해하는 것은 왜 중요한가?
3. 2차원 교육과정과 3차원 교육과정의 차이는 무엇인가?
4. 여러분의 수업은 3차원 모형과 어느 정도 유사한가? 3차원 모형을 위해 여러분이 밟을 "다음 단계"는 무엇인가?
5. 매크로 개념과 마이크로 개념의 차이는 무엇인가? 우리는 왜 학년에 따라 학생들에게 마이크로 개념과 그와 관련된 일반화를 확장시켜 주려고 하는가?
6. 매크로 개념은 어떻게 이해의 폭을 제공하는가? 마이크로 개념은 어떻게 이해의 깊이를 제공하는가?
7. 교육과정을 만들고 개념 기반 수업을 할 때 과정의 구조를 사용하는 것에 대해서 어떻게 생각하는가?
8. 지식과 과정의 구조, 어느 부분에서 2차원 수준과 3차원 수준을 찾아볼 수 있는가?

개념 기반 수업을 위한 단원 설계하기

교과 간, 교과 내 단원 설계

개념 기반 교육과정 단원은 교과 간(interdisciplinary, 여러 개의 교과를 걸쳐) 혹은 교과 내(intradisciplinary, 특정 교과에 한정해서)에서 이루어질 수 있다. 어떤 방식이 될 것인지는 우리 두뇌에서 이루어지는 높은 수준과 낮은 수준의 처리 센터가 어떻게 상호작용하는가에 따른다. 이러한 **지적 시너지**는 교육과정 설계를 통해 개발된다.

이 장에서는 개념 기반 단원을 설계하기 위한 일련의 단계를 자세히 설명하고 예를 제시할 것이다. 이어서 단원 설계와 교사 간 협업을 장려하는데 핵심적인 단원 그물 사례와 심층적인 논의가 이어질 것이다. 그다음 성취기준에 대해 간략히 다루고, 성취기준이 단원 설계에서 하는 역할을 간단히 설명한 후 '활동'과 '이해를 위한 평가'를 구분하는 퀴즈를 풀어 볼 것이다.

주의 사항: 단원 설계 과정의 모든 단계를 우리가 제2장에서 개관한 지식과 과정의 구조와 직접적으로 대응시키려 하지 마시오. 단원 설계에서 단계들은 두 구조의 구성 요소(예를 들어, 개념과 일반화)를 반영한다. 하지만 그 단계는 구체적이고 순서

가 있다. 제2장의 목적은 지식과 과정이 어떻게 구조화되어 있는가를 설명하는 것이었다. 일단 여러분이 이 관계와 용어의 정의를 이해하고 나면, 우수한 교육과정 단원을 설계하는 데 필요한 배경지식을 갖춘 것이다.

개념 기반 단원을 설계하는 데 있어서 여러 형식이 있지만, 중요한 구성 요소들은 개념 기반 단원 설계 전체에 걸쳐 나타난다. [자료 D-1]에 단원 계획표를 첨부하였다.

개념 기반 단원 설계를 위한 단계

1단계: 단원명 정하기(초점 혹은 맥락)

단원명은 학습의 초점이 무엇인지 알려 주고, 중심이 되는 소재나 맥락을 정해 준다. 제목은 학습에 적합한 학년 수준과 시기를 암시한다. **컴퓨터 자판 치기**나 **철자 익히기**와 같이 내용 없는 기능의 묶음이 되면 안 된다. 또한 **곰** 혹은 **사과**와 같이 개념적 연결이 없는 한 단어여서도 안 된다. 단원명은 정해진 시간에 학습이 가능한 단어들을 담는다. 그리고 간결한 소재/맥락으로 진술될 수도 있고, 생성적이며, 사고를 자극하는 질문의 형태로 진술될 수도 있다. 단원명은 학생들의 참여를 일으키는 흥미로운 것이되 학습해야 할 내용을 명확히 해야 한다. 개념 기반 교육과정의 목표는 전이 가능한 이해에 있기 때문에 단원명이 암시하는 주제는 먼저 사고와 성찰 및 정서적 참여를 불러일으킨다. 래닝(Lanning, 2013)은 효과적인 단원명으로 다음과 같은 기준을 제시한다.

효과적인 단원명은

- 지루해하고 집중하지 못하는 학생의 호기심을 불러일으키고 관심을 끄는 실생활의 딜레마, 생각을 자극하는 아이디어 및 장르를 나타낸다.
- 학생들이 "완수해야" 하는 내용을 대표하기보다는 현재 지식을 발판 삼아 도

전하게 만든다.
- 탐구 및 새로운 관점을 불러일으킨다. (p. 276)

효과적인 것과 그렇지 않은 단원명의 예는 다음과 같다.

효과적이지 못한 단원명:

삶 (너무 광범위함)	식물의 부분 (너무 협소함)
패턴 (너무 광범위함)	구두점 (너무 협소함)
우리는 누구인가? (너무 광범위함)	아일랜드 감자 기근 (너무 협소함)
회화 (너무 광범위함)	식민지 시대의 제임스타운 (너무 협소함)
불 (불분명함)	힘, 힘, 힘! (불분명함)

효과적인 단원명:

나, 내 자신 그리고 나(Me, Myself, and I)
자연에서의 패턴
우리는 누구인가: 옛날과 오늘날의 가족
풍경화
식물: 오, 우리는 어떻게 자라는가!
화재 안전: 도와주세요!
대학살: 권력이 인간성을 타락시킬 수 있는가?

제목에 대한 조언:

- 단원명에 단어들을 덧붙이면 보다 더 분명하고 명확해진다. 예를 들어, "시스템"이라는 단원명은 그 단원의 초점이 무엇인지 전달하지 못한다. 하지만 제목을 "우리의 태양계: 우리는 우주 어디에 있는가?"라고 하면 이 단원이 무엇에 관한 것인지 보다 더 구체적으로 말해 준다.
- 우선, 일 년 동안 얼마나 많은 단원이 필요한지 결정하라. 우리는 한 학년에

5~6개 정도의 단원을 권한다. 중요한 내용과 기술을 다루고 탐구를 통해 학생들이 개념적 이해를 할 수 있도록 하는 데 필요한 시간을 고려하면 단원의 수를 적절하게 제한하여 가르쳐야 한다. 일 년에 지나치게 많은 단원을 구성하면 교사는 교과서 진도를 빼는 데 급급한 '훑기 모형'으로 되돌아갈 수 있다. 단원의 수는 적고 단원의 학습 기간은 길어야 풍부한 탐구가 이루어져 학생들을 단원의 일반화로 이끌 수 있다. 그다음에 (앞의 준거를 활용하여) 각 단원의 명칭을 결정하고 첫 번째 단원을 설계하기 전에 일 년 단위의 단원 지도를 대략적으로 작성하라.

2단계: 개념적 렌즈 파악하기

개념적 렌즈는 학습에 초점과 깊이를 제공하며, 낮은 수준과 높은 수준의 사고 간 시너지를 내는 사고를 보장한다.

단원명과 맥락을 파악한 후에 렌즈를 선택하는 것은 중요하다. 학습 내용을 이미 정해진 렌즈에 강제로 맞추는 방식은 아니다. 렌즈는 학습에 적절한 필터 또는 초점을 제공한다. 개념적 렌즈의 예로는 **관점**, **상호작용**, **갈등**, **의도**, **관계**를 들 수 있다. 때로 교사는 **원형**(archetype)이나 **수수께끼**와 같은 더 엄밀한 렌즈를 선택하여 학생들이 학습하는 것과 관련된 주요 개념을 깊이 이해하도록 할 수 있다. 그 렌즈는 단원 그물을 짤 때에 단원명 위에 위치하거나 단원명 안에 통합될 수도 있다. 중요한 것은 개념적 렌즈의 선택이 단원의 방향을 바꾼다는 것을 아는 것이다. 예를 들어, 만약 단원이 유전자 조작 식품에 관한 것일 때, '구조와 기능'이라는 렌즈를 선택하는 것과 '안전과 선택'이라는 렌즈를 선택하는 것은 매우 다르다. 렌즈가 바뀌면 사고의 방향도 다른 방향으로 간다는 것을 알겠는가? 바로 이것이 개념적 렌즈가 가진 힘이다!

3단계: 단원 스트랜드 파악하기

간학문적인 단원의 경우, 스트랜드(strand)는 그 단원이 걸친 교과 영역을 대표한다. 내용 중심 교과의 간학문적인 단원에서 스트랜드는 주요 제목이 되어서 학습할 단원을 다루기 쉬운 부분으로 나눈다. 단원명을 책에서 장(chapter)으로 보면, 스트랜드는 그 장을 구성하는 소제목들이다.

과정 중심의 교과에서 스트랜드는 "이해" "반응" "비평" "생산"과 같이 미리 정해져 있고, 과정의 학습에서 중요한 차원을 대표한다. 다시 말하면, 스트랜드는 단원명 주변의 그물에 배치한다.

4단계: 스트랜드 안에서 단원 소재와 개념을 얽기

그물은 단원의 내용과 개념을 개괄적으로 보여 준다. 교육과정을 작성하는 사람은 이 과정에서 단원의 큰 그림을 그리게 된다. 그물을 만드는 과정은 사전 작성과 브레인스토밍 활동으로 이루어진다. 이 활동은 단원의 중요한 사실과 기능을 파악하기 전 작성자의 개념적 사고를 활성화시킨다. 그물을 만들 때 전문 지식뿐만 아니라 성취기준, 교과서 그리고 단원에서 사용할 만한 기타 학습 자료 등을 사용할 수 있다. 이 단계를 충실히 하면 정합성을 확보할 수 있게 되고 스트랜드의 소재와 개념들을 파악하는 데 깊이를 더할 수 있다. 교육과정을 작성하는 사람으로서 이미 그 단원을 전에 가르쳐 본 적이 있다면, 이전에 본 자료들을 처음에는 참고하지 말고 브레인스토밍을 하는 것도 좋다. 개념적 사고의 흐름에 맡겨 보자. 그 후 혹시 있을 수 있는 차이를 메꾸기 위해 그리고 성취기준과의 정합성을 확보하기 위해 그 자료들을 참고할 수 있을 것이다. 단원의 그물이 완성되고 난 후, 각 스트랜드의 개념에 밑줄을 쳐서 그다음 단계에서 작업할 수 있도록 하자. 전체적으로 개관하는 그물이 완성도를 더할수록 단원의 일반화와 나머지 부분들이 더 탄탄해진다는 것을 기억하자.(보다 구체적인 사항과 샘플 그물은 이 장의 '단원 그물을 이해하기'에 제시되어 있다.)

5단계: 학생들이 단원 학습으로부터 도출하기를 기대하는 일반화 (학생들이 개념적으로 반드시 이해해야 하는 것) 작성하기

일반화는 학생들이 단원 학습의 결과로 보다 깊은 수준에서 이해해야 할 중요한 개념적 아이디어이다. 하나의 단원에는 학년과 수업 시간에 따라 5개에서 9개 정도의 일반화가 있을 수 있다. **일반화는 전이되는 것이므로** 시간, 장소, 사람 혹은 장소에 구애받지 않는다. 한 단원 내 한두 개의 일반화는 개념적 렌즈의 중요한 이해를 나타낸다. 나머지는 각 스트랜드 그물(web strand)에서 찾을 수 있는 개념 간의 관계로부터 도출된다. 하나의 일반화가 하나 이상의 스트랜드(특히 과정 중심 학문의 경우)에 걸쳐 적용될 수 있다. 교과의 성취기준에 따라 단원의 강조점이 지식에 있는지, 과정에 있는지 결정된다. 그러므로 단원에 반영된 주된 교과가 무엇인가에 따라 단원의 일반화 대부분이 지식의 이해에 있는지, 과정의 이해에 있는지 결정된다. 예를 들어, 영어 단원에서 그 단원의 내용(텍스트)이나 주제와 관련해서 한두 개의 일반화가 있을 수 있다. 하지만 대부분의 일반화는 학생들이 단원에 사용된 텍스트를 **이해하고**(읽기/듣기/보기), **생산하고**(쓰기/말하기), **반응하고**, **비평하는** 과정에 관해 파악해야 할 중요한 이해이다. 이로 인해 그 학문의 고유성이 유지된다. 반면에 사회과 단원의 경우 일반화의 대부분이 사실적 내용으로부터 도출된다. 한두 개의 일반화는 역사가들이 하는 일과 관련된 과정 일반화일 수 있다. 내용 중심의 단원에서 과정 일반화를 포함시키는 경우는 학생들이 단원 학습의 결과로 중요한 과정을 이해하기를 기대할 때이다.

6단계: 안내 질문 만들기

안내 질문(guiding questions)은 학생들의 사고를 촉진하여 일반화로 향하게 한다. 안내 질문은 유형별(사실적, 개념적, 논쟁 가능한 질문)로 구분할 수 있다. 하나의 일반화에 사실적 질문과 개념적 질문을 합쳐서 3~5개 정도 있을 수 있으며, 하나의 단원 전체에서 논쟁 가능한 질문이 한두 개 있을 수 있다. 물론 교사는 수업 중에 추가 질문들을 할 것이다. 교사가 안내 질문을 사용하는 주된 목적은 학생들의 개념적 이해를 이끌어 내기 위한 것으로 개념적 이해는 텍스트, 경험적 또는 추론된 증거로 뒷받침된다. 사실적인 질문은 시공간과 상황에 한정적이다. 이들은 구체적이며, 여러 사례에 걸쳐서 전이되지 않는다. 개념적인 질문은 일반화처럼 여러 상황에 걸쳐서 적용된다. 예를 들어, "왜 국가는 경제력을 확장하려고 하는가?"와 같은 질문은 시간에 구애받지 않는다.

이 부분에서 소재 기반 단원과 개념 기반 단원의 차이가 나타난다. 역사에서 소재 기반 단원은 대부분 사실을 묻는 질문을 한다. 왜냐하면 단원의 목표가 사실적인 목표이기 때문이다. 개념 기반 단원에서는 세 가지 종류의 질문—사실적, 개념적, 논쟁 가능한 질문—을 사용한다. 사실적 질문의 목적이 지식의 기초를 마련하기 위한 것이라면, 개념적 질문은 학생이 자신의 사고를 깊이 있고 전이 가능한 이해로 연결 지을 수 있도록 한다.

7단계: 중요한 내용(학생들이 알아야만 하는 것)을 파악하기

중요한 내용은 일반화의 기초를 다지고 단원 내용의 지식을 깊이 있게 하며, 핵심 과정 및 기능과 관련해서 알아야 할 지식을 정의하는 데 필요한 사실적 지식이다. 중요한 내용이란 단원에서 명시적으로 학생들에게 가르쳐야 할 지식의 목록이다. 이 목록은 문장으로 진술되지 않으며, 동사를 수반하지 않는다. 대개 '안다'는 것의 대상으로 진술하는 경우가 있는데 자칫 일반화를 작성하는 것과 같은 실수를 낳는다. 학생들이 알아야만 하는 것의 예는 다음과 같다.

- 유럽 연합에 속한 국가들
- 다른 글쓰기 규칙들
- 세계의 주요 생물들
- 교환 법칙과 결합 법칙과 같은 수학 용어의 정의

8단계: 핵심 기능(학생들이 할 수 있어야만 하는 것)을 파악하기

핵심 기능은 성취기준이나 국가 교육과정에서 원문 그대로 가져올 수 있다. 이것은 과정 및 기능의 측면에서 학생들이 학습을 마친 후 할 수 있어야만 할 것을 의미한다. 핵심 기능은 여러 분야에 걸쳐 적용될 수 있다. 그리고 특정한 소재와 결부하여 학습 활동이나 평가에서 구체화된다. 예를 들어, "논픽션 작품을 이해하기 위해 텍스트 특징을 사용한다."는 것은 여러 상황에 적용되는 기능이다. 반면에 "『동물도감(The Animal Book)』(Jenkins, 2013)에 있는 동물들에 관한 정보를 이해하기 위해서 텍스트 특징을 사용한다."는 것은 학습 활동이다. 우리가 교과 고유의 기능을 작성할 때는 대개 그것이 적용되는 구체적인 내용을 포함하지 않고 그 교과가 기반한 학문에 비추어 일반적으로 작성한다. 교과에 고유한 기능의 예로는 "좌표 평면상의 점들을 그래프로 나타낸다."를 들 수 있다.

9단계: 최종 평가와 채점 가이드 또는 루브릭 작성하기

최종적인 단원 평가는 하나 혹은 두 개의 (만약 두 개 모두 함께 이루어질 수 있다면) 일반화와 중요한 내용 및 핵심 기능에 대한 학생들의 이해를 드러낸다. 최종 평가를 위한 일반화는 개념적 렌즈를 포함하며, 다음과 같은 형식에 따라 작성할 수 있다.

무엇을: (단원명 혹은 초점) ……을 조사하시오.
왜: (평가하고자 하는 단원 일반화) ……을 이해할 수 있도록 하기 위해서
어떻게: 학생들의 평가 과제를 기술

3차원의 개념 기반 단원에서 '무엇을, 왜, 어떻게'를 활용한 계획은 평가 과제와 단원의 중요한 일반화를 긴밀히 연결한다. '무엇'과 '왜'는 교사를 위한 것이며, '어떻게'는 학생을 위해 작성한다.

채점 가이드나 루브릭은 학생이 작업한 최종 과제를 평가하는 준거를 보여 준다. 채점 준

거는 "질적으로 우수한 수행"에 대한 공통의 기준을 제시한다. 이 준거는 중요한 내용 지식과 기능뿐만 아니라 개념적 이해(일반화)를 위한 기대치를 담는다. 평가 과제에서 다루는 개념적 이해의 기대 수준이 채점 기준에 빠져 있는 경우가 너무나 많다. 만약 일반적인 루브릭을 교사에게 제공한다면, 교사는 그 일반적인 루브릭을 기초로 중요한 내용 지식과 기능뿐만 아니라 개념적 이해(일반화)를 평가요소로 넣어 평가할 수 있을 것이다.

10단계: 학습 활동 설계하기

학습 활동은 학생들이 최종 평가에 요구되는 것을 준비할 수 있게 하고, 학생들이 단원을 마칠 때까지 이해하고, 알고, 할 수 있어야 하는 것을 반영한다. 학습 활동은 가능한 의미 있고 실제적이어야 한다. 단원 계획에서 이 부분에 포함할 것은 학습을 진행하는 속도, 형성평가, 학생 맞춤형 수업 전략, 단원 자료 등이다. [주의할 점: 단원을 계획할 때 학습 활동을 설계하는 것은 9단계(최종 평가 설계) 다음에 이루어진다. 위긴스와 맥타이(Wiggins & McTighe, 2011, p. 8)의 백워드 설계 접근과 같은 방식이다.] 최종 평가를 먼저 개발하고 학습 활동을 계획하지만, 완성된 단원 계획표에 학습 활동들은 최종 평가 전에 수업의 순서에 따라 위치할 것이다.

래닝(2013)은 단원의 학습 활동 설계를 위해 다음과 같이 몇 가지를 제안한다. (p. 96) 주의해야 할 것은 단원 설계에서 이 부분은 교사의 차시별 수업안이 아니다. 단원은 지나치게 제한적이어서는 안 되며, 오히려 다음과 같은 목적을 지녀야 한다.

① 학교에서 권장하는 수업 실천(예: 워크숍 모형이나 협동학습)에 관해서 학생들과 소통한다.
② 학생들이 정해진 시간 내에 최종 과제를 준비할 수 있도록 학습 활동의 속도를 제안한다.
③ 학생들이 전이를 잘할 수 있도록 지원한다.

④ 단원을 마친 후 학생들이 보여 주어야 할 단원의 일반화, 중요한 내용, 핵심 기능은 학습 활동과 직접적으로 연결되며, 명료하게 전달되어야 한다.

[그림 3-1]의 '10. 학습 활동'을 보면, 소재 기반의 학습 활동은 여전히 정보를 아는 것에 초점이 있다. 개념 기반의 학습 활동은 지적으로 보다 도전적이다. 개념적인 기대를 포함시킴으로써 학생들을 생각하게 하고 학습을 위한 동기를 높이게 된다.

학생들은 중요한 지식과 개념적 이해를 파악하고 이를 적용할 수 있어야 하며, 핵심 기능을 계발할 수 있어야 한다. 하지만 교사가 학생의 역량을 어떻게 기를 것인가는 학습자의 특성과 요구에 따라 달라진다.

11단계: 단원 개요 작성하기

단원 개요는 학생들에게 학습할 단원을 소개할 때 학생들과 함께 나눌 이야기를 담는다. 단원 개요는 마지막에 작성한다. 흥미로운 단원 개요를 쓰기 위한 하나의 전략은 학습 내용과 관련하여 학생의 참여를 이끄는 질문을 작성하고, 이어서 "이 단원에서 우리는 ……을 배울 것이다."라는 내용을 작성하는 것이다.

소재 기반 단원과 개념 기반 단원을 비교하기

개념 기반 단원을 작성하는 단계를 알았으니 이제는 이러한 단원이 소재 기반의 2차원 단원과 어떻게 다른지 살펴볼 필요가 있다. [그림 3-1]은 이 두 가지를 비교해 놓은 것이다. 어떤 부분이 같은가? 어떤 부분에서 차이점이 두드러지게 나타나는가? 어떤 것이 학습 내용에 풍부함과 깊이를 주는가? 여러분은 무엇을 선택했는지 설명해 보기를 바란다.

[그림 3-1]에 요약한 것처럼 교사가 개념 기반의 3차원 단원을 개발할 수 있도록

도와줌으로써 지적으로 보다 정교한 교수 · 학습이 이루어질 수 있도록 한다. 이와 같은 모델은 성취기준의 진정한 의도를 충족시킨다. 이 책에서는 다음과 같은 내용을 다룸으로써 우리의 사고를 전환시키고자 한다.

- 이해를 뒷받침하는 기반으로써 구체적 사실과 과정을 사용하여 전이 가능한 개념적 이해를 가르치는 것의 중요성
- 개념 기반 단원 설계가 3차원의 개념적 교수 · 학습을 지원하는 방식
- 학생들로부터 개념적 이해를 이끌어 내기 위한 귀납적(inductive) 교수와 탐구의 가치
- 개인의 지적 과정을 참여시키는 것이 학습 동기를 높인다는 것

우리는 모든 교사가 이러한 아이디어를 이해하고 있다고 생각할 수 없고, 이들에게 "그냥 해 보라고" 권할 수도 없다. 개념 기반 수업으로 전환할 수 있도록 교사에게 구체적인 전문성 개발의 기회와 지침이 필요하다.

> 만약 중등학교 역사 단원을 작성한다면 "역사" 교육과정 스트랜드에서부터 시작하는 것이 좋다. 단원에 포함될 구체적인 사실적 소재들을 열거하라. 그다음, 각 중요한 소재들을 묶어 관련 개념들과 연결하라. 이러한 개념은 일반화를 작성하는 데 사용된다.

단원 그물을 이해하기

앞에서 기술한 1~4단계는 단원 그물을 만드는 과정이다. 이 그물에서는 단원의 개념을 확인하고 단원명, 개념적 렌즈, 스트랜드와 함께 중요한 소재를 파악한다. 더 필요한 지식과 기능은 7단계와 8단계에서 다룬다. 어떤 단원 개발자는 각 단원을 개발하기 전에 일 년 동안 가르칠 단원 그물을 먼저 개발하고, 어떤 개발자는 한 번에 한 단원씩 개발한다. 이것은 개인적인 취향의 문제이다. 하지만 일 년에 걸쳐 가르칠 단원명들을 미리 만들어 보고 난 다음 개별 단원의 그물을 개발하면 다음과 같은 면에서 도움이 된다.

	2차원 단원: 소재 기반	3차원 단원: 개념 기반
1. 단원명	식민지화와 정착: 시작부터 1763년까지	식민지화와 정착: 시작부터 1763년까지
2. 개념적 렌즈	없음	문화/상호작용
3. 스트랜드 그물	영역은 파악되지 않음.	역사/문화 • 지리 • 경제 • 통치체제
4. 단원 그물	단원 그물이 없음.	[자료 G]에 있는 단원 그물
5. 일반화	**파악되지 않음- 하지만 다음과 같은 목표가 있을 수 있음** • 15세기와 17세기에 이루어진 해외 탐험을 이끈 요인들을 분석할 수 있다. • 초기 13개 식민지의 위치를 파악할 수 있다. • 초기 스페인, 영국, 프랑스, 네덜란드 정착민들 간 그리고 아메리카 대륙 원주민들과의 상호작용을 분석할 수 있다.	**시간을 초월하여 전이 가능한 개념적 관계의 진술문 5~9개** • 국가는 지정학적 권력과 경제적 권력 확대를 모색한다. • 토착민의 문화는 침략 국가에 의해 혼란에 빠질 수 있고 지배를 받을 수 있다. • 사회의 변화하는 신념과 가치는 집권 정부와의 갈등을 초래할 수 있다. • 역사적 사건, 전통, 가치관, 신념은 문화를 형성한다.
6. 안내/핵심 질문(예시)	F=사실적 질문 • 15세기와 17세기에 이루어진 해외 탐험을 이끈 요인으로는 무엇이 있는가? (F) • 이 시기에 이루어진 유럽 탐험의 주요 특징은 무엇인가? (F) • 13개 식민지의 위치는 어디인가? (F)	F=사실적 질문, C=개념적 질문, D=논쟁 가능한 질문 • 15세기와 17세기에 이루어진 해외 탐험을 이끈 요인으로는 무엇이 있는가? (F) • 영국은 왜 "신세계"에 식민지를 설립했나? (F) • 국가는 왜 새로운 식민지를 탐험하고 건설하고자 하는가? (C)

	2차원 단원: 소재 기반	3차원 단원: 개념 기반
6. 안내/핵심 질문(예시)	• 스페인, 영국, 프랑스, 네덜란드 식민지 간 관계는 어떠했는가? (F) • 식민지 정착민들과 토착민들 사이의 관계는 어떠했는가? (F)	• 초기 식민주의자들은 토착민들과 어떤 방식으로 상호작용했는가? (F) • 왜 원주민들은 대개 탐험 국가들에 의해 억압을 받는가? (C) • 편견과 차별은 시간이 지나면 점차 누그러지는가? 설명하시오. (D) • 영국의 식민지들은 왜 자신들의 모국인 영국에 저항했는가? (F) • 변화하는 신념과 가치가 때때로 어떻게 사회 혁명을 불러일으키는가? (C)
7. 중요한 지식 (두 종류의 단원에서 반드시 알아야 할 공통적인 사실적 지식)	• 15세기와 17세기 사이의 주요 유럽 탐험의 특징과 해외 탐험을 자극한 요소들 • 1450년 이후 이루어진 정치 조직의 패턴을 포함한 사람들의 문화와 상호작용 • 모국에 따른 식민지화의 차이 및 다른 식민지와 원주민과의 상호작용 • 13개 영국 식민지의 정치적, 사회적 및 문화적 특성의 공통점과 차이점 • 통치체제를 포함하여 영국 식민지에서의 종교의 역할, 영국, 프랑스, 스페인의 아메리카와의 관계 그리고 청교도	• 15세기와 17세기 사이의 주요 유럽 탐험의 특징과 해외 탐험을 자극한 요소들 • 1450년 이후 이루어진 정치 조직의 패턴을 포함한 사람들의 문화와 상호작용 • 모국에 따른 식민지화의 차이 및 다른 식민지와 원주민과의 상호작용 • 13개 영국 식민지의 정치적, 사회적 및 문화적 특성의 공통점과 차이점 • 통치체제를 포함하여 영국 식민지에서의 종교의 역할, 영국, 프랑스, 스페인, 아메리카와의 관계 그리고 청교도
8. 중요한 기능 (두 종류의 단원 공통임)	• 그래픽 조직자를 사용하여 역사적 정보를 표시하고 분석하기 • 제시된 정보나 입장에 대한 비판적 분석을 바탕으로 논란이 되고 있는 문제에 대한 입장을 선택하도록 의사 결정 기능 사용하기 • 역사 연구를 통해 질문을 만들고 답을 찾기	• 그래픽 조직자를 사용하여 역사적 정보를 표시하고 분석하기 • 제시된 정보나 입장에 대한 비판적 분석을 바탕으로 논란이 되고 있는 문제에 대한 입장을 선택하도록 의사 결정 기능 사용하기 • 역사 연구를 통해 질문을 만들고 답을 찾기

	2차원 단원: 소재 기반	3차원 단원: 개념 기반
	• 편견, 관점, 맥락을 파악하기 위해 인쇄된 자료를 비판적으로 분석하기 • 역사적 정보를 공유하기 위해서 멀티미디어 기술을 사용하기	• 편견, 관점, 맥락을 파악하기 위해 인쇄된 자료를 비판적으로 분석하기 • 역사적 정보를 공유하기 위해서 멀티미디어 기술을 사용하기
9. 최종 평가 과제: 2차원 평가 과제에서는 학생들의 사실적 지식에 초점을 맞춘다. 3차원 평가 과제에서는 무엇/왜/어떻게 공식에 맞추어 게임에 참여하는 사람들의 개념적 이해를 드러내게 한다.	**(학생 참여형 시나리오)** 여러분은 '게임 보드 미국'의 창의적인 디자이너입니다. 8학년 학생들에게 초기 미국의 13개 식민지에 대해 가르치는 게임을 만들어야 합니다. 1. 게임의 목적을 파악하세요. 2. 적어도 30개 정도의 "식민지 문제"를 만들고, 뒤에 답을 적으세요. 3. 게임하는 사람들이 "식민지 문제"의 정답을 맞히면서 처음부터 끝까지 움직일 수 있도록 게임 보드를 만드세요.(종이 위에 게임 보드 초안을 그리세요.) 4. 벌점 7개와 보너스 점수 7개를 게임 경로에 표시하세요. (게임 보드 한 곳에 벌점 카드 칸, 보너스 카드 칸을 만들어 카드를 올려 두세요.) 5. 게임하는 사람들이 게임을 진행하는 방식을 결정하세요.(주사위를 던질 수도 있고, 스피너를 이용할 수도 있고, "정답" 카드에 몇 번 이동할 수 있는지 횟수를 적는 방법도 있습니다.) 6. 게임에 사용할 칩이나 화폐를 만들거나 찾아보세요. 7. 작성한 초안을 두꺼운 종이나 판지로 옮기고 색칠하세요. 8. 시험 삼아 게임을 해 보세요!	**무엇(단원 학습):** 초기 문화, 식민지와 정착(시작부터 1763년까지)을 조사하기 **왜(개념적 이해):** '국가는 지정학적, 경제적 권력 확대를 모색한다.'와 '역사적 사건, 전통, 가치관, 신념은 문화를 형성한다.'는 것을 이해할 수 있도록 하기 위해서 **어떻게:** (학생 참여형 시나리오) 여러분은 '게임 보드 미국'의 창의적인 디자이너입니다. 8학년 학생들에게 초기 미국의 13개 식민지에 대해 가르치는 게임을 만들어야 합니다. 1. 게임의 목적을 파악하세요. 2. 적어도 30개 정도의 "식민지 문제"를 만들고, 뒤에 답을 적으세요. 왜 유럽 국가들이 식민지를 세웠는지, 각기 다른 식민지의 정치적, 사회적(종교 포함), 경제적 특성에 대한 문제들을 포함시키세요. 또한 어떻게 해서 '역사적 사건(아니면 가치와 신념)이 문화를 형성하는가?' '왜 국가들은 지정학적, 경제적 권력을 확대하려고 하는가?'와 같은 문제들을 포함하고 뒷면에 여러분이 생각하는 답을 적으세요. 3. 게임하는 사람들이 "식민지 문제"의 답을 맞히면서 출발점부터 마칠 때까지의 길을 따라 갈 수 있게 게임 보드를 만드세요. (이후 4~8번은 2차원 내용과 동일함)

	2차원 단원: 소재 기반	3차원 단원: 개념 기반
10. 학습 활동	• 교과서 2장에 있는 초기의 미국 식민지에 대해서 읽는다. 그리고 단원 말미에 있는 질문에 대해 대답한다. • 13개 식민지의 지도를 그린다. 지도를 잘라서 직소 퍼즐처럼 만들어 5분 동안 옆에 있는 친구들과 퍼즐을 맞춰 본다. • 그래픽 조직자를 만들어 다음의 내용에 대해서 13개 식민지를 비교한다. - 모 국가 - 식민지화하는 이유 - 정치/사회/경제적 특징(3칸으로 만들기)	* 이 도표 제일 마지막에 있는 학생 맞춤형(differentiation) 수업 전략들을 보시오. • 미국 초기 유럽인들의 식민지화에 대한 설명을 비교하기 위해서 1차와 2차 사료를 사용한다. 그래픽 조직자를 이용하여 다음의 측면에서 비교한다. - 모 국가 - 식민지화하는 이유 - 정치/사회/경제적 특징(3칸으로 만들기) 비교한 것을 일반화하여 요약하고 이를 바탕으로 다음의 진술문을 완성한다. "우리는 ……을 이해한다." • 단원의 렌즈인 문화 혹은 상호작용 중에 하나를 택해 식민지들에 대해서 고찰한다. 자신이 선택한 식민지의 문화의 한 측면 혹은 2개 이상의 문화 간 상호작용을 설명한다. 고찰한 내용은 다음 중 한 가지 형식으로 나타낼 수 있다. - 시 - 시각적 제시(컴퓨터로 하거나 종이로) - 노래나 춤
11. 단원 개요	(대부분 단원 소개용으로 단원 목표를 제시하거나 단원에서 다룰 소재를 간단하게 설명한다.)	(학생들의 관심을 집중할 수 있게 하고 단원을 시작할 때 학생들과 공유한다.) 여러분이 전혀 알지 못하는 땅으로 탐험을 한다면 어떨지 생각해 보세요. 계획할 때 여러분은 어떤 것을 고려해야 할까요? 이번 단원에서 여러분은 초기 미국 탐험가들의 경험과 관점, 그들이 모국을 위해 만든 식민지들, 다른 식민지와 토착민들의 상호작용을 통해서 이러한 질문에 대해 탐색할 것입니

	2차원 단원: 소재 기반	3차원 단원: 개념 기반
		다. 우리는 그들이 탐험을 한 이유를 살펴보고 어떻게 공동체들이 일상생활을 위해서 사회, 경제, 정치 구조를 만들었는지도 볼 것입니다.
12. **참고 자료 및 유의사항**	역사 교과서 2장	게임 보드를 만들 때 개별로 할 것인지, 모둠으로 할 것인지 결정한다. 만약 모둠으로 만든다면 참여한 학생 모두 각자 질문 카드와 답을 만들어야 한다.

학생들의 학습 활동을 준비도 수준에 따라 다양화하지만, 모든 학생이 동일한 핵심 개념과 개념적 이해(일반화)를 이해할 수 있기를 기대한다.

추가적인 비계(scaffolding), 심화(enrichment)가 필요한 학생들을 위한 맞춤형 수업 전략

a. 추가적인 비계를 필요로 하는 학생들을 위한 다양화: 읽기 쉽게 작성된 1차 및 2차 사료 문서를 담은 웹사이트를 알려 준다. 필요한 경우 출력한 웹 자료에서 정치적, 사회적, 경제적 특성을 (구체적인 부분을 알려 주는 것이 아니고) 강조해 준다. 그런 다음 학생에게 정치적, 사회적, 경제적 특성이 나타난 곳을 각각 다른 색으로 표시하게 한다. 빈 그래픽 조직자 종이를 주고, 각 칸에 색깔로 표시한 정보를 조직하게 한다. 그다음, 발견한 점을 옆 친구와 논의하고 비교한 것을 네 문장 이상 작성하게 한다.

b. 추가적인 심화를 필요로 하는 학생들을 위한 다양화: 학생들은 적절한 검색 엔진과 키워드를 사용하여 1차 사료와 2차 사료들을 찾아내고, 그래픽 조직자를 스스로 설계하여 정보를 구성한다. 학생들에게 다음의 사항을 포함하여 2문단으로 구성된 글을 작성하게 한다.
  1. 비교를 통해 발견한 것을 기술하기
  2. 초기 식민지와 오늘날 공동체 간의 차이점과 유사점을 분석하기

도전 문제:
다음 중에서 국가를 건설하는 데 어떤 것이 가장 큰 영향을 미쳤다고 생각하나요?
- 교통
- 테크놀로지
- 창의적 사고
- 의사소통

구체적인 사실과 예로 여러분의 입장을 정당화하고 뒷받침하시오.

그림 3-1 소재 기반 단원과 개념 기반 단원의 비교

- 성취기준에서 추출한 중요한 소재와 개념을 적절한 교수 시점에 맞춰서 단원 그물 안에 넣을 수 있다.
- 단원명과 그물을 만들면서 주어진 수업 시간의 폭과 깊이를 얼추 파악할 수 있으며, 어떤 수업자료가 필요한지 가늠할 수 있다.
- 일 년 동안 가르칠 단원명과 그물을 만들고 나면, 언제 가르치는 것이 가장 좋은지 그리고 개념의 복잡성에 비추어 단원을 어떤 순서로 제시하면 좋을지 결정할 수 있다.
- 단원 그물은 합리적이고 운영 가능한 방식으로 성취기준 중심의 교육과정을 실행할 수 있게 도와준다. 단원 그물을 만들 때 교사는 성취기준으로부터 개념과 내용을 도출해서 그물에 적절하게 배치한다. 교과서와 다른 교육과정 자료들은 부가적인 자료원이 된다.

[그림 3-2A]부터 [그림 3-2C]는 단원 그물의 세 가지 예시를 제시한 것이다. [그림 3-2A]는 내용교과 내의 그물, [그림 3-2B]는 간학문적인 그물이며, [그림 3-2C]는 과정 교과 내의 그물이다.

그물을 만드는 것은 개념 기반 교육과정을 설계할 때 매우 유용하다. 왜냐하면 교사가 중요한 소재와 개념을 브레인스토밍하고 전체 개요를 볼 수 있게 해 주기 때문이다. 계획한 그물의 완성도가 높을수록 단원의 일반화가 더 공고해진다.

단원 개발자는 단원의 그물을 바탕으로 중요한 개념적 이해(일반화)를 만든다. 첫 번째 일반화를 만들 때는 개념적 렌즈와 그물에 있는 개념 간 관계를 진술해서 만든다. 그다음, 다른 일반화들은 각 스트랜드의 개념을 이용해서 만든다. 개념적 렌즈를 사용해서 만든 일반화와 함께 각 스트랜드별로 한두 개의 일반화가 있어야 한다. 각 스트랜드에 속한 마이크로 개념들로 (전이 가능한 이해를 나타내는) 개념적 관계를 드러낼 수 있도록 한 단원에 최소한 5개의 일반화를 만들어야 한다. 만약 한 단원에 단 한 개의 일반화만 있다면, 이 일반화는 지나치게 광범위해서 학문적 깊이가 결여될 수 있다. 6~8주에 걸쳐 가르치게 될 단원의 경우 일반화의 수가 5개에서 9개 정도 되어야 학생들이 새로운 사례를 이전에 습득한 이해와 관련지을 수 있으며, 하나의 상황에서 다른 상황으로 전이시킬 수 있다. 한 단원에 다룰 적정한 수가 있듯이 일 년에 5~6개 정도의 단원을 가르치는 것이 좋다. 이는 교육과정이 너무 빽빽하지 않기를 바라는 마음에서이다. 질적으로 좋은 일반화는 풀어내는데 시간이 걸리는 중요한 아이디어이다. 그래서 적을수록 더 좋다.

일단 (단원의 길이에 따라) 5개에서 9개 정도의 중요한 일반화를 만들고 나면, 각 일반화별로 (사실적인 질문과 개념적인 질문을 합해서) 3개에서 5개 정도의 안내 질문을 만들어 학생들의 사고가 전이 가능한 이해로 향할 수 있도록 한다. 또한 학생

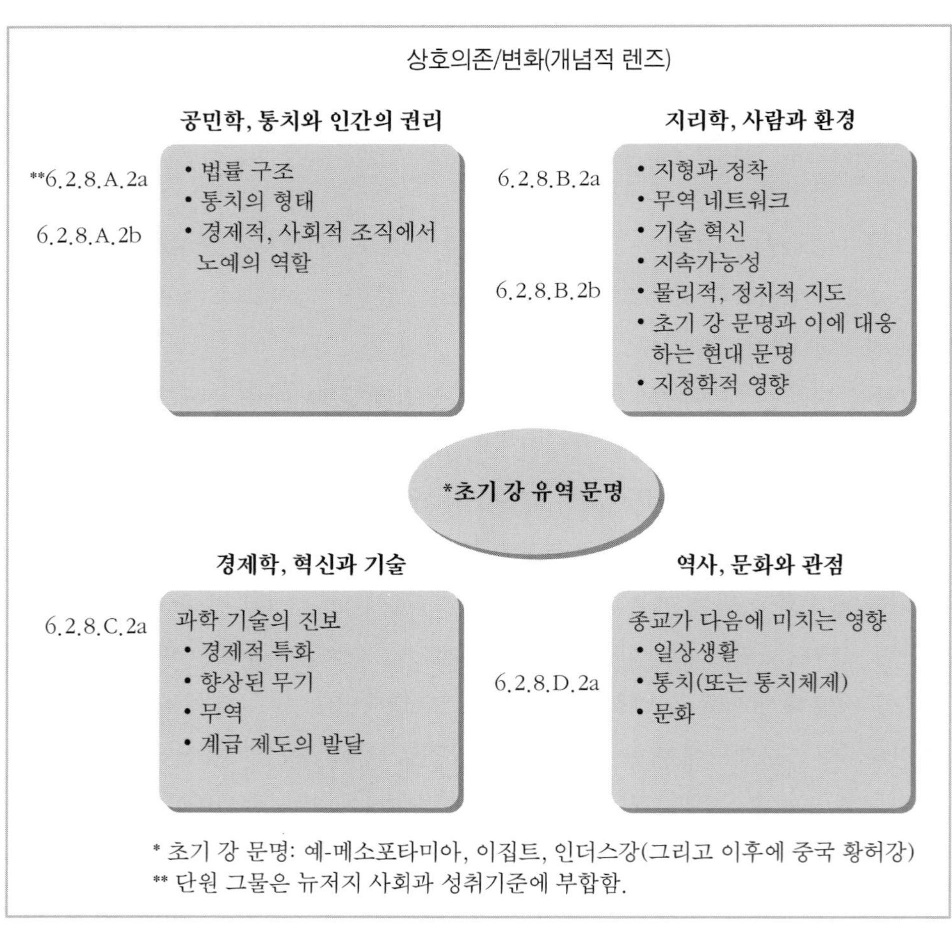

● 그림 3-2A 교과 내 단원 그물

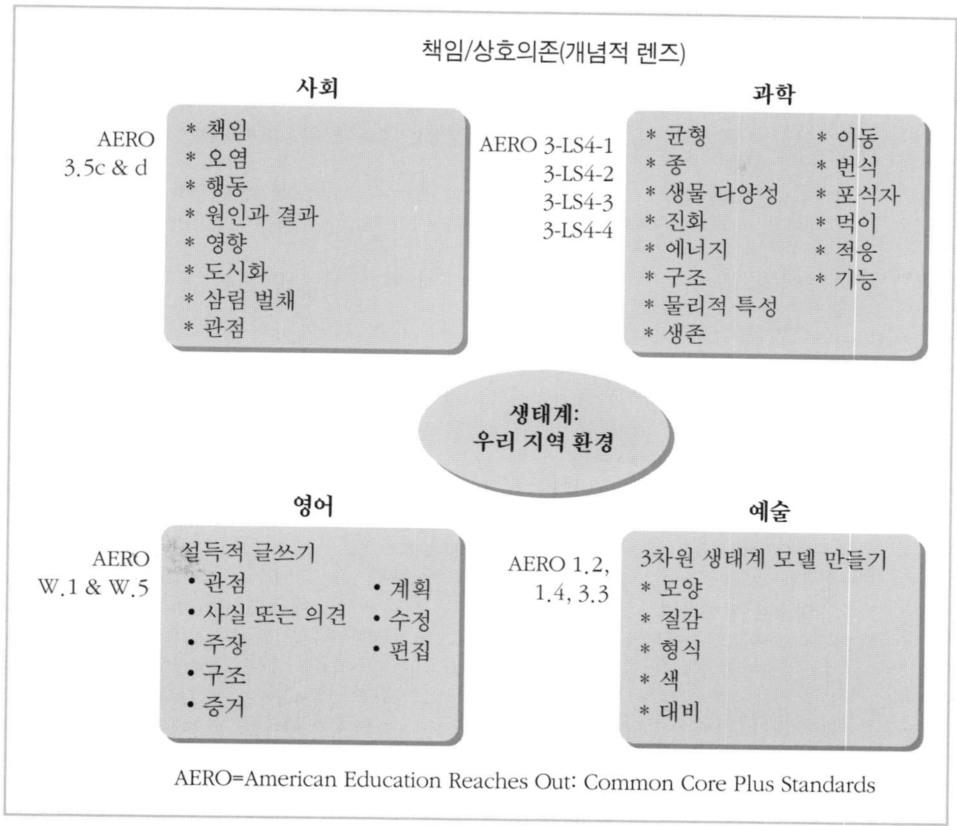

• 그림 3-2B 간학문적 단원 그물: 생태계–우리 지역 환경

들의 흥미를 불러오면서도 논쟁 가능한 질문을 단원 전체에서 한두 개 정도 제시한다.

[자료 D-3.1]에는 제니퍼 왓솔(Jennifer Wathall)이 개발한 "원 기하학(Circle Geometry)"이라는 수학 단원의 일부가 소개되어 있다. 여기에서 서로 다른 단원의 구성 요소들이 서로를 어떻게 뒷받침하는지, 어떻게 그 개념적 이해(일반화)가 지식과 과정 모두를 반영하는지 확인하기를 바란다. [자료 F]에는 제니퍼가 제시한 중등 수학과 교사를 위한 일반화가 있다.

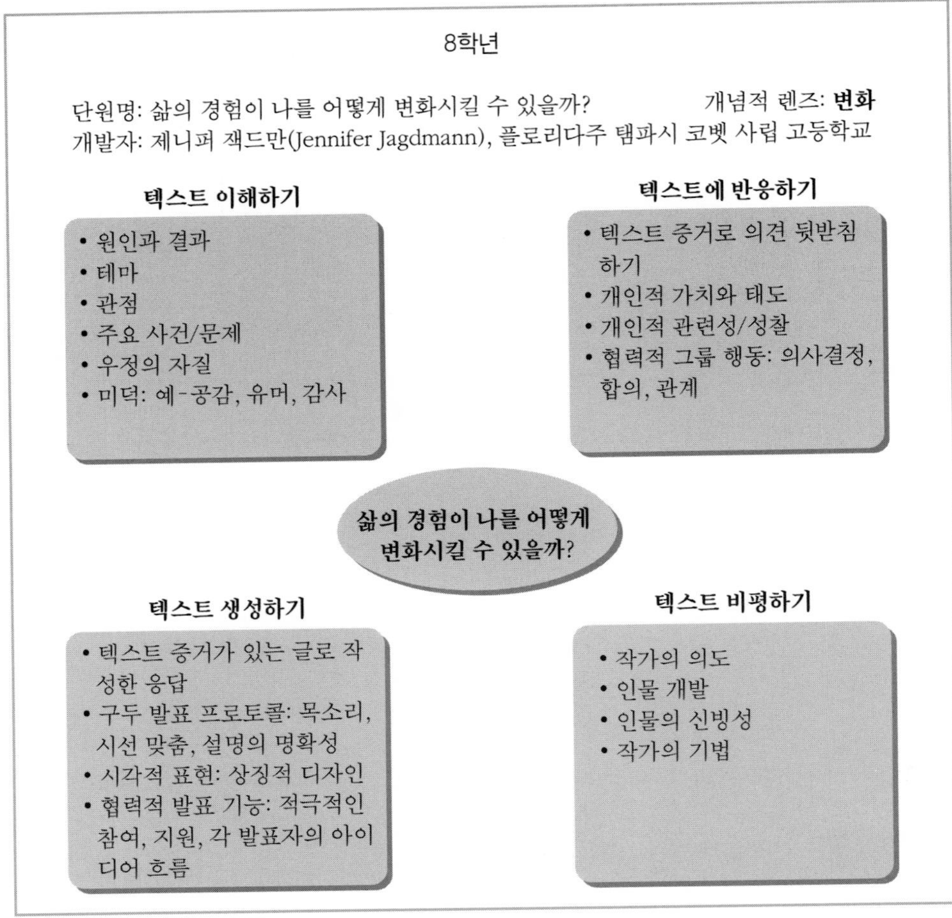

● 그림 3-2C 교과 내 과정 그물: 삶의 경험이 나를 어떻게 변화시킬 수 있을까?

학년에 따른 개념적 이해

우리가 학생들의 지력을 발달시키고, 그들이 개념적인 사고를 바탕으로 비판적, 창의적으로 사고할 수 있기를 바란다면 교육과정 문서는 아이디어 중심이어야 한다. 그러나 인간은 지금까지 해온 익숙한 행동양식에 편안함을 느낀다. 우리 대부분은 '목표에 따른 수업' 체제하에서 교육을 받았다. 벤자민 블룸은 그의 동료 엥글하르트, 퍼스트, 힐, 크래트월(Bloom, Engelhart, Furst, Hill, & Krathwohl, 1956)과 함께 인지적 활동 수준에 따라 특정 동사를 선정함으로써 학생의 학습에 대한 기대치를 높였다. 예를 들어, 가장 낮은 수준은 **아는 것**(knowledge)이며 보다 높은 수준은 **종합하는 것**(synthesis)이다. 이것은 교육에 큰 공헌을 했다. 하지만 앤더슨(Anderson)과 크래트월이 블룸의 분류 체계를 개선시켰고, 우리도 진보하고 있음에도 불구하고 여전히 개념적 이해와 학습의 전이를 보장하지 못하는 전통적인 설계 과정에 의존하고 있다.

플라톤(Plato), 아리스토텔레스(Aristotle), 아인슈타인(Einstein) 등 역사에서 위대한 사상가들은 특정한 순서에 따라 소재에 결부된 동사들에 맞춰 자신의 사고나 이해를 계발하지 않았다. 이들은 아이디어, 이슈, 문제들에 대해서 사고했다. 이들은 가설을 세우고, 증거를 면밀히 검토하고, 사실과 관련된 개념 및 원리 간의 관계와 패턴을 찾으려고 했고, 자신이 발견한 것에 문제를 제기했다. 그들은 본질적으로 아이디어 중심의 구성주의자들이었다. 우리는 끊임없이 연구하여 교사들이 목표를 다루는 것으로부터 (사실적 지식이나 구체적인 증거로 뒷받침되는) 개념적 이해를 학생들로부터 도출하는 탐구법을 사용하는 것으로 나아가게 해야 한다.

> 우리는 끊임없이 연구하여 교사들이 목표를 다루는 것으로부터 (사실적 지식이나 구체적인 증거로 뒷받침되는) 개념적 이해를 학생들로부터 도출하는 탐구법을 사용하는 것으로 나아가게 해야 한다.

〈표 3-1〉은 여러 학년에 공통으로 적용되는 내용 및 학생의 성숙도에 따라 학년별로 적절한 개념적 이해를 열거한 것이다. 이해가 명확하게 진술되어 있다는 것에 주목하기를 바란다[과학의 사례를 제시해 준 패트릭 레이튼(Patrick Leighton)에게 감사하다.]. 교사는 자신의 수업 단원에서 중요한 지식과 기능을 바탕으로 명확하고 영향력 있는 개념적 이해를 도출하는 방법을 배워야 한다. 〈표 3-1〉은 발달에 따른 일반화 사례를 담고 있다. 개념적 이해를 진술할 때는 "학생들은 ……을 이해한다."로 시작하는 방식을 취할 수 있음에 주목하기를 바란다.

교사가 학습 단원을 계획할 때 학생들의 학년 수준에 따라 개념적 이해를 진술하는 것이 중요한 이유는 또 있다. 〈표 3-1〉에서 각 학년별로 고딕체로 표시된 개념에 주목하기를 바란다. 한 교과에서 한 학년에 5~6개의 단원이 그리고 각 단원별로 5~9개 정도의 개념적 이해가 있다고 생각해 보자. 개념적 이해의 폭과 깊이가 매우 명백하게 나타난다. 어떤 단원은 간학문적인 형태를 취할 수 있으며, 어떤 단원은 한 교과에 한정될 것이다.

오늘날 교육은 핵심 질문의 사용, 구성주의, 탐구 등과 같이 뇌 과학에 따른 전략을 가치 있게 여기고 활성화시키려고 한다. 하지만 우리가 만들어 내는 교육과정 문서와 교과서에는 (사실적 정보와 기능에 의해 뒷받침되는) 이해해야 하고 전이되는 영향력 있는 아이디어가 제시되기보다, (동사 중심, 사실적, 개념적, 기능 기반 진술이 혼란스럽게 섞인) 목표들을 열거하고 있다.

우리가 만들어 내는 교육과정 문서와 교과서에는 (사실적 정보와 기능에 의해 뒷받침되는) 이해해야 하고 전이되는 영향력 있는 아이디어가 제시되기보다 (동사 중심, 사실적, 개념적, 기능 기반 진술이 혼란스럽게 섞인) 목표들을 열거하고 있다.

〈표 3-1〉 학년에 따른 개념적 이해의 사례

2학년	6학년	고등학교
	사회과	
경제 사람들은 자신의 필요와 요구를 충족시키기 위해 상품과 서비스를 구매한다. 사람들은 그들이 원하는 모든 것을 가질 수 없기 때문에 선택을 한다.	경제 천연자원이 부족한 국가들은 필요한 제품을 얻기 위해 무역 관계에 의존한다.	경제 운송 및 무역 네트워크 확대는 지역 간 협력과 경쟁으로 이어진다.
지리 지역 사회는 천연자원을 이용하여 기본적인 욕구를 충족시킨다. 천연자원 보호에 관심이 있는 시민들은 환경 보호를 한다.	지리/정부 정치적 또는 경제적 이유로 인한 지리적 확장은 토착민의 착취로 이어질 수 있다.	지리/정부 지정학적 경계의 변화는 국제적 권력 이동으로 이어질 수 있다.
역사 지역 사회는 시간이 지남에 따라 변한다.	역사 통신 기술의 진보는 아이디어와 정치사상의 보급을 촉진할 수 있다.	역사 국가 간의 공포와 불신은 국제 조약과 협약을 확보하고 집행하는 것을 어렵게 만든다.
정부 지역 사회 지도자는 필요를 충족시키고 문제를 해결하기 위해 구체적인 역할을 수행한다. 법과 규칙은 지역 사회 주민들을 보호한다.	정부 정부는 통화 정책, 관세 및 세금을 통해 비즈니스와 무역을 규제한다.	정부 국가는 국가 복지를 위협하는 국제적 갈등을 해결하기 위해 외교, 정치적 또는 경제적 제재 및 전쟁을 사용한다.

2학년	6학년	고등학교
과학과		
물리 과학 가열, 냉각, 용융 및 증발과 같은 과정은 온도 변화에 따라 다르다.	물리 과학 열에너지의 변화는 온도가 변하지 않더라도 물질의 상태 변화를 수반한다. 화학적 및 물리적 특성은 물질을 구별한다.	화학 열에너지는 물질의 상태를 변화시키기 위해 분자 운동의 패턴을 바꾸거나 혹은 온도를 변화시키기 위해 분자 운동의 양을 바꾼다. 용해될 수 있는 입자에 대한 용해된 입자의 비율은 용액의 농도를 결정한다. 반응에너지는 환경에 대한 열의 흡수 혹은 방출과 관련이 있다.
생명 과학 생물은 기본 요구를 충족시킬 수 있는 기능을 수행한다. 식물과 동물의 특징적인 부분은 서로 다른 기능을 지원한다.	생명 과학 생명체의 세포는 생명을 유지하는 기능을 수행한다. 종의 특성은 자연 선택, 성 선택, 또는 선택적 번식을 통해 여러 세대에 걸쳐 변할 수 있다.	
지구 과학 환경에는 암석, 토양, 물, 대기 중의 가스 및 동식물과 같은 유용한 자원이 있다.	지구 과학 침식, 지진, 화산과 같은 자연적 과정은 지형의 변화를 일으킨다.	생물학 세포의 특수화된 부분은 항상성, 에너지 생산, 분자 수송, 분자의 배제 및 선택, 폐기물 처리 및 새로운 분자 합성과 같은 특정 기능을 수행한다.
언어(영어)		
작가는 등장인물을 둘러싼 이야기를 만든다.	서사 작가는 특정 역할을 가진 다양한 유형의 등장인물(주역, 적대적인 역, 제3자의 역)을 개발하여 이야기를 보다 현실적이고 흥미롭게 만든다.	상징적인 인물은 독자가 주요 쟁점, 인간 본성의 측면 및 이야기에서 그려지는 사회의 차원을 추론하게 한다.

교육과정 문서에 명확한 방향성이 결여되어 있는 목표를 나열하는 것보다는 학생들이 반드시 사실적으로 **알아야 할 것**(Know), 개념적으로 **이해해야 할 것**(Understand), 그리고 **할 수 있어야 할 기능**(Do)을 제시하는 것이 교사에게 훨씬 더 도움이 될 것이다. 흔히 일컫는 "KUD"는 보다 정교한 교수·학습을 필요로 하며, 지식을 전파하는 것으로부터 벗어나 지식과 기능을 사용하게 하여 학생들이 보다 깊이 있는 개념적 이해를 도출할 수 있게 한다. KUD의 예를 살펴보면 다음과 같다.

학생들이 **알기를** 바라는 것(**소재의 성격을 띠는 사실적 지식**)

예

학생들은 ……을 **알 것이다**.

1. 나비의 생명 주기 단계
2. 우리나라의 발전에 기여한 주요 인물과 그들의 업적
3. 면적 및 부피 공식

학생들이 **이해하기를** 바라는 것(개념적이며 다른 상황에 **적용 가능한** 학문에 기초한 이해)

예

학생들은 ……을 **이해할 것이다**.

1. 생명 주기는 종의 지속을 보장한다.
2. 전환점은 국가의 사회적, 경제적, 정치적 방향을 형성할 수 있다.
3. 기하학적 도형은 변환을 통해 복제되거나 변형될 수 있다.

학생들이 **할 수 있기를** 바라는 것(구체적인 **과정과 기능**)

예

학생들은 ……**할 수 있을 것이다.**

1. 데이터 혹은 아이디어를 표현하는 모형이나 다이어그램을 만들 수 있다.

2. 역사적 관점을 분석하고 비교하기 위하여 1차 사료와 2차 사료를 사용할 수 있다.

알기를 원하는 것과 **이해하기**를 원하는 것은 동사로 시작하지 않는다. 하지만 **기능은 "주요 아이디어를 판단하기 위해서 텍스트를 평가한다." 와 같이 동사가 이끈다.** 블룸이 고안한 동사들이 가장 유용한 경우는 학습 활동과 평가를 설계할 때이다. 학습 활동과 평가를 설계할 때는 학생들이 구체적인 소재와 맥락과 관련해서 분석하고, 종합하고, 평가하고, 새로운 것을 만들어 낼 수 있도록 한다.

'활동'과 '이해를 위한 평가'의 차이

수업을 위해 개념 기반 단원을 어떻게 설계할 것인지를 알았으니 이제는 이해의 평가를 다룰 차례이다. 우리는 사실과 기능을 평가하는 것에는 익숙하지만, 개념 기반 수업에서는 학생들의 이해(일반화)를 위한 평가도 한다는 것을 확실하게 하자. 이 둘의 차이를 명확하게 하기 위해 [그림 3-3]의 간단한 퀴즈를 풀어 보자. 각 사례별로 그것이 **낮은 수준의 활동**인지, **깊이 있는 이해**를 위한 평가인지 말해 보시오.

1. 일반화:
분수령이 되는 사건들은 역사에서 전환점을 마련한다.
활동인가, 이해를 위한 평가인가?
게티즈버그 연설의 주요 문장들을 암송하시오.

2. 일반화:

시민들의 일상생활에서 정부의 역할은 국가 위기에 대응하여 증가했다.

활동인가, 이해를 위한 평가인가?

3칸 차트를 만드시오. 첫 번째 칸에는 국가의 위기를 나열하시오. 두 번째 칸에는 그러한 위기에 대응하기 위해 만들어진 국가의 정책이나 법률을 적으시오. 세 번째 칸에는 그러한 법률이 시민의 일상생활에 미치는 영향을 상세하게 적으시오. 여러분의 차트를 보고, 국가 위기와 그에 대한 정부 대응 간 관계를 생각해 보시오. 그러고 나서 이러한 관계를 표현하는 일반화를 작성해 보시오.

3. 일반화:

유기체는 생존을 보장하기 위해 항상성이라고 불리는 일정한 내부 환경을 유지한다.

활동인가, 이해를 위한 평가인가?

"항상성"이라는 아이디어를 나타내는 상징이나 디자인을 만드시오.

4. 일반화:

(부채꼴에서) 중심각의 크기는 해당되는 호의 길이에 의해 결정된다.

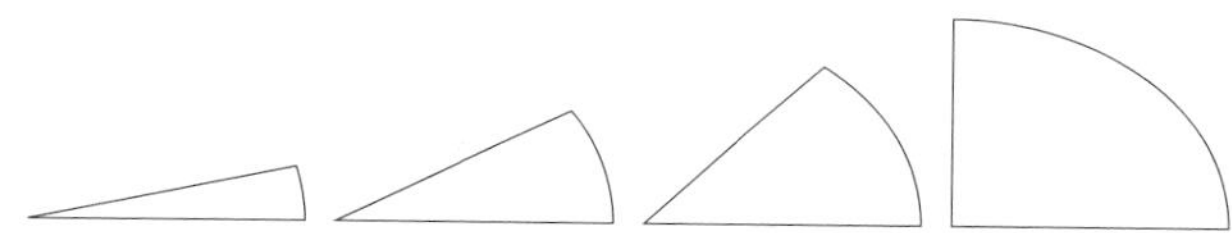

활동인가, 이해를 위한 평가인가?

다음의 질문에 대해 답을 작성하시오: 호의 길이와 중심각은 어떠한 관계에 있는가?

5. 일반화:

작가는 강력한 이미지를 만들기 위해서, 혹은 독자로 하여금 문자 그대로 해석하기보다는 비유적으로 해석하도록 함축적인 언어를 사용한다.

활동인가, 이해를 위한 평가인가?

토니 모리슨(Toni Morrison)의 소설 『소중한 사람(Beloved)』에서 함축적인 언어에 강조 표시를 하시오.

그림 3-3 '활동'과 '이해를 위한 평가'의 차이를 알아보는 퀴즈

[그림 3-7]에는 [그림 3-3] 퀴즈에 대한 답이 있다. 여러분은 어떻게 했는가? 학생들의 다양한 요구를 충족하는 수행의 차이를 파악할 수 있는가?

활동으로 구분한 것에 무엇을 더하면 이해의 평가로 바꿀 수 있을지 생각해 보시오. 낮은 수준의 활동을 이해를 평가하는 질적으로 우수한 평가로 바꿀 때에는 다음의 설계 질문을 기억하기를 바란다.

개념적 수준으로 나갈 수 있도록 "이해(일반화)"를 담은 표현을 평가 진술문에 활용하였는가?

단원 설계에 대한 질문과 대답

개념 기반 단원을 설계할 때, 여러 가지 질문이 잇따를 수 있다. 이 절에서는 교사들이 우려하는 점 몇 가지를 살펴보겠다.

① 학년이나 과목에 적합한 개념을 어떻게 식별할 수 있는가?

답: 성취기준은 그 교과에서 특정 학년에서 학습해야 할 지식뿐만 아니라 여러 개념을 담고 있다. 여러분이 해야 할 것은 그 성취기준에서 소재와 개념의 차이를 구별하는 것이다. 과학 교과의 성취기준에는 수학 교과의 성취기준과 마찬가지로 개념이 많다. 본인의 전문성을 믿고 여러분이 가르치는 학년 또는 교과에 필요한 개념을 파악하시오. 개념은 시간과 공간에 제약받지 않고, 다른 수준의 추상성을 띠며, 동일한 속성을 가진 여러 사례를 가지고 있음을 기억하기를 바란다. 여러분이 가르치는 교과의 주요 소재를 적은 후, 각 소재하에 여러분이 가르치는 개념을 브레인스토밍 하시오. 동료와 협력하고 함께 대화하게 되면 이 과정이 질적으로 향상된다. 마이크로 개념을 깊이 파헤쳐 보자. 마이크로 개념은 학년에 따라 이해의 깊이에 차이를 만든다. 초등학교의 중학년에서는 생태계, 서식지, 포식자와 먹이 등을 가르친다. 하지만 중학교로 가면 우리는 생태적 지위, 기생, 공생과 같은 구체적인 개념을 다룬다. 중·고등학교에서 가르치는 학문적 개념들은 더 복잡해지고 구체적이며 수가 늘어난다. 여러분이 가르치는 일반화에는 전문성을 심화시킬 수

있도록 마이크로 개념을 사용해야 한다.

② 성취기준이 나의 교육과정인가?

답: 성취기준은 교육과정이 아니다. 성취기준은 교육과정을 설계하기 위한 틀이다. 교육과정은 성취기준의 의도를 반영한 것으로 교사가 사용하기에 적합한 일관성 있는 문서이다. 만약 성취기준을 교육과정이라고 생각하게 되면 각 성취기준을 하나씩 가르치려고 하고 이는 체크리스트와 같은 수업을 이끌게 된다. 게다가 성취기준이 전통적인 방식에서 벗어나지 못하고 사실적 지식과 동사를 결합해서 목표처럼 진술한 것이면 더욱 그럴 것이다. 미국의 한 역사 교사는 우리에게 자랑스럽게 말한다. "나는 내가 모든 것을 가르쳤는지 확인하기 위해 **교육과정** 문서에 있는 모든 성취기준을 보면서 하나씩 체크한다." 우리는 그 모습을 그려볼 수 있었기에 심장이 내려앉는 느낌이었다.

- 미국 역사에서 1607년, 1776년, 1803년 등의 날짜가 왜 중요한지 설명할 수 있다.

그림 3-4 사실은 이제 그만

출처: David Ford Cartoons, davidford4@comcast.net. 허가 후 게재.

- 미국 혁명이 일어난 원인을 분석할 수 있다.
- 미국 혁명을 둘러싼 사건의 이슈를 설명할 수 있다.
- 1787년의 필라델피아 대회의 이슈를 분석할 수 있다.
- 신공화국의 새 지도자들이 직면한 주요 문제를 기술할 수 있다.
- 앤드류 잭슨(Andrew Jackson)의 선출이 미친 영향, 예를 들어 현대 민주당의 탄생 등을 설명할 수 있다.

우리는 이 교사의 학생들이 시험에 통과하기 위해 사실적 정보를 암기하고 떠올리기 위해 복잡한 자료들을 급히 살펴볼 것임을 예상할 수 있다. 온라인에서 바로 찾아볼 수 있는 내용의 범위를 줄이고 대신에 중요한 학문적 내용과 개념적 이해에 초점을 맞추려는 현재의 추세가 모든 성취기준과 교육과정에 곧 분명히 반영되기를 바란다.

③ 전 학년에 걸쳐 학생들이 배워야 할 일련의 학문적 아이디어(일반화)를 만드는 것이 가능한가? 즉, 어떤 주에서건 심지어 어떤 나라에서건 사용할 수 있는 개념적 이해의 틀을 제공하면 지역이나 학교 교육과정이 그에 비추어 깊이와 폭을 파악할 수 있도록 하는 일련의 학문적 아이디어를 개발하는 것이 가능한가? 혹은 국가 수준에서 학문별로 일반화 사례를 만들어서 교사와 교육과정 개발자가 자신의 교육과정 문서에 개념적 이해를 이끌어 내는 방식을 볼 수 있게 하는 것은 가치가 있을까?

답: 이 질문은 교육과정 설계자들 사이에서 열띤 논쟁거리이다. 한편에서는 내용 및 개념에 토대를 둔 교과에서 가장 중요한 개념적 관계들을 반영하는 일련의 이해를 학년군별로 제시할 수 있다고 말한다. 예를 들어, 과학 전문가들에게 에너지와 물질에 관련해서 학생들이 이해해야 하는 것이 무엇인지 물어보거나 수학 전문가들에게 측정 혹은 기하 영역에서 학생들이 이해해야 할 것이 무엇인지 물어보면 모두 그 아이디어를 제시한다. 이처럼 점차 심화되는 개념적 아이디어는 학문적 이해의 기준이 될 수 있고, 국가나 주 혹은 지역 수준에서 이러한 기준과 일관된 나름의 교육과정을 만들 수 있다. 이런 방식은 바칼로레아와 같은 국제 교육과정처럼 전

세계에 있는 학교에서 동일한 학문을 다양한 내용으로 가르칠 때 유용하다.

하지만 이와 반대편에서는 "교육자들에게 학문별로 개념적 이해를 정말 알려 주어야 하는가? 혹은 그들이 내용을 충분히 검토하고 스스로 중요한 개념적 이해를 결정할 수 있도록 해야 하는가? 재차 강조하지만 우리는 성취기준이 새로운 체크리스트가 되는 걸 원하지 않는다."고 말한다. 물론 우리는 교사가 자신이 가르치는 내용의 개념적 이해를 만들어 낼 수 있기를 원한다. 하지만 대부분의 교사는 개념적 이해를 작성하는 법을 배운 적이 없다. 이와 같은 교사 교육을 워크숍 형태로 제공하는 것은 교육할 내용 전반을 다루는 데 효율적이지 않다. 해결 방안으로 각 교과별로 성취기준에서 중요한 개념적 이해의 우수 사례가 제공된다면 전 세계에서 개념 기반 교육과정과 수업을 워크숍으로 교육하는 이들에게 도움이 될 것이다.

④ 명료하고 영향력 있는(powerful) 일반화를 만들 때 도움이 되는 팁이 있는가?

답: 처음 일반화를 작성할 때 흔히 나타나는 문제는 일반화가 너무 광범위하거나 명확하지 않다는 것이다. 이와 같은 진술의 문제는 '**영향을 주다**, **효과가 있다**'와 같은 동사나 '~**이다**, **가지고 있다**'와 같은 1수준 동사를 과용하는 데 있다. '**영향을 미치다**, **효과가 있다**, **영향을 주다**'와 같은 동사는 명료성과 영향력이 결여되어 있다. 또한 아이디어에 개념적 구체성을 부여하는 '어떻게' 혹은 '왜'에 대한 질문에 답하지 못한다. '~이다' 혹은 '가지고 있다' 동사는 적절한 명사를 포함하는 사실적 진술문에 사용된다. 질문을 사용하여 사고를 체계화하는 방법을 배우면 일반화를 구체화, 명료화하고, 정교하게 개발할 수 있다. 부족한 1수준에서 일반화를 만들기 위해 "어떻게?" "왜?" "그래서 어떻다는 것이지?"와 같은 질문을 하고 답하시오. 1수준 동사를 피할 수 있도록 [자료 B]에 일반화 작성을 위한 2수준과 3수준 동사 목록을 제시했다. 일반화 작성을 돕기 위해 제시한 다음의 예를 보면서 어떻게 1수준에서 3수준으로 넘어가게 되는지 확인하기 바란다.

- 1수준: 자연재해는 지역 사회에 영향을 미친다.
  자연재해는 어떻게 공동체에 영향을 미치는가?

- 2수준: 자연재해는 지역 사회의 사회 경제적 기반을 파괴할 수 있다.
  만약 사회 경제적 기반이 파괴되면 그것이 미치는 영향 혹은 중요성은 무엇인가?
- 3수준: 지역 사회의 사회 및 경제 기반 시설의 심각한 붕괴는 손실, 불안, 혼란, 분노로 이어진다.
  혹은
  지역 사회의 사회 및 경제 기반 시설의 심각한 붕괴는 문제를 해결하고, 효과적으로 의사소통하며, 협력하여 일을 완수할 수 있는 강력한 리더십을 필요로 한다.

우리는 미흡한 1수준의 일반화를 버리고 2수준으로 나아가야 한다. 이러한 수준에 따라 가르치면 보다 깊이 있고 개념적으로 구체적인 것에 맞추어 가르치게 되므로 학문적 기준을 높이게 된다. **2수준의 일반화는 탐구로부터 도출되는 중요한 이해(일반화)의 본질을 담고 있기 때문에 개념 기반 교육과정에서 작성해야 할 목표이다.** 3수준은 2수준에서 다른 차원을 추가하는 데 사용할 수 있으며, 또한 2수준 아이디어에서 나온 다양한 새로운 아이디어를 발전시키도록 학생들을 도전하게 할 때 사용할 수 있다. 만약 3수준 아이디어를 제안한다면 반드시 "새로운 아이디어"이어야 하고, 새로운 개념을 불러와야 한다. 이것은 1수준이나 2수준을 되풀이하는 것이 아니다.

다음은 제니퍼 왓솔이 공유한 중등학교 수학의 일반화 사례이다.

- 수준 1: 물체의 순간 속도는 변위-시간 그래프의 기울기이다.
  어떻게 기울기가 순간 속도인가?
- 수준 2: 시컨트 코드(secant chords)를 그리고 현의 기울기를 구하면 물체의 순간 속도를 알 수 있다.
  이러한 계산의 의미는 무엇인가?
- 수준 3: 미분해서 변위-시간 곡선상 시컨트 코드가 0에 가까워지면 그것이 물체의 순간 속도가 된다.

⑤ 일 년에 몇 개의 단원을 가르쳐야 하는가?

답: 이것은 학교나 학교구에서 결정하지만, 우리는 교사가 수업자료 때문에 수업을 서둘러 하는 것을 원하지 않는다. 몇 개의 단원을 가르칠 것인가는 가르치는 과목과 학교에 따라 결정된다. 우리가 제안하는 것은 일 년에 5개에서 7개 정도이다.

국제 바칼로레아 초등학교 교육과정(Primary Years Programme)을 보면 과학과 사회 교과를 통합한 6개의 간학문 통합 단원이 있고 단원 내용은 그 학교의 탐구 프로그램(Programme of Inquiry)에 따라 설계되어 있다. 중요한 기초 교과인 언어와 수학에서도 문해력을 기를 수 있도록 이와 유사한 혹은 단일 교과 방식의 단원을 포함하기를 적극 권장한다. 질적으로 우수한 언어와 수학 교육과정은 개념 기반 교육과정에서 가르쳐야 할 기능들이 확장 심화되는 것을 보여 주어 학생들이 단순히 '기능을 익히는' 것에서 이해를 하는 것으로 나아갈 수 있도록 해야 한다.

수학과 언어 교과의 그 많은 과정을 탐구 프로그램(the Programme of Inquiry) 내에서 가르치고 숙달시킬 수 있다. 하지만 수학과 언어 교과의 간학문적 계획이 없다면 이들 교과의 과정, 전략, 기능에 대한 심도 있는 이해는 뒷전으로 밀려난다.

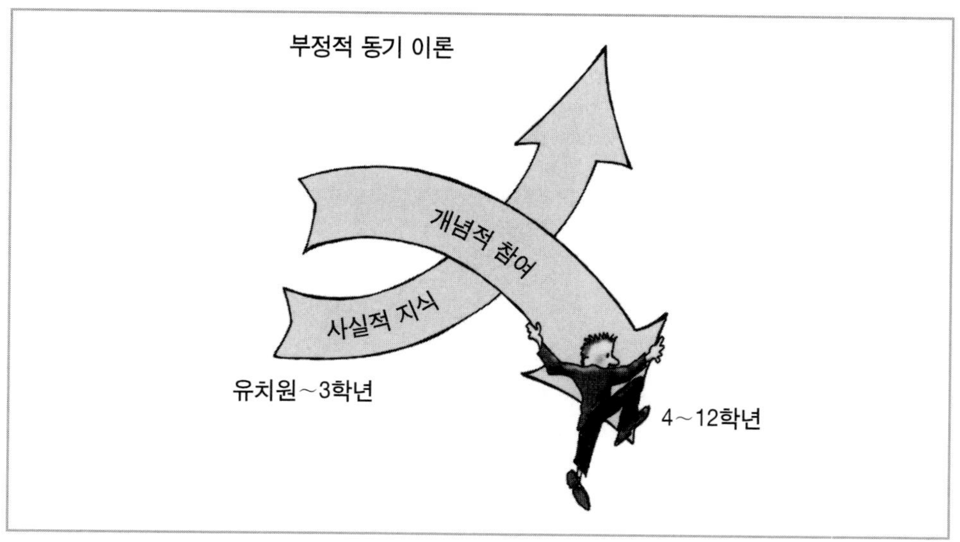

● 그림 3-5 부정적 동기 이론

출처: 내용-H. Lynn Erickson, 그림-David Ford Cartoons, davidford4@comcast.net. 허가 후 게재.

● 그림 3-6 긍정적 동기 이론

출처: 내용-H. Lynn Erickson, 그림-David Ford Cartoons, davidford4@comcast.net. 허가 후 게재.

한 번 더 강조하지만 개념 기반 교육과정을 계획할 때, 교사는 언어 혹은 수학에서 각 교과별로 하위 스트랜드를 다루는 5개에서 9개의 일반화를 만들 수 있고, 이를 지원하는 교사 발문과 평가를 만들어 각 교과 고유의 개념적 이해를 확실하게 할 수 있다.

⑥ 왜 개념 기반, 3차원 교육과정과 수업이 전통적인 2차원 수업보다 더 효과적으로 학습 동기를 부여하는가?

답: 학생들은 열의 있는 학습자로 학교에 입학하지만 4학년부터 학습 동기가 점차 떨어진다는 것은 잘 알려져 있는 사실이다. 누리과정과 초등학교 저학년 교육과정은 개념 기반이다. 학생들은 계절, 색깔, 동물, 날씨, 가족과 같은 개념의 의미를 내면화할 수 있도록 구체적 조작활동과 사고하는 활동에 참여한다. 학생들의 사고는 구체적인 것과 추상적인 것 간의 시너지 효과를 내는 상호작용에 관여한다. 하지만 학교에서 다루는 사실적 지식의 양이 점차 늘어나고 학생들이 암기해야 할 정보가 증가하면서 개념적 사고의 사용이 점점 줄어들게 된다. 개념적 사고가 줄어들

면서 다음과 같은 문제를 불러온다.

- 학습에 대한 무관심이 점점 커짐
- 기준 이하의 학업 수행
- 중요한 사실을 장기 기억에 유지하지 못함

[그림 3-5]는 이 이론을 그림으로 보여 준다. 사실적 지식을 훑는 것이 증가함에 따라 개념적 사고가 감소하는 역 관계에 주목하라. [그림 3-6]은 이와 같은 문제가 사실-개념의 관계를 유지하는 교육과정과 수업을 통해 해결할 수 있음을 보여 준다. 이것은 학생들이 사실적 지식을 가지고 개념적으로 사고할 수 있도록 교육과정과 수업을 체계적으로 설계할 때에만 이루어질 수 있다.

요약

이 장에서는 개념 기반 단원 설계에 대해서 논의했고, 단원 설계의 단계를 살펴보았다. [자료 D-2] 단원 템플릿은 이러한 단원 설계의 단계에 따라 제시되어 있다. 예시로 제시한 각 단원 그물은 성취기준에 맞춰 일 년 단위의 교과 교육과정을 계획할 수 있도록 돕는다. 질적으로 우수한 학습 활동과 평가에서는 학생들이 지식과 기능뿐만 아니라 개념적 이해를 드러내게 한다.

이어서 교사가 개념 기반의 3차원 교육과정 단원을 개발하도록 안내하였다. 이를 통해 성취기준의 보다 깊은 의도를 파악하면서 교수 · 학습에 대해 지적으로 정교한 모델을 만들 수 있도록 하였다. 이 책에서는 우리의 사고방식을 다음과 같이 바꿀 수 있도록 배경 정보를 제공한다.

- 구체적인 사실과 과정을 전이 가능한 개념적 이해의 사례로 하여 (전이 가능한 개념적 이해에 비추어) 가르치는 것의 중요성

- 개념 기반 단원 설계가 3차원의 개념 기반 교수·학습을 지원하는 방식
- 학생들로부터 개념적 이해를 이끌어 내기 위한 귀납적 교수와 탐구의 가치
- 학생 개인을 각자의 지적 사고에 참여시키는 것이 학생들이 배우고자 하는 동기를 높인다는 것을 인식

제4장에서는 3차원의 개념 기반 수업과 탐구를 다룰 것이다. 예술이면서도 과학인 '가르치는 것'에 대한 교사의 지식을 보여 주는 것은 바로 수업이다. 수업과 탐구는 학생들 각자가 지적 능력을 계발하기 위한 도약판으로 사용하게 된다.

사고를 확장해 보기

1. 전통적인 방식의 소재 기반 단원과 개념 기반 단원의 차이는 무엇인가?
2. 국가의 성취기준을 맥락화하기 위해서 단원 개관 그물을 어떻게 사용할 수 있는가?
3. 개념 기반 단원은 깊이 있는 이해를 위한 수업, 지식의 전이, 지력 계발을 어떻게 지원하는가?
4. 교과서가 "모든 것을 갖추고 있는" 상황에서 왜 굳이 일 년간 가르칠 수업 단원들을 설계해야 하는가?
5. 깊이 있는 이해를 위한 평가와 활동 간의 차이는 무엇인가?
6. 개념적 이해를 드러내는 수행평가를 작성하는 방법에 대해 알게 된 중요한 비결은 무엇인가?
7. 개념 기반 단원을 설계하는 데 있어서 어떤 의문을 가지고 있는가? 그 의문에 대해 여러분 스스로 생각해 보고, 동료와 협력해서 그 답에 대한 합의를 찾아가길 바란다.

1. 이것은 활동이다: 사실의 암기가 아닌 이해의 평가를 확실하게 하려면 일반화로부터 몇몇 용어를 보충할 필요가 있다.
   이해를 위한 평가:
   단원의 한 부분에서 우리는 링컨(Lincoln)이 게티즈버그 연설문을 쓰고 연설할 때의 의도를 분석했었다. 미국 역사에 있어서 링컨의 게티즈버그 연설이 왜 '분수령이 되는 사건'으로 간주되는지를 설명하는 논평을 쓰고, 그것을 현시대에 일어난 일 중에서 미래에 '분수령이 되는 사건'으로 간주될 것과 비교해 보시오.

2. 이것은 이해를 위한 평가이다. 왜냐하면 일반화에 사용된 용어들이 활용되었고, 학생들에게 일반화를 작성해 보게 함으로써 개념적 이해를 드러내게 했다.

3. 이것은 활동이다: 학생들이 창의적인 상징을 만들었다고 해서 항상성을 이해했다고 볼 수 없다.
   이해를 위한 평가:
   여러분은 어린이를 위한 그림책의 삽화를 그리는 사람입니다. "항상성"이라는 아이디어를 나타내는 상징이나 디자인을 만드세요. 그리고 그 상징이나 디자인이 어떻게 항상성이라는 아이디어를 대표하는지 기술하고, 변화하는 외부 환경에서 살아가는 생물에게 있어서 항상성이 왜 중요한지 설명하세요.

4. 이것은 이해를 위한 평가이다. 왜냐하면 학생에게 일반화와 일관된 수학적 개념들 간의 관계를 설명하도록 요구하기 때문이다.

5. 이것은 활동이다: 함축적인 언어를 찾아낼 수 있다고 해서 함축적인 언어가 어떻게 강한 이미지를 만들어 내거나 독자의 텍스트 해석을 형성하게 하는지 학생들이 이해했다고 볼 수는 없다.
   이해를 위한 평가:
   토니 모리슨(Toni Morrison)의 소설『소중한 사람(Beloved)』의 한 부분을 발췌하여 함축성 있는 언어에 강조 표시를 하시오. 그리고 여러분이 강조한 부분에서 토니 모리슨이 어떻게 함축성 있는 언어를 사용하여 독자에게 강한 이미지를 만들어 내는지 설명하시오. 이 기법은 독자의 텍스트 해석을 어떻게 형성합니까? 여러분의 설명을 본문에서 뒷받침하는 예를 들어 제시하시오.

그림 3-7 답: '활동'과 '이해를 위한 평가'의 차이를 알아보는 퀴즈

개념 기반 교실에서의 탐구 학습

이 장은 연역적으로 가르치는 것과 귀납적으로 가르치는 것에 대해서 간단히 살펴보면서 시작한다. 연역적 교수와 귀납적 교수는 모두 **탐구 학습**(inquiry learning)을 포함할 수 있지만, 각각의 원리는 뚜렷이 구별된다. '탐구 학습'은 여러 방식으로 활용되나 구조화되고 안내된 탐구가 개념 기반 수업의 목표와 거의 일치한다. 다음으로, 개념 기반 수업 설계를 시작할 때 교사가 흔히 겪는 두 가지 어려움에 대해 상세히 다룰 것이다. 이에 대한 해결책으로 재설계한 수업을 보여 줄 것이다. 그럼 탐구 학습에 내포된 교수 원리에 대해 이야기해 보자.

연역적 교수와 귀납적 교수

개념 기반 수업은 귀납적 원리를 포함한다. 그렇다면 연역적 교수와 귀납적 교수의 주요한 차이점은 무엇일까? 연역적 접근은 학생들의 탐구 활동 전에 먼저 단원의 일반화를 공유한다. 그다음에 학생들은 일반화를 뒷받침하는 사실과 기능을 알아나간다. 귀납적 교수는 연역적 접근과 상반된다. 학생들은 먼저 개념이나 일반화를 드러내는 사례와 특성에 대해 알아보며, 알게 된 정보를 이용하여 개념적인 아이디어(일반화, generalization)로 구성하고 표현한다. 다시 말해서, 연역적 교수는 추상에서 구체로 나아간다면, 귀납적 교수는 구체에서 추상으로 움직인다. 이들은 모두 탐구 학습을 포함할 수 있다. 하지만 개념 기반 수업에서는 학생들이 자신의 이해를 만들어 내도록 수업을 설계한다. 이와 같은 수업에서는 고차적 사고와 사고의 통합이 이루어져야 한다. 이를 통해 학생들은 자기 나름의 이해를 구성하게 될 뿐만 아니라 배운 내용을 더 잘 기억하게 된다.

그렇다면 개념 기반 수업을 시도할 때 귀납적 접근보다는 왜 연역적 접근에 의존하게 되는가? 교사들이 귀납적 교수의 장점을 알고 있음에도 불구하고 연역적 접근에 기대는 이유에는 여러 가지가 있다. 교사는 사실과 기능의 학습을 목표로 하는 2차원 수업 모델에 친숙하고 여기에 편안함을 느낀다—왜냐하면 학습목표를 제시하고 학생들이 가능한 한 빨리 학습목표에 도달할 수 있게 하도록 교육받았기 때문이다. 또한, 시너지를 내는 사고를 도와주는 도구와 전략을 개발하는 데에는 시간이 걸린다(이 내용은 제5장에서 자세히 다룰 것이다). 마지막으로, 교사는 학생들이 스스로 생각하는 것에 익숙하지 않다고 생각하는 경향이 있고, 학생들이 스스로 개념적 이해에 도달할 것이라는 확신을 갖고 있지 않다. 연역적 교수와 직접 교수법은 개념 기반 교실에서 때에 따라 적절히 활용될 수 있겠지만, 우리는 수업을 귀납적 접근으로 바꾸어 학생들의 수업 참여와 고차적 사고를 강화해야 할 필요가 있다.

우리는 자신의 학생들을 위해 헌신할 뿐만 아니라 전문적 학습을 계속하고 있는 룩셈부르크 국제 학교의 교사 애나 스카넬(Anna Scannell)의 노력에 매우 감탄했다. 개념 기반 교사로서 자신이 경험한 것을 간단하게 성찰한 것과 처음에 귀납적 교수로 옮겨갈 때 직면한 어려움을 적은 글을 읽어보기를 바란다.

> 학생들에게 적절한 인지적 활동을 할 수 있는 기회를 제공하면 학생들은 사실과 기능으로부터 전이 가능한 개념적 이해로 나아가 깊이 이해하게 된다.

수업을 시작할 때 교사가 학생들과 일반화를 공유한 다음, 학생들에게 이와 관련된 사실적인 예를 연결 지어 보라고 하는 것은 학생들이 스스로 이해를 구성하고 표현할 수 있는 기회를 박탈하는 것이다. 모든 연령의 학생들은 적합한 수업을 통해 학습해야 개념 기반 교육과정과 수업을 처음 접할 때 겪는 가장 큰 어려움은 학생들의 학습 과정을 덜 통제하는 것이다. 나는 학생들에게 배워야 할 것을 알려 주거나 그들의 학습에 끼어들어 돕는 것을 정말 좋아하지만, 배움은 (학생들이 직접) 부딪히면서 일어난다. 우리는 한발 물러나서 학생들이 배움에 도달할 수 있을 것이라 믿어야 한다. 교사로서 우리의 역할은 다양한 방법을 안내하고, 학생들이 필요로 하는 도구와 경험을 제공하며, 학생들 스스로 개념적 이해에 도달할 수 있도록 하는 것이다. 이와 같은 역할을 하는 것이 처음에는 쉽지 않을 수 있는데, 목표로 하는 일반화에 학생들이 도달하지 못할까 봐 염려되기 때문이다. 그러나 비록 용어가 약간 다를지라도, 학생들은 적절한 도움을 받아서 개념적 이해에 확실히 도달할 수 있었으며, 때로는 내가 생각조차 하지 못했던 다른 이해를 생각해 냈다.

- 애나 스카넬(Anna Scannell)

할 일반화에 도달할 수 있다. 적절한 인지적 활동을 할 수 있는 기회를 제공하면 학생들은 사실과 기능으로부터 전이 가능한 개념적 이해로 나아가 깊이 이해하게 된다. 또한 귀납적으로 가르치는 것은 제1장에서 다루었던 사고의 통합을 촉진한다. 자, 그럼 탐구 학습이 어떻게 우리에게 도움이 되는지 살펴보자.

● 그림 4-1 귀납적 교수와 학습

출처: David Ford Cartoons, davidford4@comcast.net. 허가 후 게재.

탐구 학습

탐구 학습은 전 세계 학교에서 사용하는 교수법이다. 지금부터 탐구 학습의 훌륭한 사례로 프랑크푸르트 국제 학교의 유치원 교사인 게일(Gayle)의 수업을 보겠다. 그녀는 자신의 학생들과 함께 개념적 렌즈인 '책임감'에 대한 단원으로 "안전하게 생활하기"를 학습한다. 이 단원의 다양한 학습 활동을 통해 학생들이 여러 상황에서 이루어지는 안전을 위한 활동을 조사한 후 아이디어를 모을 수 있도록 그녀가 학생들을 어떻게 돕고 있는지에 주목하며 읽어 보시오.

전이 가능한 일반화를 구성하기 위해 학생들은 서로의 탐구에서 어떻게 배우는가? 그녀의 수업에서 사실적 지식이 어떻게 학생들의 사고를 단원의 일반화로 연결시키는 토대가 되는지 생각해 보기를 바란다.

탐구를 통한 학습은 종일 할 수 있으며, 그래야만 한다. 학습자로서 우리가 의미를 발견하는 데 참여할 때 탐구는 자연스럽고 자발적인 양상을 띤다. "탐구 기반 학습은 학교교육의 목표를 사실을 단기간 암기하게 하는 것으로부터 체계화된 질문과 조사로 변화시킨다"(Wolk, 2008, p. 117).

개념 기반 수업의 목적에 가장 자연스럽게 부합하는 탐구 학습에는 두 가지 접근법이 있다. 각각은 과제의 특성, 교사가 제공하는 지원의 유형과 정도에 따라 근본적으로 다르다.

- **구조화된 탐구**(Structured Inquiry): 구조화된 탐구에서는 교사가 질문과 사실적 정보를 결정하지만 학생들이 분석하고 자신만의 개념적 이해를 도출해 내야 한다. 교사의 안내 질문(guiding questions)은 학생들이 사실과 기능에서 일반화를 연결할 수 있는 생각을 하도록 돕는다.
- **안내된 탐구**(Guided Inquiry): 안내된 탐구를 할 때, 교사는 광범위한 주제를 선정하되 교사와 학생들이 함께 탐구의 방향을 설정하는 질문을 만든다. 이 접근법에서 학생들은 더 큰 맥락을 선택할 수 있고, 탐구 질문을 조사하는 데 활

용할 방법, 탐구 결과를 발표할 방법을 선택할 수 있다.

나는 '책임감'이 안전한 생활을 증진시키는 방법에 대해 학생들의 사고와 호기심을 불러일으키는 개념적인 질문으로 단원을 시작했다. 지역 소방서 견학은 정보 수집을 시작할 수 있는 절호의 기회였다. 학생들은 화재 시 안전에 대해 배웠다. 교실로 돌아와서 나는 학생들이 게시판(class book)에 여러 사실을 기록하도록 도왔다. 그다음, 지역 경찰관이 우리 교실을 방문했다. 그는 안전하게 도로를 건너는 규칙에 대해 이야기했다. 학생들은 새로운 정보를 매우 열심히 우리의 게시판에 추가했다.

나는 이 단원에서 학생 주도 탐구를 활성화시킬 수 있도록 학생들에게 자신이 관심 있는 상황을 선택하게 하였다. 학생들은 수영, 요리, 자전거 타기, 야구, 학교를 포함한 다양한 환경의 안전에 대해 배우기 위해서 공동 관심사를 가진 모둠을 만들었다. 학생들은 다양한 공동체 구성원들에게 인터뷰를 제의했다. 그리고 "당신은 당신과 타인의 안전을 위해 무엇을 하나요?"라는 질문을 했다. 조사를 통해 알게 된 사실을 우리의 안전 게시판에 써 넣었다.

예전이라면 나는 우리의 탐구를 여기서 마쳤을 것이고, 우리 지역의 안전에 대한 멋진 게시판을 만들었을 것이다. 하지만 개념 기반 수업에 대해 알게 된 후로 나는 학생들이 개념적 이해에 도달하고 그것을 전이할 수 있도록 더 나은 지원을 하고 싶었다. 사실적 수준에서 개념적 수준으로 학생들의 사고를 끌어올리기 위하여 먼저 학생들에게 게시판에서 수집한 사실을 장비, 방호복, 규칙과 법 등과 같은 개념적 범주로 나누어 보자고 했다. 그다음, 각 범주별로 정보를 살펴본 후 "사람들이 …… [범주] ……을 이해한다."는 문장을 말로 완성해 보게 했다. 학생들은 다음과 같이 대답했다.

- 우리 공동체의 사람들은 우리의 안전을 지키기 위해 특수한 도구를 사용한다.
- 사람들은 자신의 안전을 지키기 위해 방호복을 입는다.
- 사람들은 자신과 다른 사람들의 안전을 위해 규칙을 지킨다.

우리는 단원의 개념적 렌즈인 '책임감'으로 돌아와 단원을 마무리했다. 비교하고 대조할 수 있는 다양하고 풍부한 사실과 교사의 안내 질문을 통해 학생들은 "사람들은 자신과 다른 사람들을 안전하게 지켜야 할 책임이 있다."고 자신의 학습을 요약하는 광범위한 일반화를 분명히 표현할 수 있었다.

학생이 자신의 학습에 책임을 갖도록 하면 배움의 과정에서 개인적인 관련성을 발견하게 된다. 그럼에도 불구하고 안내된 탐구 방식을 활용하면, 개념 기반 교사는 학생이 수업의 중요한 개념을 학습하고 일반화에 도달할 수 있도록 도울 수 있다. 탐구 과정 전반에 걸쳐 교사는 학생에게 피드백을 제공하고, 학생이 시너지를 내는 사고를 통해 이해를 심화시킬 수 있도록 안내 질문을 해야 한다. 수업에서 다룬 다양한 사례를 바탕으로 일반적인 개념 이해에 도달할 수 있도록 교사는 학생이 사례와 개념을 연결하도록 도와야 한다.

성취기준에 초점을 맞추고 유기적이며 일관된 교육과정을 제공하는 것은 우리 교육자들의 책무이며, 이는 개념 기반 수업이 탐구를 위해 구조화된 또는 안내된 접근을 사용하는 이유이기도 하다. 교사는 학생들과 교육 내용에 가장 적합한 탐구 방법을 선택한다. 때로는 단원 수업 중 일부는 보다 더 구조화된 탐구로 그리고 나머지는 안내된 탐구 방식으로 다양화할 수 있다.

개념 기반 수업 설계 시 겪는 어려움과 해결책

교육과정 단원 내에서 학습목표를 달성하기 위해 수업 계획을 세우는 것은 전반적인 단원 설계를 하는 것만큼이나 개념 기반 교수에 중요하다. 앞서 우리는 단원 학습목표에 도달하는 수단으로서 수업의 탐구 과정이 어떻게 개념 기반 교육과정에서 자연스럽게 활용되는지에 대해 살펴보았다. 안타깝게도 다채로운 교육과정 단원을 설계했다고 해도 이것을 실행하는 데 종종 어려움이 있다. 사실, 개념 기반 모델을 실천하고 있는 학교와 교육구의 교육과정 단원 및 수업 계획을 검토해 보면 문제점은 수업 계획 수준에서 가장 빈번히 발생한다.

제5장은 개념 기반 수업 설계를 위한 단계와 기준에 대해 보다 깊이 있게 알아볼 것이다. 여기에서 우리는 수업 설계에서 발생하는 두 가지 어려움에 대해 주의 깊게 살펴보겠다. 첫째, 최선을 다해서 3차원 교육과정 단원을 설계하고도 개념 기반 교육에 막 입문한 교사는 무심코 2차원으로 수업을 설계하고(또는 설계하거나) 연역

적 방식으로 가르침으로써 질 높은 탐구와 개념적 사고를 모두 놓칠 수 있다. 둘째, 간학문적 단원으로 수업을 계획할 때 탐구 학습 방식을 사용하기 때문에 모든 교과가 포함된 이 단원의 학습이 잘 이루어지고 있다고 간주해 버리기 쉽다. 이 두 가지 문제에 대해 자세히 알아보자.

먼저, 2차원 수업과 3차원 수업에 대해 생각해 보자. 3차원적인 개념 기반 단원은 학생들이 **알아야 하는 것**(know), **이해해야 하는 것**(understand), **할 수 있어야 하는 것**(be able to do)이 무엇인지 명확하게 진술한다. 개념 기반 단원으로 수업을 처음 설계하는 교사는 교육과정의 모든 학습목표를 다루는 데 어려움을 겪을 수 있다. 특히 학생들의 '이해 (일반화)'를 돕는 수업을 할 때 그러하다. 학습 활동은 학생들이 탐구를 통해 사실과 기능을 사용하여 전이 가능한 이해로 이어질 수 있게 돕는 것(3차원)이 아니라 사실적인 내용과 기능(2차원)에 집중하는 방식으로 되돌아가기도 한다. 다음 초등학교 1학년 예시를 보자.

> "우리는 이제 일주일 동안 공부할 새로운 단어 목록을 볼 거예요. 금요일에 시험을 잘 볼 수 있도록 집에서도 단어를 공부하고 쓰는 연습을 하세요."

이와 같은 학습 활동은 기능을 익히는 것(2차원)이다. 즉, 이 수업에서는 학생들이 알게 된 개념적 이해를 실제로 보여 줄 것이라고 기대하기 어렵고, 탐구를 통해 단어가 작동하는 방식을 파악할 것이라고 보기 어렵다. 이 학습 활동을 3차원으로 바꿀 수 있는가? 어떻게 바꿀 것인지 직접 생각해 본 후, 해결책을 제시한 이 장의 마지막 부분 '가능한 해결책: 2차원의 철자 수업 바꾸기'를 확인하시오.

이제는 간학문적 단원으로 수업을 계획할 때 일반적으로 발생하는 어려움에 대해 생각해 보자. 간학문적 단원은 대개 단원을 "이끄는(driver)" 하나의 교과를 중심으로 구성된다. 수업을 하다 보면 단원에 포함된 다른 교과들이 단원을 주도하는 교과에 비해 뒷전으로 밀리게 된다. 예를 들어, 초등학교에서 일반적으로 볼 수 있는 간학문적 단원의 중심 아이디어는 "나의 공동체"이다. 이 단원을 자연스럽게 "주도하는" 교과는 사회과이다. 이 단원에는 과학, 예술, 수학, 언어와 같은 다른 교과가 포함될 수 있다.

간학문적인 단원의 이점은 다양하다. 간학문적 접근은 서로 다른 교과 내용을 실제적으로 연결 지어 볼 수 있게 하고, 여러 교과의 관점에서 문제나 이슈를 생각할 수 있도록 한다. 간학문적인 단원으로 교사는 수업 시간을 효과적으로 사용할 수 있다. 모든 교과 영역의 단원을 각각 계획하고 실천하는 것은 끔찍한 일이 될 수 있다. 간학문적 구성은 "실생활"을 모방한다. 복잡한 이슈나 문제가 한 가지 측면의 정보에만 의존하는 일은 거의 없다.

하지만 우리는 간학문적 접근에도 문제가 있을 수 있음을 인식해야 한다. 교사들이 수업을 설계할 때 다른 교과는 내버려두고 (우리가 "주도한다"고 언급했던) 한 교과에 포함된 학습 활동을 주로 선택하는 일이 발생한다. 이 문제는 지식과 과정이 특정 교과에 고유할 때 그리고 위계가 분명하게 구성된 교과인 경우 발생한다. 가령, 영어와 수학의 성취기준은 나름의 목적을 가지고 위계화되어 있다. 만약 기준을 단순히 수업의 활동으로만 "넣게 된다면" 중요한 지식, 과정, 전략, 기능에 대한 학생들의 이해를 저해하는 결과로 이어진다.

영어와 수학 문해력은 이후 학교교육의 성공에 기본이 된다. 따라서 필요한 과정과 기능을 순차적이고 완벽하게 개발하기 위해서 이들 교과가 독립적이거나 다른 교과와 병행하는 단원 및 수업으로 구성되어야 한다고 생각한다. 또한 배운 기능을 강화하고 실천할 수 있도록 이를 간학문적인 단원에 확실히 포함시켜야 한다. 그러나 과정과 기능의 심화된 개발을 위해 집중적이고 신중한 계획이 필요하다. 이는 어떤 모습일까?

사회와 영어 두 교과가 통합된 초등학교 4학년 단원 예시를 살펴보자. 이 단원의 영어 학습 목표는 영어 국가공통핵심기준(CCSS, Common Core State Standards for ELA, 2010)에서 나온 것이다.

> 국가공통핵심기준. 영어-문해. 읽기:문학. 4.1 (언어 기능): 글에서 명시하고 있는 것을 설명하고 추론을 할 때, 글에 있는 세부 사항과 사례를 참고하기

사회과 기준을 위한 학습목표는 AERO 공통핵심플러스(American Education Reaches Out AERO Common Core Plus, 2012)에서 참고하였다.

기준 2 (관련성과 갈등): 개인, 집단, 사회 간 다양한 갈등의 원인과 결과를 알기

이 단원의 제목은 "세상을 바꾼 리더: 평등을 위한 투쟁"이다. 이 단원의 일반화는 "강한 신념은 평등을 위해 투쟁하는 리더를 낳는 행동을 이끈다."이다. 지금까지 학생들은 이 단원의 수업에서 평등을 위해 싸웠던 리더들, 예를 들면 마틴 루터 킹 주니어(Martin Luther King Jr.), 넬슨 만델라(Nelson Mandela), 테레사 수녀(Mother Teresa), 마하트마 간디(Mahatma Gandhi), 세자르 차베스(Cesar Chavez), 말랄라 유사프자이(Malala Yousafzai)에 관한 책을 읽었다. 학생들은 조사하고 싶은 리더를 선택할 수 있었고, 평등으로 나아가기 위한 리더의 노력에 대해 질문을 제기하고 답을 찾았다.

그다음 같은 리더에 관한 책을 읽은 학생들이 모둠을 만들었다. 모둠 구성원들은 평등과 관련된 리더의 **신념**과 **행동**에 대해 이야기를 나눈 후 이를 함께 기록했다.

마지막 수업에서 발췌한 부분을 살펴보자.

우리는 **평등**의 개념에 관해 이야기했으며, 각 모둠은 한 리더에 대해 정보를 많이 수집했습니다. 이제 여러분은 새로운 모둠을 만들 것입니다. 새로운 모둠에 있는 모든 학생은 다른 리더에 관한 책을 읽을 것입니다. 새로운 모둠에서 수집한 정보와 이전 모둠에서 수집한 정보를 사용해서 리더들의 **신념**과 **행동**을 비교하고 대조해 보세요. 책에서 사람의 신념과 그들 행동의 관계를 보여 주는 세부적인 내용과 사례를 잘 찾아보세요. 그리고 그 사람이 어떻게 평등을 위해 싸우는 리더가 되었는지 **추론**해 보세요. 여러분은 리더가 어떻게 탄생한다고 생각합니까?

> 마지막으로, 각 모둠은 **평등**을 위해 투쟁하는 **리더**, **신념**, **행동** 간 관계에 대해 "빅 아이디어" 문장(일반화)을 제시해야 합니다. 우리가 이전에 썼던 "빅 아이디어" 문장의 구조 "우리는 ……을 이해했다."를 사용했는지 확인해 보세요.

사회와 영어 교과를 통합하려고 노력한 이 수업에서 교사가 겪는 어려움을 발견했는가? 이 수업은 사회 교과 내용에 초점을 두고 있다. 학생들은 책을 읽지만, 어떤 수업도 책 읽기 과정에 초점을 두고 있지 않다. 단원에서 다루기로 되어 있는 영어 교과 기능의 기준 중 하나인 "추론하기"를 마지막 수업에 슬쩍 "떨어뜨려" 놓았다. 추론은 복잡한 전략이며, 앞에서 언급한 것과 같은 수업은 학생들의 학습에 대해 다음과 같이 가정하고 있다.

- 수업은 탐구 방식을 취하고 있기 때문에 학생들은 목표한 영어 기준에 대한 개념적 이해에 도달할 것이다.
- 교사는 추론을 요구하는 활동을 학생들에게 제시하였으므로 기준을 다루었다.
- 추론을 연습함으로써 학생들은 '추론하기' 전략을 다른 글과 맥락에 성공적으로 적용할 수 있을 것이다.

이제 해결책을 찾아보자. 앞으로 나올 수정된 수업 계획에서는 영어 수업이 사회 수업과 분리되어 이루어지는 것을 볼 수 있을 것이다. 영어 교과 기준(추론하기)은 복잡하고 중요하기 때문에 학생들이 개념적인 수준에서 이해해야 하므로 영어 수업은 따로 이루어진다. 우리가 복잡한 전략을 위한 개념 수업을 설계하지 않는다면, 학생들이 어느 날 우연히 알게 되는 것을 보거나 며칠 후 또는 새로운 상황에서 다시 가르쳐야 할 필요성을 느끼게 된다. 우리는 학생들이 단순히 기능을 "수행하는 것"에서 이해를 수반한 "수행"으로 나아가는 데 도움이 되기를 원한다. 개념적 이해에 도달하기 위해서 명확한 영어 학습 활동이 필요하다. 만약 학생들이 수업 내용 안에서 단순하게 "수행"한다면, 교사는 학생들이 복잡한 기능과 전략을 이해했다고 잘못 믿게 될 위험이 있다. 간학문적인 단원에서 학생들이 복잡한 전략과 기능을 사용하기를 기대한다면, 처음에는 병렬적이고 간학문적이며 개념 기반의 영어 단원을 통해 보다 더 개념적이고 포괄적인 방식으로 가르치는 것이 좋다. 이는 학생들이 어떻게 과정, 전략, 기능이 작동하는지, 왜 그러한지 개념적으로 확실히 이해할 수 있게 해 준다. 그래야만 그 전략과 기능을 간학문적인 단원 안에서 연습하고 강화시킬 수 있다. 물론 **간학문적인** 관점으로 문제 및 이슈를 조사할 때가 있다. 하지만 간학문적인 학습은 그것을 구성하는 다양한 학문의 학습만큼 견고해야만 한다.

다음 두 가지 수업 모델에서 여러분은 사회 수업 계획만큼이나 영어 수업 계획에서 개념적 이해를 철저히 다루는 것을 보게 될 것이다. 두 가지 수업 모두 학생들의 사고가 일반화를 이해할 수 있도록 하는 탐구 방식을 유지하고 있다. 추론 전략이 어떻게 발문 기능으로 세분화되는지 주목하라. 이 발문 기능은 추론에서 핵심적인 부분이 된다. 추론 전략을 뒷받침하는 다른 기능들은 추후 수업에서 다룰 것이며, 이를 통해 학생들은 추론이 어떻게 그리고 왜 독해에 있어서 중요한 전략인지 이해하게 된다.

영어 수업에서 학생들이 일반화를 이해하게 되면서(다양한 글, 관련 기능을 다루는 몇 가지 후속 수업이 필요할 수 있다) 사회 교과 수업에서 성공적으로 전략을 적용할 수 있는 준비가 되어 있을 것이다.

사회 및 영어 교과에서의 간학문적 수업 계획

개념 기반 영어 수업 계획

단원명: 세상을 변화시킨 리더: 평등을 위한 투쟁

학년: 4

개념적 렌즈: 추론

교과: 간학문적 통합 단원: 사회와 영어

수업 번호: 11

수업 기간: 1일

이 영어 수업은 통합된 교과의 고유성을 유지하기 위하여 추론이라는 개념적 렌즈에 중점을 둘 것이다. 추론(추론하기)은 복합적인 이해 전략이다. 이 전략에는 전략의 실행을 가능하게 하는 여러 가지 세부 기능이 포함되어 있다. 이 수업은 추론을 뒷받침하는 중요한 질문을 하는 기능에 초점을 맞춘다.

① 수업 도입(수업 시작 시 학생들에게 안내)

우리는 추론 전략이 무엇이며, 독해에 있어서 추론 전략의 중요성에 대해 배웠다. 앞에서 했던 여러 수업은 추론을 위한 기능에 중점을 두었다. 오늘 우리는 추론을 할 때 독자가 할 수 있는 여러 종류의 질문에 대해 배울 것이다.

② 학습목표: 학생들이 이해해야 할 것(일반화), 지식, 할 수 있어야 할 것(기능)

일반화:

독자는 추론을 할 때 글에서 세부 사항과 사례를 참고한다.

수업의 일반화는 교수 · 학습의 수준을 높인다. 개념 기반 수업은 학생들이 기능의 학습에서 개념적 이해로 나아갈 수 있도록 탐구 방식을 사용한다. 그러므로 교사는 수업을 시작할 때 일반화를 알려 주지 않는다.

안내 질문

- "추론"의 의미는 무엇입니까? (사실적)
- 작가는 독자가 추론할 수 있는 기회를 어떻게 만듭니까? (개념적)

- 어떤 종류의 질문이 추론을 하는 데 도움이 됩니까? (개념적)
- 글의 세부 사항과 사례는 글에 숨겨진 의미를 드러내는 데 어떻게 도움이 됩니까? (개념적)
- 글을 새롭고 흥미롭게 유지하기 위해 의미를 암시하는 것은 작가에게 얼마나 중요합니까? (논쟁적)

③ 자료/자원

- 『간디는 누구인가?』 다나 미첸 라우(Dana Meachen Rau) 저
- 『변화하라: 간디 할아버지 이야기』 아룬 간디(Arun Gandhi), 베타니 헤지더스(Bethany Hegedus) 저
- 『내셔널 지오그래픽 리더스: 교황 프랜시스』 바바라 크레이머(Barbara Kramer) 저
- 『교황 프랜시스: 우리 교황 이야기』 에일리스 트래버스(Ailis Travers) 저
- 『학습할 권리를 위하여: 말랄라 유사프자이의 이야기』 레베카 랭스톤 조지(Rebecca Langston-George) 저
- 『말랄라 유사프자이는 누구인가?』 디나 브라운(Dinah Brown) 저
- 『수녀 테레사(첫 번째 전기)』 롤라 M 쉐이퍼(Lola M. Schaefer) 저
- 『수녀 테레사』 폴 해리슨(Paul Harrison) 저
- 『희망 수확하기: 세자르 차베스 이야기』 캐슬린 크룰(Kathleen Krull) 저
- 『세자르 차베스 (위대한 히스패닉 및 라틴 아메리카인)』 크리스틴 후아레스(Christine Juarez) 저
- 『쉬운 전기 읽기: 세자르 차베스』 에릭 찰스워스(Eric Charlesworth) 저
- 『넬슨 만델라』 카디르 넬슨(Kadir Nelson) 저
- 『넬슨 만델라』 프란시스 리들리(Frances Ridley) 저
- 『넬슨 만델라: 죄수에서 대통령까지(Step into Reading)』 수지 카포치(Suzy Capozzi) 저

중요한 내용 (지식)	핵심 기능 (할 수 있어야 하는 것)
스트랜드: 글 이해하기 • 추론의 의미 • 글의 세부 사항과 사례	국가공통핵심기준. 영어-문해.읽기:문학.4.1 글에서 명시하고 있는 것을 설명하고 추론을 할 때, 글에 있는 세부 사항과 사례를 참고하기
기준: 글에 반응하기 • 개인적 관계를 형성하기 위한 리더의 성격 특성	
기준: 글을 비판하기 • 리더가 한 공헌의 가치	
기준: 글을 생성하기 • 일지에 기록하는 기준	

학습 경험	맞춤형 수업 전략
학생들은 평등을 위해서 투쟁한 리더에 대해 자신의 독서 수준에 따라 책을 읽는다. 학생들은 교사가 제시한 도서 목록에서 선택한다(단원 자료 참고). 1. 교사는 "읽기 전략을 스스로 점검하는 데 도움이 되도록 우리가 만든 질문을 되돌아봅시다. 이해가 되지 않을 때, '말이 되는가?' '사건이 일어난 것 중 내가 빠뜨린 것은 없는가?' '문제 해결에 도움을 주는 기능(skills)을 사용할 수 있는가?(예: 소리 내어 읽기, 보다 더 천천히 읽기, 미리 읽기, 다시 읽기 등)'와 같은 질문을 할 수 있다는 것을 알았습니다."라고 말한다. 이제 추론-전략에 도움이 되는 여러 가지 질문 유형에 대해 생각해 보겠다.	학생들은 자신의 흥미에 따라 읽을 책을 선택한다.
2. 교사는 5분에서 10분 정도 짧은 강의를 통해 먼저 "추론이란 무엇일까요?"라고 안내 질문을 한다. 추론을 정의한다. 이어서 교사는 추론을 할 때 독자가 할 수 있는 질문을 (소리 내어) 보여 준다. 그다음 교사는 짧은 논픽션 신문, 잡지, 또는 인터넷 기사를 사용할 수 있다(단, 글은 추론을 할 수 있는 가능성이 많은 것이어야 한다). 교사는 글을 소리 내어 읽는다.	

다음은 글을 읽은 후 보여 줄 수 있는 소리 내어 생각하기의 예시이다. • **저는 "이 기사에서 빠진 정보가 무엇인지" 궁금해요.** 작가는 독자인 나에게 해야 할 걸 남겨 두었어요. 저는 헬렌 켈러의 책 제목과 연설 주제에서 여러 가지 사실을 알게 되었는데, 이 기사는 헬렌 켈러가 왜 그렇게 열심히 일을 했는지 말하지 않고 있어요. 저는 무엇 때문에 헬렌 켈러가 그렇게 열심히 일했는지 궁금해요. • 저는 헬렌이 자기가 하는 것에 대해 굉장한 열정을 가지고 있었을 것이라고 생각해요. **제 생각을 뒷받침할 수 있는 근거가 어디에 있을까요**? - 짝과 이야기해 보고, 헬렌이 강한 신념을 가지고 있었다는 것을 보여 주는 사례를 글에서 찾을 수 있는지 알아봅시다. - 아, 맞아요, 그녀가 청각, 시각 장애인을 위해 일한 몇 가지 사례가 있었어요. 저는 청각, 시각 장애인으로 사는 것이 얼마나 힘든 일인지 그녀가 직접 경험해 보았기 때문에 열정을 가졌을 것이라고 생각해요.	
• **이 사례에서 나타나는 패턴을 찾았나요**? 네. 찾았어요. 저는 헬렌이 왜 모든 사람이 동등한 기회를 가져야 한다고 강하게 믿었는지 알았어요.	
3. 학생들은 이제 교사가 보여 준 방법을 연습한다. 교사는 같은 책을 읽은 친구끼리 짝을 지어 준다. 학생들은 다음 질문에 대한 답을 책에서 찾아 짝과 함께 자신의 생각을 나눈다. • 여러분은 책에 있는 어떤 내용이나 사례로 리더의 신념을 명확히 파악하게 되었나요? • 작가가 분명하게 정보를 제공하고 있는 부분은 어디일까요? 작가가 정보를 빼놓은 부분은 어디일까요? • 책에 숨어 있는 내용을 알아내기 위해서 여러분은 독자로서 어떤 질문을 했나요?	읽기 수준에 따라 글을 다양화한다.
4. 수업 평가: 교사는 학생들에게 자신의 자리로 돌아가서 자신의 독서 일지에 다음 질문에 대한 답을 정리하게 한다.	

• 세부 사항과 사례를 참고하는 것은 내가 책에서 추론을 이끌어 내는 데 어떻게 도움이 되었나요? 추론에 대한 마무리 논의: 교사는 학생에게 "만약 작가가 정보를 생략하여 독자의 추론을 필요로 한다면 이것은 독자에게 어떤 영향을 줄 것이라 생각하나요?" 또는/그리고 "글이 계속해서 새롭고 흥미로울 수 있도록 의미를 암시하는 것은 작가에게 얼마나 중요할까요?"라고 질문한다.	

개념 기반 사회 수업 계획

단원명: 세상을 변화시킨 리더: 평등을 위한 투쟁

학년: 4

개념적 렌즈: 평등

교과: 간학문적 통합 단원 : 사회와 영어

수업 번호: 12

수업 기간: 3~4일

> 이 수업에서 단원의 개념적 렌즈인 평등은 학습에 초점과 깊이를 제공한다. 학생들은 평등의 개념과 관련하여 개인의 신념, 행동 및 리더십에 대해 조사하는 학습 활동을 할 것이다. 앞서 학생들은 책을 읽고 이 수업과 관련된 지식, 이해, 기능, 특히 추론 전략을 심화하였다.

① 수업 도입(수업 시작 시 학생들에게 안내)

여러분은 리더를 선택하였고 평등을 위한 그 혹은 그녀의 투쟁에 대해 읽었다. 오늘 우리는 두 가지 중요한 질문에 답할 수 있도록 리더십에 대한 일반적인 생각을 모둠 활동으로 알아볼 것이다.

- 리더의 신념과 행동 사이에 어떤 관계가 있는가?
- 리더의 행동은 어떻게 변화를 이끄는가?

② 학습목표: 학생들이 이해해야 할 것(일반화), 지식, 할 수 있어야 할 것(기능)

일반화

리더는 강한 신념을 바탕으로 평등을 위해 싸우는 행동을 하게 된다.

> 수업의 일반화는 교수 · 학습의 수준을 높인다. 개념 기반 수업은 학생들이 기능을 습득하는 것으로부터 개념적 이해로 나아갈 수 있도록 탐구 방식을 사용한다. 그러므로 교사는 수업을 시작할 때 일반화를 알려 주지 않는다.

안내 질문

- 여러분의 리더는 어떤 집단의 사람들을 도왔습니까? (사실적)
- 여러분이 선택한 리더는 평등 문제에 대해 무엇을 믿었습니까? (사실적)
- 여러분이 선택한 리더는 평등을 쟁취하기 위해 어떤 행동을 하였습니까? (사실적)
- 사람들은 리더의 어떤 행동으로 그 리더를 알게 되었습니까? (사실적)
- 신념은 어떻게 행동을 이끕니까? (개념적)
- 행동은 어떻게 리더가 출현하게 해 줍니까? (개념적)
- 어떤 강한 신념이 변화를 만드는 리더로서 행동하게 만듭니까? (사실적)
- 여러분이 변화를 만드는 리더가 될 수 있다는 믿음을 바탕으로 어떤 행동을 할 수 있습니까? (논쟁적)

중요한 내용(지식)	핵심 기능(할 수 있어야 하는 것)
기준 1: 시간 연속성과 변화 1.5.b 사회의 세부적인 변화에 대해 알기(예: 정치적, 사회적, 문화적) 1.5.c 역사에서 원인과 결과의 관계 알기 ★AERO Common Core Plus Social Studies (2012)를 변형함	사회과 기능: 데이터를 조직하고 해석하기 정보를 정리, 분류, 연결하고 문제를 파악하고 해결하며 의사결정을 하기 위해 그래픽 조직자와 그래프를 선택하고 사용하기
기준 2: 연결과 갈등 개인, 집단 및 사회 간 갈등의 다양한 원인과 결과를 알기 ★AERO Common Core Plus Social Studies (2012)를 변형함	• 국가공통핵심기준. 영어-문해. 읽기: 문학.4.1 글에서 명시하고 있는 것을 설명하고 추론을 할 때, 글에 있는 세부 사항과 사례를 참고하기

일반화, 중요한 내용, 핵심 기능은 이번 수업 계획에서 학습목표로 표현된다.

학습 활동을 읽을 때 교사가 사실적인 예와 "신념" "행동"이라는 개념을 연결 짓는 방법에 주목하시오. 사실과 개념의 결합은 학생들이 일반화를 구성할 수 있도록 시너지를 내는 사고를 촉진한다.

<table>
<tr><th>학습 경험</th><th>맞춤형 수업 전략</th></tr>
<tr><td>1. 같은 리더에 대해 읽은 학생들을 모둠으로 만든다. 각 모둠 구성원은 다음의 표를 활용하여 평등과 관련된 리더의 신념, 행동에 대해 알게 된 점을 나누고 기록한다.</td><td>학생들은 자신의 흥미에 따라 리더를 선택한다.
읽기 수준에 따라 글을 다양화한다.</td></tr>
<tr><td><table><tr><td colspan="3">선택한 리더 :</td></tr><tr><td>우리가 선택한 리더는 어떤 집단을 도우려고 했습니까?</td><td>우리가 선택한 리더가 평등에 대해 가진 믿음을 드러내는 증거</td><td>사람들은 리더의 어떤 행동으로 그 리더를 알게 되었습니까?</td></tr></table></td><td></td></tr>
</table>

1. 서로 다른 리더에 대해 학습한 학생 4명으로 새로운 모둠을 만든다. 학생들은 첫 모둠에서 만들었던 표를 사용하여 각자의 리더에 대한 사실적 지식을 모둠 구성원과 공유한다. 이어서 리더 4명의 신념과 행동에 대한 유사점과 차이점을 탐색한다. 교사는 학생들에게 각각의 리더에 대한 사실적 증거를 활용하여 다음 두 가지 질문에 대한 답을 **추론**해 보라고 한다. • 신념은 어떻게 행동을 이끕니까? • 행동은 어떻게 리더가 출현하게 해 줍니까? 학생들은 다른 탐구 질문을 추가할 수 있다.	모둠 구성원이 서로에게서 배울 수 있도록 다양한 능력으로 이질 집단을 구성한다.
2. 교사는 새로운 모둠 학생들에게 각 개념(신념, 행동, 평등을 추구하는 리더)의 관계를 나타내는 문장을 작성하라고 한다. 우리는 ……을 이해한다.	
3. 각 모둠에서 만든 일반화를 공유한다. 큰 종이에 일반화를 작성하여 교실에 게시한다. 같거나 유사한 내용은 함께 게시한다. 교사는 학생들에게 작성한 표에 있는 사실적 정보로 일반화를 뒷받침하게 한다.	
4. 수업 마무리: 교사는 "이번 수업에서 우리가 학습한 사람들은 자신의 리더십으로 세상에 긍정적인 변화를 만들어 냈습니다. 수업을 마치기 전에 나는 여러분이 5분 정도 다음 질문에 대해 성찰 일지를 쓰길 바랍니다."라고 말하며 요약한다. '여러분은 어떤 강한 신념을 가지고 있습니까?' '여러분이 변화를 만드는 리더가 될 수 있다는 믿음을 바탕으로 어떤 행동을 할 수 있습니까?'	

③ 자료/자원

- 『간디는 누구인가?』 다나 미첸 라우(Dana Meachen Rau) 저
- 『변화하라: 간디 할아버지 이야기』 아룬 간디(Arun Gandhi), 베타니 헤지더스(Bethany Hegedus) 저
- 『내셔널 지오그래픽 리더스: 교황 프랜시스』 바바라 크레이머(Barbara Kramer) 저

- 『교황 프랜시스: 우리 교황 이야기』 에일리스 트래버스(Ailis Travers) 저
- 『학습할 권리를 위하여: 말랄라 유사프자이의 이야기』 레베카 랭스톤 조지(Rebecca Langston-George) 저
- 『말랄라 유사프자이는 누구인가?』 디나 브라운(Dinah Brown) 저
- 『수녀 테레사(첫 번째 전기)』 롤라 M. 쉐이퍼(Lola M. Schaefer) 저
- 『수녀 테레사』 폴 해리슨(Paul Harrison) 저
- 『희망 수확하기: 세자르 차베스 이야기』 캐슬린 크룰(Kathleen Krull) 저
- 『세자르 차베스(위대한 히스패닉 및 라틴 아메리카인)』 크리스틴 후아레스(Christine Juarez) 저
- 『쉬운 전기 읽기: 세자르 차베스』 에릭 찰스워스(Eric Charlesworth) 저
- 『넬슨 만델라』 카디르 넬슨(Kadir Nelson) 저
- 『넬슨 만델라』 프란시스 리들리(Frances Ridley) 저
- 『넬슨 만델라: 죄수에서 대통령까지(Step into Reading)』 수지 카포치(Suzy Capozzi) 저

이 수업 계획이 보여 주듯이 **평등** 또는 **추론**과 같은 개념적 렌즈를 통해서 사실에 대해 생각할 때 학생들은 수업에서 고차적인 사고를 한다. 개념적 렌즈는 두 교과의 학습목표를 통합하고 집중시키는 데 도움이 된다. 학생들의 사고는 시너지를 내며 개별화된다. 학생들은 탐구를 통해서 의미를 구성하고 관련성을 발견한다. 결과적으로 그들은 자신만의 학습을 하게 되며, 배운 것을 더 잘 전이하고 유지할 수 있다.

교사는 사실과 기능에서 단원의 일반화에 이르는 가교를 만들기 위해 사실적, 개념적 질문을 지속적으로 제기하는 수업을 잇달아 설계한다. 통합 단원으로 개관한 두 교과는 별개의 수업이 되며, 복합적 읽기 전략인 추론은 단순히 (수업에) "떨어뜨려" 놓은 기능으로 간주되지 않는다. 읽기 전략이 작동하는 방식에 대해 학생들이 더 깊이 이해하게 되면, 사회 수업에서 이 전략을 성공적으로 적용할 준비가 되는 것이다.

어떻게 나의 수업을 보다 더 개념 기반으로 만들 수 있을까

그래픽 조직자는 학생들이 정보를 조직하고 해석하는 데 효과적인 도구이며, 2차원 수업을 3차원으로 바꾸기에 용이하다. 개념 기반 교사로서 당신은 사고의 통합을 촉진하는 그래픽 조직자를 적용하거나 개발하고 싶을 것이다. 즉, 우리는 학생들이 단순히 "무엇을, 왜, 어떻게"가 적힌 표를 완성하게 하거나 벤다이어그램에 사실을 채워 넣는 것을 넘어서길 원한다. 우리는 학생들이 정보를 통합하고 연결하여 새로운 학습 상황으로 자신의 이해를 전이시킬 수 있게 하는 수업 도구를 사용하기를 원한다. [자료 C]에는 이러한 여러분의 생각을 도와주는 몇 가지 사례가 있다. 론 리치하트(Ron Ritchhart, 2015)는 이해를 지향하는 수업 설계가 왜 우리 학생들에게 도움이 될 수 있는지 다시 한 번 보여 준다.

> 이해는 지식이 얼마나 풍부하고 통합되고 연결되어 있는가에 달려 있다. 이는 이해가 일련의 기능이나 사실의 모음을 단순히 소유하는 것 이상을 의미한다. 오히려 이해는 하나의 아이디어를 다른 아이디어와 연결시키는 방식으로 우리의 지식이 결합되어야 한다는 것을 뜻한다. 이러한 연결과 관계의 거미줄은 새로운 상황에서 그리고 아이디어를 만들 때 쓸 아이디어를 투입하거나 적용할 기능을 찾는 도구가 된다(p. 47).

요약

이 장에서는 개념 기반 수업에서의 탐구에 대해 다루었다. 귀납적이고 연역적인 수업뿐만 아니라 개념 기반 교수의 목적에 부합하는 구조화되고 안내된 탐구에 대해 논의하였다.

개념 기반 수업은 학생들을 심도 있는 개념적 이해로 유도함으로써 탐구를 지원한다. 이 장에서는 교사가 개념 기반 단원을 실행할 때 겪는 두 가지 공통적인 어려움을 다룬 후 해결책을 제시하였다.

제5장에서는 개념 기반 교사로의 성장에 대해 논의하며, 초보자부터 전문가까지 특성을 정의하는 연속적인 루브릭을 제공할 것이다.

사고를 확장해 보기

1. 교사인 게일(Gayle)은 어떻게 학생들이 시너지를 내는 사고를 하게 만들었는가?
2. 가장 적절한 수업 방법을 선택하기 위해 교사가 고려해야 할 점은 무엇인가? (예: 구조화된 탐구, 안내된 탐구, 열린 탐구 또는 직접 교수법)
3. 개념 기반 수업은 어떤 방식으로 탐구 과정을 공고히 하는가?
4. 개념 기반 교사는 수업 내용, 과정, 산출물, 학습 환경을 개별화할 수 있지만 수업의 일반화는 개별화할 수 없다. 왜 그런가?
5. 수업을 계획할 때 왜 개념 기반 단원의 중요한 원리를 담아 내지 못하는 경우가 생길까?
6. 개념 기반 수업에서 주요한 언어 과정을 단순히 내용교과 수업에 '떨어뜨리는 것'보다 개념 기반 수업을 통해 가르치는 것이 왜 중요한가?

가능한 해결책: 2차원의 철자 수업 바꾸기

교사의 대화:
이전 시간에 끝소리가 같은 글자의 **패턴**을 어떻게 찾았는지 떠올려 볼까요? (교사는 이전 수업 시간에 학습한 표를 보여 준다.)

오늘은 글자 가운데에 장모음이 있는 새로운 단어를 공부할 겁니다. (교사는 큰 종이에 여러 장모음 그림을 게시한다.) 여기에 A-E-O 세 열로 된 표가 있어요. 선생님이 그림을 보여 주면서 단어를 읽을 때마다 중간에 있는 모음 소리를 주의 깊게 듣고, 해당 그림을 오른쪽 열에 알맞게 붙일 수 있게 도와주세요. (교사는 각 단어의 가운데에 있는 장모음을 과장하면서 말한다.)

잘했어요! 장모음에 따라 그림을 다 정리했으니 이제 이 단어들의 실제 글자를 살펴봅시다. (교사는 A열 그림 옆에 단어를 쓴다.) 여러분이 단어 탐정이 되어서 이 질문에 답해 봅시다: "A열에 있는 단어에서 어떤 글자 **패턴**이 우리에게 긴 소리를 내라고 알려 주는 걸까요?"

단어 탐구를 멋지게 했어요! 이제 E나 O열용 단어 봉투를 들고 여러분의 자리에 가서 이 단어의 가운데에 장모음을 내는 패턴을 찾을 수 있는지 해 볼 차례예요. 훌륭한 탐정이 되어서 패턴을 한 가지 이상 찾아보세요. 조금 후에 우리가 지금까지 한 단어 탐구 결과를 가지고 패턴과 글자 소리에 대한 "일반화"를 쓸 수 있을 거예요.

개념 기반으로 가르치는 교사로 성장하고 자기 평가하기

제4장에서는 개념 기반 수업을 위해서 교실 수업이 '사실과 기능을 가르치는 것'에서 '개념적 아이디어에 대한 학생의 이해를 촉진시키는 것'으로 왜 그리고 어떻게 전환되어야 하는지 자세히 설명하였다.

사람들은 종종 개념 기반 교육과정 설계와 개념 기반 교수법을 "숙달"하는 데 얼마나 많은 시간이 걸리는지 물어본다. 우리는 학습이 개인에 따라 다르게 이루어진다는 것을 안다. 그리고 학습은 많은 부분 코칭이나 다른 사람들과 네트워크를 형성하는 기회, 의미 있는 피드백을 받으면서 실천하는 기회에 달려 있다. 새로운 것을 배울 때 그러하듯이 시간이 걸린다. 개념 기반 접근으로 전환한 교육자들과 대화할 때 그들이 "저는 가르치고 배우는 것에 대해서 결코 같은 방식으로 생각하지 않을 것입니다."라고 반복해서 하는 말을 듣는 것이 좋다.

이 책에서는 여러분이 하는 여행에 지름길을 제공하고자 하였다. 여행길에서 얻은 깨달음뿐만 아니라 여러분이 그 길을 따라 걸은 작은 발걸음들을 축하하길 바란다. 개념 기반 교수 · 학습과 관련된 여러분의 경험을 일지로 써 보면 좋을 것이다. 여러분과 여러분의 학생들에게 어떤 것이 효과적이었는가? 여전히 고민하고 있는 질문은 무엇인가?

가르침은 학생이 학습하고 있는 내용을 깊이 있게 이해할 수 있도록 할 뿐만 아니라 지력을 기르도록 학습 활동을 계획하고 설계할 때 예술이면서 동시에 과학이 된다. 개념 기반 수업은 교사가 사고하고, 자신의 학생 또한 사고에 참여하도록 이끌고, 사실과 기능을 깊고 넓게 다루는 본질적인 문제를 해결하도록 돕는다.

개념 기반으로의 여행

다음은 린 에릭슨(Lynn Erickson) 자신이 걸어온 개념 기반 학습이라는 여정에서 겪은 개인적인 이야기이다. 이는 깊이 있는 이해가 시간이 지남에 따라 발전한다는 생각을 뒷받침한다.

사람들은 종종 내게 어떻게 개념과 지식의 구조에 관심을 가지게 되었는지 물어본다. 30년 전에 내가 워싱턴주 시애틀의 남쪽에 있는 큰 학교구에서 교육과정 디렉터로 일할 때, 우리 과학 분과 위원회에서 포틀랜드 주립 대학의 데이빗 콕스(David Cox) 교수를 초대해서 "과학에서의 개념"이라는 주제로 강의를 들었다. 그의 강의는 나의 관심을 확실히 집중시켰다. 나는 내 옆의 교사에게 몸을 돌려 다음과 같이 말했다. "이건 정말 중요한 거야. 교육과정과 수업을 설계할 때 나는 왜 개념의 중요성에 대해서 들어본 적이 없었을까?"

8년 동안 우리 교육과정 위원회는 유치원부터 12학년까지 각 교과별 내용 지식을 포괄하는 개념을 학년별로 추출했다. 하지만 당시의 나는 스스로 이해의 여정을 막 시작하고 있을 때였다. 나는 일반화와 원리를 어떻게 작성해야 할지 몰랐고, 그것이 교수 · 학습에 주는 중요성에 대해서도 완전히 이해하지 못했다. 여러 해를 거치면서 개념 기반 교육과정과 수업에 대한 나의 이해는 다음과 같은 일반적인 경로를 따라 발전했다.

1~5년

- 개념은 구체적이거나 사실적인 사례들을 범주화할 수 있게 한다.
- 개념은 다음과 같은 특징을 가지고 있다. 시간을 초월하며, 추상적이며, 보편적이고, 공통의 특성을 중심으로 다른 사례들을 가진다.
- 개념은 사실보다는 깊이 있는 수준의 이해를 요한다.

6~9년

- (보편적인) 일반화는 두 개 이상의 개념 간의 관계이며, 문장으로 진술된다.
- 일반화는 다음과 같은 속성을 지닌다. 일반적으로 시간을 초월하며, 추상적이고, 보편적이며, 그 일반화를 뒷받침하는 여러 가지 상황적 사례가 있다.
- 원리는 일반화로 진술되지만 ('종종, ~할 수 있다, ~할 수도 있다'처럼) 수식하는 부사를 사용하지 않는다. 왜냐하면 원리는 그 학문의 토대를 이루는 진리이기 때문이다(예를 들어, 수학에서의 정리, 경제학의 원리, 혹은 뉴턴의 법칙과 보일의 법칙과 같은 과학의 법칙들이 있다). 일반화가 원리보다 그 수가 훨씬 많다.

10~12년

- 일반화와 원리에 비추어 귀납적으로 가르치고 사실 기반을 도구로 사용하는 것은 사실적 정보를 더 깊이 있게 이해할 수 있도록 해 주며 지식의 개념적, 전이 가능한 중요성을 부각시킨다.

13~23년

- 개념 기반 교육과정과 수업의 설계는 개념적 차원의 두드러진 역할로 인해 3차원 모델이 된다. 이 3차원 모델은 교수 · 학습의 기준을 높인다. 왜냐하면 교사와 학생은 전통적인 모델에서 이루어지는 정보를 훑는 것에서 벗어나 사실적 수준과 개념적 수준이라는 두 수준에서 지적인 사고를 하게 하기 때문이다.
- 지력 계발을 할 수 있도록 사실적 수준의 사고와 개념적 수준의 사고가 상호작용하는 교육과정과 수업 설계 노력을 의식적으로 하게 된다.
- 개념적 사고는 개인의 지력이다. 이 개인적 지력은 의미를 찾고, 패턴과 연결고리를 식별하고, 지식을 전이시키며, 학습을 위한 동기의 핵심이 된다.

23~30년

- 이 기간은 나의 가까운 친구이자, 21년간 동료인 로이스 래닝(Lois Lanning)이 수행한 과정 교과에 적용되는 개념적 속성에 대한 연구로 인해 진보가 이루어졌다. 우리의 연구를 합쳐 개념 기반 교육과정과 수업을 완전히 조명할 수 있게 되었다. 주로 성취기준에 의해 정의되던 학문들이 이제는 개념적 틀을 가지게 되고, 이 개념적 틀은 그 학문의 의도를 자연스럽게 실현하게 해 준다. 지식의 구조와 과정의 구조 간 상호작용은 모든 교과에서 중요하며, 우리의 구체적인 구조들이다.

개념 기반 수업으로 전환하는 데에는 시간이 걸린다. 연구에 따르면 교사의 수업 실천 변화에 상관없이 "교사들은 거의 항상 실행[실천]하는 첫 번째 해보다 두 번째 해에 보다 나은 결과를 낸다. 첫해는 실험하는 시간이다. 두 번째 해에는 노력이 대개 더 정련되고 효과를 나타내기 시작한다(Guskey, 2000, p. 10)." 일단 개념 기반 수업과 학습의 기본 원리를 교사가 내면화하고 의도적으로 이 교육을 실천하기 시작한다면, 이미 교사는 이를 "받아들였으며" 다시 2차원 모델로 돌아가지 않을 것이라고 말한다.

교사들은 현장에 지나치게 많은 혁신과 전략들이 왔다 간다고 느낀다. 그래서 자신의 수업에 새로운 것을 적용하지 않음으로써, 또는 침묵을 지키면서 자신이 해온 것을 그대로 계속하면서 **이 또한 지나갈 것**이라는 태도를 취한다. 하지만 어떤 이들은 수준 높은 연구에 기반을 두거나 상식적인 교육에 깊이 뿌리내린 교육학적 전환을 요구하고 있으며, 이는 교사들에게 반향을 불러일으키고 있다. 이와 같은 교육학적 전환 중의 하나인 2차원 수업에서 3차원 수업으로의 전환은 지금 전 세계의 교실에서 이루어지고 있다.

교실 실천을 변화시키고자 할 때 어떠한 변화를 기대하는지가 매우 명료해야 한다. 〈표 5-1〉은 개념 기반 교실의 주요 특징 몇 가지를 요약한 것이며, 교사가 각 요소를 촉진시킬 수 있는 방법을 보여 준다.

교사의 태도와 신념

교사들이 우리 책을 읽고 워크숍에 참여하면 개념 기반 수업이 전문적인 수업 실천에 대해 주는 명료성에 환호한다. 하지만 개념 기반 수업에 진심으로 몰두하게 되는 것은 학생들의 학습에 일어나는 변화를 교사가 보게 될 때이다. [그림 5-2] 거스키(Guskey)의 "교사 변화 모형(Model of Teacher Change)"에서는 교사의 신념과 태도 변화는 그들 학생들의 학습 결과에 변화가 일어난다는 증거를 볼 때만 일어난다고 말한다(Guskey, 2000, p. 139). 이 책의 저자 중 한 명도 개념 기반 워크숍을 마

그림 5-1 교육과정 설계 문제

출처: David Ford Cartoons, davidford4@comcast.net. 허가 후 게재.

친 후에 이러한 변화를 경험했다. 워크숍에 참여한 교사가 발표자에게 와서 "이것은 내 학생들에게는 결코 가능하지 않을 것입니다."라고 말했다. 발표자는 그 교사에게 시도해 보라고 격려했고, 이후에 기분 좋은 소식을 접했다.

> 저는 제 학생들인 특수교육 아동들에게는 개념 기반 수업이 가능하지 않을 것이라고 생각했습니다. 중학년 특수교육 교사가 저에게 한 번 시도해 보면 어떻겠느냐고 제안했고, 우리는 학생들에게 수준별 읽기 자료와 안내된 탐구를 사용해서 일반화를 끌어내었습니다. 저는 매우 기쁩니다! 우리 학생들이 개념적 이해에 도달했을 뿐만 아니라 일반 중학년 학생들과 **같은** 이해에 도달했습니다. 저는 이제 개념 기반 교수와 학습을 믿게 되었습니다!

〈표 5-1〉 개념 기반 교실의 특징

개념 기반 교실의 특징	이를 실현하기 위한 교사의 행동
이해를 위한 교수	학생들이 시간, 문화, 상황에 상관없이 적용되는 깊이 있는 개념적 이해를 계발할 수 있도록 사실과 기능을 토대로 사용한다.
명료한 학습 초점	수업 차시안을 개발할 때 교육과정 문서로부터 학생들이 **알고**, **이해하고**, **할 수 있어야** 하는 것이 무엇인지 명확하게 규명한다.
귀납적 교수	학생들이 구체적인 사례들로부터 추상화된 일반화를 끌어낼 수 있도록 시간과 지원을 제공하여 학습이 보다 의미 있게 이루어지게 한다. 왜냐하면 학생들 스스로 자신의 이해를 구성하고 정교화하기 때문이다.
개념적 렌즈 사용	개념적 렌즈를 사용하여 단원에 초점을 부여하고 방향을 설정할 뿐만 아니라 시너지를 내는 사고를 할 수 있게 한다.
시너지를 내는 사고	개념적 렌즈와 안내 질문들과 같은 전략과 도구를 사용하여 차시를 설계함으로써 사실, 기능, 개념 및 일반화 간의 상호작용(시너지 사고)이 일어날 수 있게 한다.
낮은 수준과 높은 수준의 사고를 연결하도록 도와주는 안내 질문	사실을 묻는 질문과 개념을 요구하는 질문을 균형 있게 제시하여 학생들의 사고가 목표로 하는 일반화로 향할 수 있도록 안내한다. 또한 논쟁이 가능한 질문도 포함시켜서 학생들이 스스로 개인적인 입장을 취할 수 있도록 한다.
학생 맞춤형 수업	학습 내용, 과정, 결과 및 정의적/학습 환경을 다양화시킨다. 하지만 모든 학생이 동일한 개념적 이해에 도달할 수 있도록 지원한다.
학생들이 **알고**, **이해하고**, **할 수 있어야** 할 것을 드러내는 평가	구체적인 지식, 이해, 기능을 평가하도록 형성평가, 총괄평가를 설계하되 학습의 과정과 결과 모두에 초점을 맞춘다. 교사는 서술적인 피드백을 사용하여 학생들의 사고를 확장시키고 학습목표(learning targets)에 계속 초점을 맞출 수 있도록 한다.
학습의 전이	학생들이 개념적 이해를 다른 상황이나 보다 복잡한 맥락에서 적용하고 전이할 수 있도록 한다. 교사는 학생들이 이러한 연결을 할 때에 주의 깊게 듣고 반응한다.

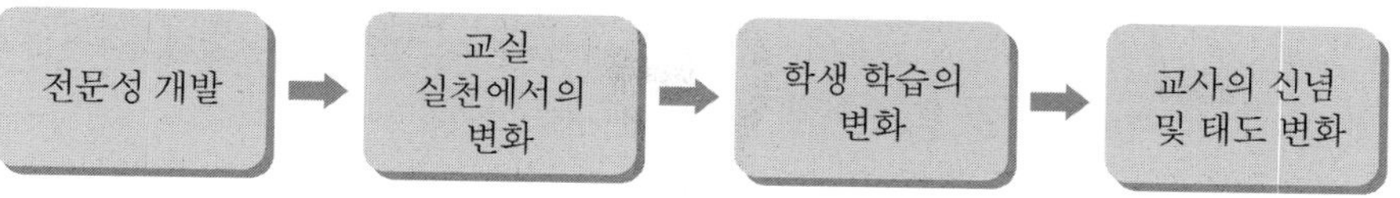

그림 5-2 교사 변화 모형

출처: Guskey, T. (2002). "Professional Development and Teacher Change" in Teachers and Teaching: Theory and Practice, Vol. 8, No. 3/4, 2002, Published online 25 Aug, 2010. London: Routledge.

모든 교육적 변화의 성공을 좌우하는 중요한 요인은 '교육에서 기대하는 변화'와 '교사가 학습에 대해 가지는 신념과 태도' 간 조화이다. 론 리치하트(Ron Ritchhart, 2015)는 학생들에 대한 교사들의 기대를 결정하는 다섯 가지 신념을 제시한다. [그림 5-3]은 이 신념들을 연속선상에 표현한 것이다. 잠깐 시간을 내어 여러분 스스로의 신념을 성찰해 보고, 다섯 가지 척도 각각에서 여러분이 어디에 있는지 살펴보시오. 여러분의 신념이 개념 기반 교사로서 여정을 해 나가는 데 어떤 영향을 주는지 고려해 보기를 바란다.

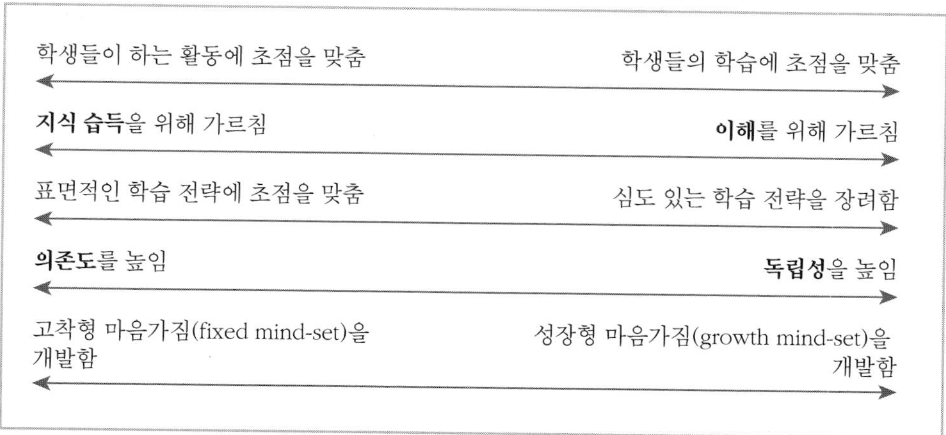

그림 5-3 교사의 신념

출처: Ritchhart(2015)의 아이디어에 근거함

개념 기반 교사로 성장하기 위한 루브릭

개념 기반 교육과정과 수업을 실행할 때 교사는 교육에 대한 자신만의 **지식**, **기능**, **이해**를 만들어 간다. 이 절에서는 교사가 다음 네 가지 영역에서 성장해 가는 방식을 탐색한다.

- 개념 기반 교육과정과 수업을 이해하기
- 개념 기반 단원 계획하기
- 개념 기반 차시 계획하기
- 개념을 기반으로 수업하기

교사 각자의 여행은 다 다를 것이다. 그리고 이러한 영역은 순서에 따라 발달하는 것이 아니다. 하지만 모든 교사가 개념 기반 교육과정과 수업에 대한 기본적인 이해로부터 시작하는 것이 중요하다. 한 영역에서 성장이 이루어지면 다른 영역에서도 자연스럽게 성장하게 된다.

개념 기반 교육과정과 수업을 이해하기

개념 기반 접근에 대한 전문성 개발 없이 이를 받아들이라고 요구하는 것은 교사를 실패로 몰아넣는다. 이 책의 공동 저자인 레이첼 프렌치(Rachel French)는 개념 기반 교사가 되는 여정에 대해서 다음과 같이 성찰한다.

> 첫 2~3년은 좌절로 점철되었다. 개념 기반 교육과정의 기본적인 기조를 이해하지 못하거나 학생들의 사고를 어떻게 비계화해야 할지 이해하지 못하고 개념 기반 단원을 계획했다. 각 단원에 대해서 나는 단 한 개의 개념적 이해와 두세 개의 매크로 개념을 만들었다. 나의 수업은 단원을 시작할 때 벽에 일반화를 붙여 놓는 연역적인 방식이었다. 이때, 교육과정의 이름은 개념 기반이었지만 실제는 2차원이었다! 나의 교실에 변화를 준 촉매제는 바로 이 책의 첫 번째 판이었다. 우리가 한 단원을 가르칠 때에 학생들이 5~9개의 일반화에 도달하도록 귀납적으로 가르쳐야 한다는 것은 내게 '아하!'라는 기쁨의 순간이었다. 생각해 보니 지금까지는 (학생들이 아니라) 내가 교실에서 사고를 제일 많이 하는 사람이었음을 깨달았다. 학생들이 자신만의 이해를 구성해 나가는 데 도움을 받을 때, 그들은 배우는 것을 더 잘 암기하고 그것에 의미를 부여할 수 있게 된다. 내 학생들이 스스로 일반화를 도출하는 것을 어떻게 촉진하고 지원할 것인지 배우고 나서 학생들은 학습자로서 그리고 사고하는 사람으로서 동기를 갖게 되었고 참여하게 되었다.

교사가 교육과정을 재설계하고 개념적 이해를 목표로 삼을 수 있도록 지속적인 전문성 개발이 이루어져야 한다. 워크숍은 많은 수의 교사에게 개념 기반 교육과정의 교육학적 아이디어를 소개하고 함께 이해를 만들어 나가며 공통의 용어들을 개발하는 데 효과적인 방법이다. 하지만 후속 연수가 없으면 그 교육적 아이디어가 지속되기 힘들다. 실천에서 모든 변화가 그러하듯이 이해, 지식, 기능은 시간이 지남에 따라 공고해진다.

스터디 그룹, 멘터링, 동료 코칭, 컨설턴트에게 자문을 받으며 연구하는 것 그리고 숙련된 개념 기반 실천가들과 협력하면 개념 기반 교수 · 학습을 깊이 있게 이해하는 데 도움이 된다. 〈표 5-2〉 "성장하는 개념 기반 교사: 개념 기반 교육과정과 수업을 이해하기"에서는 많은 교사가 개념 기반 교수 · 학습의 핵심 기조를 이해하면서 거치게 되는 단계를 기술하였다.

〈표 5-2〉 성장하는 개념 기반 교사: 개념 기반 교육과정과 수업을 이해하기

	초보 단계	구축 단계	숙련 단계
개념 기반 교수 및 학습을 위한 지원	• 개념 기반 교수와 학습을 왜 하는지 한두 개의 이유를 제시한다.	• 개념 기반 교수와 학습을 왜 하는지 주요 이유들을 정교하게 제시한다.	• 개념 기반 교육과정과 수업을 왜 하는지 이유를 정교하게 설명하고, 그와 관련된 연구 결과를 제시한다.
개념 기반 교육과정과 수업의 구성 요소들 • 개념(매크로와 마이크로) • 개념적 렌즈 • 시너지를 내는 사고 • 일반화 • 일반화와 일관되며 학생의 수준을 고려한 안내 질문 • 중요한 지식과 핵심 기능 • 수행평가와 활동	• 3차원의 개념 기반 교육과정 모형과 2차원 모형의 구성 요소들을 정의한다. • 일련의 개념들로부터 매크로 개념과 마이크로 개념의 차이를 구별한다. • 시너지 사고를 정의할 수 있으나 학생들의 시너지 사고를 만들어 내기 위한 방법들을 아직 설명하지 못한다.	• 개념 기반 교육과정의 다양한 구성 요소에 대해 정확한 용어를 사용하지만 이론적 근거가 명확하지 않다. • 개념 기반 교육과정 혹은 수업을 검토하면서 3차원의 구성 요소들을 파악할 수 있다. • 매크로 개념과 마이크로 개념의 차이를 설명할 수 있으며, 그 차이를 아는 것이 왜 중요한지 말할 수 있다. • 시너지 사고를 정의하고, 학생들의 시너지 사고를 촉진시키는 수업 전략이나 도구의 예를 적어도 한 개 제시할 수 있다.	• 정확한 용어와 이론의 근거를 사용하여 개념 기반 교육과정의 다양한 구성 요소를 설명한다. • 2차원 교육과정 혹은 차시들을 검토하면서 교육과정이나 차시를 3차원으로 만들기 위해 어떤 것이 바뀌어야 하는지 제안한다. • 개념 기반 교육과정과 수업에서 매크로 개념과 마이크로 개념을 어떻게 정확하고 효과적으로 사용하는지를 설명함으로써 이 개념들에 대한 공고한 이해를 드러낸다. • 시너지 사고의 가치를 설명할 수 있으며, 학생들의 시너지 사고를 촉진시키는 수업 전략이나 도구의 예를 스스로 만들어 낼 수 있다.
지속적인 학습에 몰두	• 개념 기반 발표에 참여한다; 2차원 차시 수업을 3차원으로 전환하려고 시도한다.	• 개념 기반 교육과정과 수업에 대한 전문성 개발 발표에 참여하고 새로 배운 것을 실천으로 옮기는 후속 작업을 한다. • 형식적, 비형식적 코칭과 멘터링 지원을 받아들인다. • 개념 기반 교육과정과 수업에 대한 글을 혼자 읽는다.	• 발표나 책모임 등을 통해 후속 실행을 해나가며, 다른 사람들과 지속적으로 소통하고 협력하면서 열정을 가지고 개념 기반 교육과정과 수업을 지지한다. • 배운 것을 공유하고 다른 이들을 리드하면서 더 깊이 있게 이해하려고 지속적으로 노력한다. • 지속적으로 실천을 성찰하고 정교화한다.

출처: Lois A. Lanning (in Erickson & Lanning, 2014)

로이스 래닝이 만든 이 루브릭은 2014년에 출판된 에릭슨과 래닝의 『개념 기반 교육과정과 수업으로 전환(Transitioning to Concept-Based Curriculum and Instruction)』이라는 책에 있다. 이 루브릭은 자기 평가를 위한 도구이면서 교사들이 학습의 초점과 목표를 세우고 스스로 전문성을 개발할 때 도움을 주기 위한 것이다.

시간을 들여 이 루브릭을 읽어 보고 현재 여러분의 이해 정도는 어떠한지 성찰해 보기를 바란다. 첫 번째 루브릭에는 개념 기반 교육의 목적에 부합하기 위해 이해해야 할 특성을 열거하였다.

개념 기반 단원 계획하기

개념 기반 단원 설계 과정의 구성 요소는 제3장에서 기술했듯이 교육과정 설계가 일관되게 이루어질 수 있도록 설계 순서가 제시되어 있다. 이 책의 [자료 D-2]에는 교사들이 개념 기반 교육과정 단원을 명확하게 짤 수 있도록 템플릿을 제시하였다. 단원을 교사 개인이 계획하건 함께 하건 개발자는 그 설계 과정과 템플릿 내의 다른 요소들 간의 관계를 이해해야 한다.

〈표 5-3〉에는 단원 템플릿의 요소별로 초보 단계, 구축 단계, 숙련 단계의 교사가 보이는 수행을 제시하였다. 이 표는 책의 뒤에 있는 [자료 E]에 제시한 "개념 기반 단원을 평가하기 위한 체크리스트(Checklist for Evaluating a Concept-Based Curriculum Unit)"의 내용을 발췌하여 요약한 것이다.

개념 기반 차시 계획하기

수업 계획안을 짜는 것은 시간을 들일 가치가 있으며, 학생의 학습에 대한 교사로서의 의무이다. 효과적인 수업이란 선반에서 바로 꺼낼 수 있는 것이 아니다. 효과적인 수업에는 이를 구성하는 많은 요소가 있고, 가르친다는 예술적 활동을 통해 그 요소들이 자연스럽게 흐름을 형성하게 된다. 이 때문에 야심차고 숙련된 교사들이 계속해서 배우려는 것이다. 다음으로, 개념 기반 교사로서 성장하기 위한 효과적인 수업의 특성을 보다 깊이 있게 검토할 것이다. 질 높은 수업에는 다양한 측면이 있기 때문에 계획을 운에 맡기는 것은 열심히 노력함에도 불구하고 기대하는 성과는 얻지 못할 위험을 자처하는 것이다. 그리고 이것을 학생의 책임으로 돌려서는 안 된다. 차시를 계획할 때 더 많은 것을 생각해 볼수록 계획한 것이 순조롭게 진행되고 학습목표가 충족될 가능성이 커진다. 차시에 대한 생각을 돕기 위해 이 책의 [자료 D-4.1]에 차시 계획을 위한 개념 기반 템플릿을 제시했다. 차시 템플릿은 구성 요소들을 구조화할 수 있게 해 주고 계획한 것을 보다 쉽게 다룰 수 있도록 도와준다.

개념 기반 교사는 차시를 계획할 때 의식적으로 그 차시를 교육과정 단원과 일관되게 하려고 한다. 교사는 사실과 기능으로부터 높은 수준의 개념적 이해에 도달할 수 있도록 학생의 사고에 비계가 되는 안내 질문을 만든다.

교사는 학생들이 사실적 내용과 기능을 가지고 활동하여 개념적 이해의 토대를 마련하도록 학습 활동을 전체적으로 구성한다. 교사는 내용, 과정, 결과물, 혹은 정의적 요소와 학습 환경으로 수업을 다양화하면서도 이와 동시에 모든 학생이 동일한 개념적 이해에 도달할 수 있게 한다. 마지막으로 평가 결과를 수집하고 이를 사용하여 **지식**, **이해**, **기능**의 발달을 모니터하고 이후의 학습을 계획할 때 이 결과를 활용한다. [자료 D-4.2]에서는 과학에서 화학 결합에 대한 수업을 개념 기반으로 설계한 사례를 제시했다.

〈표 5-4〉에 제시된 차시 계획에 대해 래닝이 만든 루브릭은 수업안을 정교하게 잘 만들기 위해 개념 기반 교사가 생각하고 반영하는 요소들을 보여 준다. 모든 새로운 학습이 그러하듯이 이런 방식으로 계획하는 데 처음에는 시간이 걸리지만, 연습하고 동료들과 협력하면 더욱 원활하게 진행될 것이다. 동료들과 협력해서 수업을 설계하는 것은 이 과정을 빠르게 진척시킬 수 있는 확실한 방법이다.

〈표 5-3〉 성장하는 개념 기반 교사: 단원 계획

단원 계획 구성 요소	초보 단계	구축 단계	숙련 단계
단원 개요	• 단원 개요가 한두 문장으로 기술되어 있다.	• 단원 개요에서 단원의 내용을 정확하게 기술하고 있다.	• 단원 개요에서 흥미로운 시나리오나 사고를 불러일으키는 질문들을 통해서 학생들의 관심을 사로잡고 학습할 것을 흥미롭게 소개한다.
단원명	• 단원명이 있지만 너무 광범하거나(예컨대, 선택 혹은 패턴), 너무 협소(예컨대, 세포기관 혹은 문법)하다.	• 단원명은 내용의 초점을 나타낸다.	• 내용의 초점이 무엇인지 나타내고 흥미와 탐구를 일으킨다.
개념적 렌즈		• 개념적 렌즈가 단원의 초점과 관련이 없거나 다른 학문 교과 혹은 단원에 더 적합해 보인다.	• 개념적 렌즈는 학습할 것에 초점과 깊이를 가져다주고, 시너지 사고를 촉진한다.
단원 그물		• 단원 그물의 스트랜드는 학습하는 단원에서 중요한 영역들을 대표한다. 하지만 각 스트랜드별 개념들이 너무 매크로 하거나 억지로 넣은 것이거나 이전 단원에서 배운 것과 중복된다.	• 단원 그물의 스트랜드는 학습하는 단원에서 가장 중요한 영역들을 대표한다. • 학문적 고유성을 가지고 있으면서 발달적으로 적합하고, 학습 내용이 무엇인지 알려 준다.
일반화/개념적 이해	• 단원에서 1~2개의 일반화만 정교하게 제시되어 있다. • 서술어가 ~이다, 가지고 있다, 영향을 준다 등 미흡하게 진술되어 있다.	• 단원에서 6~9개의 일반화가 정교하게 제시되어 있다. 다만, 몇 개는 서술어(이다, 가지고 있다, 영향을 준다 등)가 미흡하게 진술되어 있거나 피동형 진술, 오직 하나의 개념만 담고 있거나 고유명사를 포함하는 문제가 있다.	• 단원에서 1~2개의 일반화는 개념적 렌즈와 관련이 있다. 그리고 1~2개는 각 스트랜드에서 가장 중요한 이해를 반영하여 진술되어 있다. 때로 하나의 일반화가 한 개 이상의 스트랜드(특히 과정 중심 교과의 경우)에 걸쳐 있다. 전체적으로 볼 때 단원의 일반화는 학습하는 내용과 과정의 핵심 이해를 반영한다.

단원 계획 구성 요소	초보 단계	구축 단계	숙련 단계
안내 질문	• 단원에 질문이 있지만 대부분 사실적인 질문들로 시간, 공간, 상황에 국한된 것이다.	• 단원에 사실적, 개념적 그리고 논쟁 가능한 질문이 열거되어 있다. 하지만 단원의 일반화와 명확하게 연결되어 있지 않다.	• 단원에 각 일반화별로 사실적 질문과 개념적 질문을 섞어서 3~5개 정도의 안내 질문이 있다. 이 질문들은 학생들의 사고를 사실/기능 수준에서 개념적 수준으로 나아갈 수 있도록 돕는다. • 또한 단원 전체에서 2~3개의 논쟁 가능한 질문들이 있다.
중요 내용과 지식, 핵심 기능	• 몇 개의 소재와 기능을 포함하고 있지만 깊이 있게 다루어지지 않는다.	• 단원에서 학습할 일반화를 지원하기 위한 토대로 중요한 사실적 소재를 열거하기보다는 일련의 부가적인 개념적 이해(일반화)를 제시한다. • 기능은 구체적인 소재와 결부되어 있고 매우 일반적이다.	• 핵심 지식이 명확하게 제시되어 있고 관련된 성취기준 및 학문적 지식에 근거하여 도출되었다. • 핵심 기능이 성취기준으로부터 도출되었고 학습을 지원하며 여러 범위에 걸쳐 적용된다.
최종 평가와 채점 가이드 혹은 루브릭	• 최종 단원 평가가 있지만 필기시험 유형의 선택형 문항들이다.	• 최종 단원 평가는 사실적 지식과 기능을 측정한다. 평가 과제를 수행하는 데 상당한 시간이 필요하며, 학생 참여형 활동이 이루어져야 하지만 그 활동들이 학습목표와 완전히 부합하지는 않는다. • 채점 기준에 진술된 내용이 모호해서 채점자 간에 의견 일치가 이루어지지 않을 수 있다.	• 최종 단원 평가는 단원의 주요 개념적 이해뿐만 아니라 관련된 주요 지식과 기능을 측정한다. 가치 있는 과제이며, 어떤 수업활동이 있을지를 알려 준다. • 최종 단원 평가의 채점 기준은 학생들이 **알고, 이해하고, 할 수 있어야 할** 것들에 비추어 수행의 수준별 기대치와 준거를 제시한다.

개념을 기반으로 수업하기

개념 기반 수업은 단원을 실행하는 것에 관한 것이다. 수업안은 문서로 된 교육과정을 실천된 교육과정으로 만든다. 시간이 지남에 따라 교사는 학생의 이해를 심화시키고 학습의 전이를 지원하는 일련의 도구와 전략들을 개발한다. 개념 기반 수업에서는 학생들이 지속적으로 심도 있는 개념적 이해로 나아갈 수 있도록 하는 데 초점을 맞춘다. 수업 관찰 후 피드백과 논의, 다양한 (유형의) 학생 평가 자료 분석, 자기 성찰로 개념 기반 수업이 개선된다. 하지만 전문적 지식을 계발하는 데는 시간이 걸린다. 개념 기반 수업은 사고하는 교사를 필요로 하고, 이 교사는 결과적으로 사고하는 학생을 기르게 된다.

개념 기반 교사는 질문을 사용해서 시너지를 내는 사고를 촉진하는 데 능숙하게 된다. 교사가 귀납적 교수의 접근을 취하게 되면, 학생은 교실에서 시간을 보낸 결과로 무엇을 이해해야 하는지 끊임없이 듣지 않아도 된다. 학생은 스스로 정보를 분석하고, 여러 자료원에서 증거를 수집해서 자신의 개념적 이해를 구축해 나감으로써 학습에 보다 큰 책임감을 갖게 된다.

개념 기반 수업은 사고하는 교사를 필요로 하고, 이 교사는 결과적으로 사고하는 학생을 기르게 된다.

마지막 루브릭인 〈표 5-5〉 “성장하는 개념 기반 교사: 개념 기반 수업”에서는 개념 기반 수업을 충실하게 실행하기 위한 주요 영역과 기준을 제시한다.

〈표 5-4〉 성장하는 개념 기반 교사: 차시 계획

차시 계획 구성 요소	초보 단계	구축 단계	숙련 단계
차시 시작 학생들의 시너지 사고를 촉발하기 위해 수업 시간에 하는 작업에 대한 명확하고 흥미로운 요약	• 학생들이 차시에서 경험하게 될 활동들을 말하고, 그 차시의 일반화를 언급하면서 수업을 시작한다.	• 차시의 시작은 개념적 렌즈를 포함하지만 배우게 될 내용과 잘못 연결 지어 학생들의 시너지 사고를 유발하지 못한다.	• 학생들에게 개념적 질문이나 렌즈를 통해 그들이 배우게 될 지식 혹은 기능을 고려하게 하여 시너지 사고를 불러일으킨다.
학습 초점 학생들에게 기대하는 알고(사실적 지식), 이해하고(일반화), 할 수 있어야 할(기능) 것들	• 학생들이 반드시 알아야 하고, 할 수 있어야 할 것을 수업 계획에서 열거해 놓는다.	• 학생들이 반드시 알아야 하고, 이해해야만 하며(일반화), 할 수 있어야 할 것을 파악한다. 하지만 그 수업 시간 내에 차시에서 좀 더 깊이 있게 다루어야 할 초점이 더 있다.	• 학습 초점이 학생들에게 기대하는 알아야 할 것, 이해해야 할 것, 할 수 있어야 할 것을 반영한다. 적은 수의 학습 초점으로 인해 더 깊이 있고 집중하는 수업이 이루어진다.
안내 질문 세 가지 종류의 질문(사실적, 개념적, 논쟁적)은 개념적 사고와 문제 해결을 위한 연결 도구의 역할을 함	• 차시 안의 질문들은 대체로 사실적 지식과 일상적 기능에 초점을 맞추고 있다.	• 차시 질문들은 다양한 종류의 질문(사실적, 개념적, 논쟁적)을 반영하며 학생들이 가진 오개념을 예상하고 있다.	• 가능한 질문들은 다른 종류(사실적, 개념적, 논쟁적)이며, 계획 전체에 걸쳐 열거되어 있다. • 차시 계획은 질문을 사용해서 학생들이 사실적인 수준의 이해에서 개념적 수준으로 나아갈 수 있도록 도와준다.

차시 계획 구성요소	초보 단계	구축 단계	숙련 단계
학습 활동 학생의 지적 참여를 불러오는 활동으로 그들에게 연습할 기회를 제공하고, 목표 일반화(개념적 이해)에 도달할 수 있도록 함	• 목표로 하는 지식과 기능이 계획에 표시되어 있다. 하지만 학습 활동은 학생들의 개념적 이해를 이끌고 여러 상황에 전이할 수 있도록 그들이 배운 것을 적절한 맥락에서 적용하도록 요하지 않는다. • 수업 시간에 학생들이 하는 활동은 실제적이지도 않고 지적 흥미를 불러오지 않는 학습지, 분절된 기능, 사실들에 대체로 의존한다.	• 학생들이 하는 활동은 개념적 이해를 추구하지만 충분한 예를 제시하지 않거나 학생들이 개념적 이해(일반화)에 도달할 수 있도록 하는 비계가 충분하지 않다. • 학생들의 흥미를 끌고 선택할 수 있도록 하는 방식으로 학생 활동을 설계하고자 한다. • 과제는 지적, 정서적 참여를 유도하지만 어려움의 정도가 모든 학생에게 적절한 수준은 아니다.	• 학생들의 활동은 그들이 학습하고 있는 지식, 기능, 개념들을 지적으로 고민하면서 적절한 맥락에서 종합하여 일반화에 도달할 수 있게 한다. • 어려움의 수준이 적절하며, 지적, 정서적 참여를 유도하고 의미 있다. 또한 해당 학문에 비추어 타당하며, 학생들에게 적절한 선택권을 제공한다. • 학습 활동은 다른 학문과 상황에 걸쳐 학습의 전이가 이루어질 수 있도록 신중하게 설계되어 있다.
평가 방법 평가 유형은 학생의 배움에 대한 정보를 제공하는 학습 증거(과정과 산출)를 수집할 수 있도록 학습목표(알아야 할 것, 이해해야 할 것, 할 수 있어야 할 것) 및 평가 목적에 따라 선택됨	• 평가 유형이 한정적이어서 학생의 학습 정도, 개념적 이해에 대한 발전을 알기 어렵다.	• 평가 유형은 다양하며, 학생들의 지식과 기능 개발을 모니터하는 데 도움이 된다. • 학습해야 할 일반화의 이해에 대한 평가가 명확하지 않다.	• 평가 유형이 다양하여 학생의 지식, 기능, 이해(일반화) 개발을 평가할 수 있으며, 시의적절한 피드백을 제공한다. • 평가는 학생의 학습 결과뿐만 아니라 학습 과정에 대한 관련 정보를 제공한다. • 학생의 자기 평가를 중요시한다.

차시 계획 구성요소	초보 단계	구축 단계	숙련 단계
다양화 모든 학생이 깨달아야 할 개념적 이해(일반화)는 동일하지만 학생들이 습득할 것으로 기대하는 내용, 그것을 다루기 위해 사용할 과정, 학생 자신이 배운 것을 보여 주기 위한 산출물은 필요에 따라 조절됨	• 다양화를 위한 계획이 명시되어 있을 수 있지만, 개별적인 학생의 학습 요구와 관련이 없다.	• 내용, 과정, 산출 영역에서 지원을 필요로 하는 학생(특수교육, ELL 등)을 포함한 다양화 계획이 있다. • 오개념은 대체로 반 전체적으로 다루어진다.	• 모든 학습자의 요구를 충족시키기 위한 다양화 계획이 포함되어 있으며, 모든 학생이 개념적 이해(일반화)에 도달할 수 있도록 돕는다. • 다양화는 개별 학생의 학습 요구를 드러내는 다양한 데이터 분석에 근거한다. • 예상되는 학생의 오개념과 요구에 따라 준비된 특정한 활동에 참여할 수 있다.
학습 설계 연역적 설계에서 교사는 수업 도입부에 학생들에게 일반화를 포함한 학습목표를 언급함. 귀납적 설계에서 학생들은 탐구 과정을 통해 자신의 이해를 구성함	• 수업 설계는 연역적이다.	• 귀납적 교수로 수업 설계를 시도하고 있지만, 제시된 예는 목표한 개념적 이해를 막연하게 드러낸다. • 연역적 설계 또한 기본적인 사실과 기능의 학습을 지원하기 위해 포함되어 있다.	• 수업 설계가 대체로 귀납적이며, 학생들에게 다각적인 탐구 과정에 참여하도록 하며, 학생 자신의 일반화를 형성하고 입증할 수 있도록 제시된 사례 전체의 연관성에 대해 성찰하도록 요구한다. • 기초적인 사실과 기능의 학습을 지원하기 위해 연역적 설계가 포함될 수도 있다.
정리 학습의 증거를 전체적으로 검토할 수 있도록 계획을 세움			

출처: Lois A. Lanning (in Erickson & Lanning, 2014)

〈표 5-5〉 성장하는 개념 기반 교사: 개념 기반 수업

	초보 단계	구축 단계	숙련 단계
수업 시작	• 학생들에게 명확한 방향이나 개요를 제공하지 않고 바로 활동으로 들어간다. • 목표로 하는 일반화를 학생들이 이끌어 내도록 하는 것이 아니라 차시 시작할 때에 진술하거나 붙여 놓는다. • 차시 시작은 정확하다. 하지만 교사 혼자 말하면서 학생들의 관심을 끌지 못하고 지루하다.	• 수업 시작은 학생들로부터 개념적 이해를 이끌어 내는 귀납적 수업을 위한 준비를 마련한다(예컨대, 사례들을 붙여 놓고, 주의를 끄는 질문을 제시하고, 흥미로운 시나리오를 공유하고, 관련된 개념들을 붙여 놓는다). 하지만 지나치게 세세하고 너무 길다.	• 이전의 학습을 연결하고 확장시키며, 흥미롭게 주의를 끄는 방식으로 명확하게 개요를 전달한다. • 수업은 학생들의 사고와 관심을 즉각적으로 관여시킨다.
중간 수업은 개념적 이해를 모델링, 촉진, 매개함	• 작성한 차시안에 따라서 수업이 이루어지지만, 계획서에서 효과적인 개념 기반 차시 계획의 모든 요소를 다루지 않았기 때문에 수업이 부족하다. • 차시에서 개념들이 다소 보이지만 그 개념들을 사용해서 어떻게 학생들의 지적 참여를 불러오고 이해를 심화시킬 것인가는 주의를 기울이지 않는다. • 학생들의 학습의 전이에 초점을 맞추기보다는 과제를 완수했는가에 초점을 맞춘다. • 학습의 전이를 위한 방법으로써 여러	• 작성한 차시안을 그대로 따른다. • 학생들이 관심을 가지고 있거나 흥미를 보이는 것을 반영해서 수업의 사례로 삼거나 자료로 활용하여 학생들의 정서적 참여를 유지한다. 하지만 학생들이 하는 작업과 교수학습 기법들은 학생들의 시너지 사고(사례들을 관련된 개념으로 연결하는 것)까지 나아가지 못한다. • 학생들이 보이는 우수한 사고에 다소 반응하지만, 보다 깊이 있는 개념적 이해와 전이를 장려하는 전략을 잘 사	• 차시안에 따르되 학생들의 필요(수업 중에 생기는 학생들의 필요)에 맞추어 융통성 있게 시간에 맞게 진행한다. • 수업 기법과 사고를 유발하는 사례들을 통해서 의식적으로 학생들의 시너지 사고를 지속적으로 계발한다. 그리고 보다 깊이 있는 개념적 아이디어로 연결해 주는 자료와 학습 경험을 사용한다. • 학습의 전이와 깊이 있는 이해를 뒷받침하는 다양한 기법들(예컨대, 발문, 동일한 개념이나 일반화의 사례

	초보 단계	구축 단계	숙련 단계
	종류의 질문을 하지만 사실적 질문이 주를 이룬다. • 수업은 교사 주도적으로 이루어진다. • 학생들의 참여는 주로 교사의 질문과 평가에 대한 반응이다.	용하지는 못한다. • 학습의 책임이 교사로부터 학생들로 다소 옮겨갔으나, 대부분의 인지적인 활동을 교사가 책임지고 있다. • 대부분의 학생이 학습에 참여하고 있지만, 자신에게 적절하지 못한 수준의 과제 혹은 관련성이 적은 과제로 인해 몇몇 학생은 관심이 없거나 과제를 수행하지 않는다.	및 비사례, 피드백 그리고 학생들이 추론한 것을 증거를 바탕으로 분석하도록 요청)을 사용한다. • 학습에 대한 책임감과 주인의식이 교사로부터 학생들로 점진적으로 이동하였다. • 학습 과정을 촉진하고 중재하는 적시의 피드백과 질문으로 학생들의 독립적이며 협력적인 모둠활동을 지속적으로 모니터링한다.
마무리	• 교사는 학생들이 수업에서 경험한 것들을 되풀이해서 말한다.	• 학생들이 배운 지식과 기능에 대해 (형성평가건 총괄평가건) 평가가 마지막으로 이루어지고, 학생들의 개념적 이해 수준을 파악하려고 한다. • 수업의 범위를 넘어선 관련 연습을 숙제로 부과한다.	• 목표로 삼은 지식, 기능, 이해에 대해 (형성적 성격이건 총괄적 성격이건) 증거를 수집한다. • 학습이 성공적으로 이루어졌는지 교사와 학생들이 함께 성찰하고 분석한다. • 학생들은 배운 내용이 어떻게 이후의 학습과 연결되는지를 알게 된다.

출처: Lois A. Lanning (in Erickson & Lanning, 2014)

개념 기반 차시에서의 맞춤형 수업-수업의 다양화

우리 책에서는 캐롤 톰린슨(Carol Tomlinson)을 (은유적이면서 좋은 의미로) "다양화 박사님"이라고 한다. 우리는 이 분의 연구가 수업에서 고려해야 할 중요한 부분이라는 것에 깊이 공감한다. 개별 학생들의 학습 요구를 존중하는 것, 학생 각각의 학습 역량을 최대화하는 것에 대한 그녀의 이야기는 우리에게 새로운 시각을 주고 동기를 불러일으킨다. 그녀는 우리에게 학생들의 "학습 준비도, 흥미(학생들을 학습에 참여시키도록 하는 동기), 학습 프로파일(가장 잘 배우는 방식)은 교사가 수업을 계획할 때 중요하게 고려해야 하는 것(Tomlinson & Eidson, 2003, p. 3)"임을 상기시켜 준다. 톰린슨(2014, p. 82)은 학생의 필요에 따라 교사가 다양화할 수 있는 네 가지 요소를 제시한다.

내용
과정
결과
정의적/학습 환경

혹시 뭔가 알아차린 것이 있는가? 개념적 이해(일반화)는 다양화하지 않는다. 톰린슨은 워크숍과 저서를 통해서 질적으로 우수한 다양화를 위해서는 KUD-**알고**(사실적 지식), **이해하고**(일반화), **할 수 있어야**(기능)- 기반 교육과정이 매우 중요함을 말한다. 단원과 차시가 사실적 지식과 기능에 의해 뒷받침되는 일반화로 설계되지 않으면 다양화 수업이 더욱 힘들어진다. 하지만 모든 학생이 동일한 일반화에 도달할 수 있다는 것을 이해한다면 질적으로 우수한 다양화 수업을 할 수 있는 통찰력이 생긴다. 교사는 다음과 같이 질문할 수 있다. "어떻게 모든 개별 학생이 이 단원의 핵심 개념과 일반화를 이해할 수 있도록 학습 활동을 설계할 수 있을까?" 개념 기반 수업은 특수아동, 영재, 모국어가 한국어가 아닌 아동을 포함하여 사실상 모든 학생을 학습에 참여하게 하고, 모두에게 성공의 기회를 제공한다.

개념 기반 수업에서 탐구는 학생들이 탐구하는 내용, 사용하게 되는 학습 자료 그리고 학생들이 적절한 정보를 모으고(과정), 배운 것을 다른 사람과 공유하는(결과) 방식에서 수업 다양화(differentiation)를 위한 일련의 기회들을 제공한다.

오해와 오해 풀기

오해는 무엇인가 새로운 것을 시도할 때마다 생기는 일이다. 새로운 것을 다루는 워크숍에 참석한 사람들이 자신의 관점으로 그 내용을 해석하거나 기억한 것을 공유함으로써 잘못된 믿음은 시간이 지날수록 점차 커진다. 개념 기반 교육과정 및 수업도 예외는 아니다.

① 오해: "중요한 것은 개념이지 사실적 지식은 아니다."

오해 풀기: 이 잘못된 생각은 교과서 진도빼기라는 짐에서 벗어나기를 바라는 교사들이 가지고 있다. 하지만 사실적 지식과 기능은 개념적 이해에 있어서 중요하다. 사실적 지식과 기능이라는 받침대 없이 개념이나 개념적 아이디어를 이해할 수 없다. 하지만 3차원의 개념 기반 모형은 학생들 두뇌에 새로운 지식을 기존의 개념적 구조와 연결 짓게 하는 스키마를 발달시켜 지나치게 양이 많은 교육 내용을 압축하도록 하는 데 도움을 줄 수 있다.

② 오해: "매크로 개념들이 가장 중요하다. 왜냐하면 여러 교과에 걸쳐서 적용될 수 있으며, 전이력이 높거나 광범위할수록 일반화가 더 잘 일어난다."

오해 풀기: 개념에 대해서 작업할 때 "클수록 좋다."는 생각이 전 세계를 휩쓸었다. 하지만 이 잘못된 믿음은 학문의 깊이 있는 이해를 해친다. 매크로 개념은 "폭"을 넓게 한다. 즉, 하나의 개념이 여러 교과 영역에 광범하게 작용한다. 그러나 여러 교과에 걸치는 매크로 개념을 찾고 정의하는 것이 학생들이 학년을 올라

감에 따라 필요로 하는 개념적 이해의 학문적 "깊이"를 담보하지는 않는다. 학문적 지식과 과정, 전략 및 기능 모두에서 발견할 수 있는 마이크로 개념과 그들 간의 관계(일반화)는 과학자, 예술가, 수학자, 언어학자 들이 활용하는 이해를 발달시켜 준다. 개념적 이해의 폭과 깊이를 더하기 위해서는 매크로 개념과 마이크로 개념 모두 필요하다.

③ 오해: "한 단원에는 오직 한 개의 개념적 이해만 있어도 괜찮다."
오해 풀기: 한 단원에 오직 한 개의 개념적 이해만 있다면, 아마 그 이해는 꽤 거시적이고 광범할 것이다. 이는 이해의 학문적 깊이를 희생하겠다는 것을 의미한다. 한 단원에서 학습의 폭과 깊이 모두를 원한다면 학년과 단원의 길이에 따라 다르겠지만 적어도 5개에서 9개 정도의 일반화가 있어야 한다. 또한, "아이디어 중심"으로 가르치는 것을 원한다고 할 때 하나의 개념적 이해만으로는 이 목적을 달성할 수 없다.

④ 오해: "교과의 중요한 매크로 개념을 열거하여 교육과정 개발을 시작한 후, 소재를 연결해야 한다."
오해 풀기: 아니다. 이것은 천 번을 말하지만 안 된다. 우리는 사실적 지식과 기능을 광범한 매크로 개념 안에 강제로 끼워 넣는 것을 원하지 않는다. 교육 내용과 기능은 성취기준에 근거해서 이미 파악이 되어 있다. 중요한 지식과 기능을 학년과 교과에 맞게 수평적으로, 수직적으로 정교화해야만 교육과정의 흐름이 명확해지고 논리적이며, 불필요한 중복을 막고 완전해진다. 일단 내용과 기능을 파악하고 난 후에 수업할 단원을 설계한다. 각 단원별로 한두 개의 개념적 렌즈와 각 단원별 마이크로 개념을 단원 그물의 스트랜드에 놓고, 중요한 내용 소재들을 같이 배치한다. 개념은 사실과 기능으로부터 도출된다.

⑤ 오해: "전 학년이 동일한 개념적 이해를 배우는 것은 괜찮다. 왜냐하면 학생들은 점차 복잡한 지식과 기능을 활용하여 동일한 개념을 구축해 나가기 때문이다."

오해 풀기: 꽤 합리적으로 들리지만, 개념 기반 수업의 목적이 개념적 스키마를 만들어서 학생들이 새로운 지식을 기존의 개념 구조에 갖다 붙이는 것처럼 말하는 것 같다. 매 학년 각 교과에서는 개념적 이해의 깊이를 위해 새롭고, 점차적으로 더 구체적인 개념들을 가르친다. 전 학년에 걸쳐서 단지 하나의 "빅 아이디어"를 제시하는 것은 세계에 많은 노래가 있지만 단 하나의 노래만 가르치는 것과 같다. 더욱이 학년은 올라가는데 동일한 일반화를 배우면 학생들은 지루하게 느낄 것이고 이는 이미 했던 것을 반복하는 헛수고에 지나지 않는다. 우리는 학생들이 새롭고 점차 복잡해지는 개념적 이해를 발견하는 기쁨을 느낄 수 있도록 해야 한다.

⑥ 오해: "한 단원에 하나 또는 두 개의 개념적 렌즈를 다른 예들과 관련지어 제시하기보다는 항상 여러 개의 다른 개념적 렌즈를 다루어야 한다."
오해 풀기: 이와 같은 잘못된 신념은 학생들이 매크로 개념의 예를 많이 경험할수록 그 개념을 내면화하는 데 좋다는 아이디어에 의해 촉발된다. 하지만 문제는 한 개념에 대한 너무 많은 분절적인 예는 오히려 혼란을 초래할 수 있다는 것이다. 특히 그 개념의 예들이 전혀 다른 맥락에서 나온 것이고 단원에서 초점을 맞추고 있는 내용과 논리적으로 연결이 되지 않을 때 더욱 그러하다. 이러한 일은 교사가 단원의 모든 스트랜드별로 개념적 예를 제시해야 한다고 들었을 때 일어난다. 이것은 "사과와 오렌지"를 조합한 현상처럼 교사가 인간 몸의 "시스템"을 가르치면서 수학의 "시스템"을 다루려고 시도하는 것과 같다.

⑦ 오해: "차시를 시작할 때에 학생들에게 일반화를 말해 주어야 한다."
오해 풀기: 차시를 시작할 때 학생들에게 일반화를 말해 주고, 그 일반화를 뒷받침하는 예들을 학습하게 하는 것은 "연역적 교수"의 사례이다. 연역적으로 가르치는 것이 때로는 괜찮을 수 있지만 만약 이것이 교수 · 학습의 주요 방식이 되면, 학생들에게 자기 스스로 이해를 만들고 정교화하는 기회를 주지 않는 것이 된다. 개념 기반 수업에서는 귀납적으로 가르치는 것을 선호한다. 왜냐하면 학생들이

의미를 구성할 수 있도록 하는 방식으로 탐구를 구조화하기 때문이다.

⑧ 오해: "가르칠 단원에서 1단계 일반화를 사용하는 것은 괜찮다."
오해 풀기: 1단계 일반화는 '영향을 미친다, 그러하다, 가지고 있다' 등 사용하면 안 되는 동사를 포함한다. 이와 같은 동사는 일반화를 취약하게 만든다. 왜냐하면 "어떻게?" "왜?"와 같은 질문에 답할 수 없으며, 이해를 만들어 가는 데 필요한 개념적 명료성과 구체성을 제공하지 못하기 때문이다. 일반화를 2단계로 진술할 수 있게 되면 1단계 일반화는 버려야 한다.

⑨ 오해: "3단계 일반화는 2단계 일반화보다 낫다."
오해 풀기: 이 잘못된 신념이 우리를 사다리꼴 함정에 빠뜨린다. 만약 3개의 단계가 있다면 세 번째 단계가 목표가 되어야만 한다. 하지만 개념 기반 교육과정과 수업은 그렇지 않다. 교수 · 학습 목표는 2단계이다. 2단계에는 의도된 학습의 본질이 녹아 있다. 3단계가 사용되는 때는 학생들이 모둠별로 활동하고 있을 때 사고를 여러 방향으로 확장시켜야 하거나 2단계의 아이디어를 명확하게 하고 확장시키면 학생들의 사고가 확실히 더 넓어지게 되는 경우이다. 2단계를 교수 · 학습의 목표로 설정한 이유는 3단계를 통해 새로운 아이디어로 다시 확장될 수 있고, 단원 혹은 성취기준에서 의도한 학습의 초점이 흐려질 수 있기 때문이다.

우리는 워싱턴주의 중학교 언어 교사인 티파니 브라운(Tiffanee Brown)의 일화로 이 책을 마무리하고자 한다. 개념 기반 교육과정과 수업을 통해 그녀는 가르침에서 기쁨을 다시 느끼기 시작했으며, 학생들의 능력을 키워 주었다. 그녀의 이야기는 우리가 왜 여전히 이 일에 매우 열정을 가지고 있는지를 보여 준다.

중학교 영어 교사로 근무한지 7년째 되던 해에 나는 이 직업을 그만둘 생각을 하기 시작했다. 온갖 노력을 다해 적절한 글을 골랐고, 내가 생각할 때 완벽한 질문들을 만들었으며, 학생들의 읽기 능력 신장을 위한 데이터 차트를 관리하고 학생별로 학습할 어휘 목록을 만들었고, 학생들이 5단락으로 구성된 멋진 에세이를 작성하는 것을 도와주었다. 국가 공인 교사 자격과 특수교육 석사 학위를 가지고 있는 나는 훌륭한 교사들이 해야 한다고 생각하는 모든 것을 하고 있었다. 하지만 내 마음 한가운데에는 불만족이 자리하고 있었다. 이게 진짜인가? 마음속 깊은 내 자신에게 의문을 품기 시작했다. 서류상으로는 모든 것이 거의 완벽해 보였다. 내 학생들은 표준화된 글쓰기 시험에서 꾸준히 주 평균보다 훨씬 높은 성적을 받았고, 나는 이것을 성공의 지표로 삼고 있었다. 내가 직업을 제대로 선택했는지 의문을 가지고 낙심한 채 그 해를 마무리했다. 그 해 여름에 나는 교직 밖에서 일자리를 찾기 시작했다.

교사를 관두는 것 대신 학교구에 변화를 주기로 했다. 나는 학생들을 위한 학습 경험을 변화시키려는 모험에 나선 베이뷰(Bay view) 초등학교에서 일하기로 했다. 방법이 확실히 정해지진 않았지만, 교직원들은 그들이 하고 있던 것보다 더 나은 방법이 있을 것이라는 걸 알고 있었다. 나는 관리자들, 동료 교사들과 함께 학생들을 위해 의미 있는 학습 경험을 만들기 위한 여행길에 올랐다. 나는 실수를 실패로 간주하지 않을 것이라는 확언을 받았고, 실험적으로 수업하는 것에 대한 허락을 받았다. 동시에 이와 같은 생각이 나를 기쁘게 하고 내게 다시 에너지를 부여했다. 나는 연구하고 다양한 교육과정 단원 설계를 시도하기 시작했다. 그리고 우리 학교구에서 다양한 방식으로 가르치려는 다른 교사들로 이루어진 리더십 팀에서 활발하게 활동했다.

내가 첫 번째로 실험한 것은 영어를 사회 교과와 통합한 것으로, 지금 생각하면 매크로 개념을 중심으로 통합했다. 안타깝게도 통합하면 할수록 나는 내 영어 수업의 핵심을 잃어가고 있다는 느낌을 가졌다. 당시에 나는 "과정의 구조"에 대해서 알지 못했고, 영어가 그 자체로 개념을 가지고 있다는 것도 알지 못했다. 통합이 답이라는 생각을 가지고 나와 동료 교사들은 지속적으로 연구했고, 린 에릭슨(Lynn Erickson)과 로이스 래닝(Lois Lanning)의 연구를 찾았다. 나는 본능적으로 3차원 모델에 매력을 느꼈고 그것을 시도해 보아야만 한다는 것을 알았다. "학문적 고유성(integrity)"과 과정의 구조에 대해 새롭게 이해하게 되면서 십 년 묵은 체증이 내려가는 기분이 들었다. 나는 매크로 개념들만 사용하면서 학문적 깊이를 놓치고 있음을 알아챘다. 비록 학년의 절반이 지나갔지만 나는 첫 번째 영어 수업을 개념 기반 단원으로 설계하고 실행했다.

내가 거짓말을 하는 것이 아니다. 전통적인 방식의 기능 기반으로부터 개념 기반 접근을 취하는 과정은 쉽지 않았다. 이것은 패러다임을 바꾸는 것이었다. 나는 교사로서의 역할을 다른 렌즈를 통해서 바라보아야 했다. 때로는 버겁기도 했지만 때로는 새로 발견한 에너지로 충만했다. 처음으로 개념 기반 단원 설계를 시작했을 때, 학생들이 언어가 사람들을 가깝게 만드는 힘을 이해하기를 원했다. 하지만 어떻게 해야 그렇게 할 수 있을지 전혀 몰랐다. 잠깐 멈추고 생각했다. 강력한 언어라는 것이 도대체 무엇을 의미하는가? 과거에 내가 했던 기능 기반 차시들은 매우 구체적이었는데 강력한 언어라는 것은 매우 추상적으로 보였다. 일반화와 안내 질문을 신중히 만들면서 나는 일련의 탐구 기반 사례 연구를 통해 추상적인 영어 언어(ELA)의 개념이 어떻게 탐구될 수 있는지 알기 시작했다. 매일 학생들은 읽고, 토론하고, 다양한 장르의 광범위한 글을 썼다. 각각의 사례 연구를 거치면서 여러 수업을 꿰는 '개념'으로 인해 학생들은 이제까지 내가 7년 동안 가르친 학생들에게서 본 것보다 훨씬 더 깊이 있는 이해에 도달했다. 예를 들어, 과거의 내 학생들은 은유를 파악하고 은유로 글을 쓰고는 했다. 하지만 지금은 학생들이 한 발짝 더 나아가 왜 하나의 은유가 다른 은유보다 더 영향력이 있는지 논의한다. 그들은 은유에 대해서 사실적인 수준으로부터 개념적인 수준으로 나아가고 있었다. 내가 학생들을 덜 통제할 때 학생들의 참여 수준은 높아졌다.

학생들은 글쓰기 개념에 대해 새로 이해한 것을 단원의 마무리 수행 과제에 적용하고 싶어 했고, 나는 한 번 더 교실에서 변화가 일어나는 것을 목격했다. 어느 순간 잠깐 멈추어 보니 학생들이 나를 더 이상 필요로 하지 않는다는 것을 알아챘다. 학생들의 깊이 있는 학습을 안내하는 학습 과제들을 고안하고 개념적 이해를 드러내는 수행 과제들을 설계하는 것으로 내가 할 일을 다 했다. 이제는 학생들이 빛을 낼 차례이다. 그리고 학생들은 실제로 빛을 냈다. 학생들은 예전의 8학년 학생들이 작성한 작품들보다 감동적이고 우수한 글을 써냈을 뿐만 아니라 새로운 상황에서 자신들이 배운 것을 전이하는 능력을 보여 주었다. 그 순간 나는 과거에 기능을 바탕으로 반복학습을 하는 것보다 개념적 이해에 비추어 가르치는 것이 얼마나 더 효과적인지 알게 되었다. 또한 내가 만약 사회 교과와 같은 다른 교과와 협력해서 작업할 때 영어의 학문적 고유성을 희생할 필요가 없다는 것을 느꼈다.

기뻤다. 학생들의 주인의식, 협력적인 태도 그리고 우리 학습 공동체에서 취약한 부분을 보여 주려는 의지 등을 맛보고 나서 내 머릿속에 떠오른 것은 기쁨이었다. 내가 간절히 갈망했던, 잃어버린 요소였던 기쁨을 되찾았다. 나의 첫 번째 개념 기반 단원이 완벽하지는 않았다. 옳은 길도 아니었다. 때로는 수업을 근본적으로 바꾸는 결정이 맞는지에 대해서 확신이 들지 않고 버겁거나 혼돈스러웠다. 내가 가진 이 모든 의심은 학생들이 단원 마무리에 작성한 성찰을 읽고 다 사라졌다. 8학년 한 학생은 다음과 같이 적었다.

"언어의 힘에 대해 내가 배운 것은 언어가 많은 것을 바꿀 수 있다는 것이다. 단지 몇 마디를 통해 누군가의 인생을 바꿀 수도 있고, 세상을 바꿀 수도 있고, 나쁜 곳을 좋은 곳으로 바꿀 수도 있다. 그것은 세상에서 정말 큰 차이를 만들 수 있다."

페이지를 넘길 때마다 나는 학생들의 통찰력, 성숙함 그리고 복잡성에 놀랐다.

나는 모든 학생이 자율권을 가졌다고 느끼게 하는 방식으로 학습하고, 학습한 것을 학교를 벗어나 자신의 삶에서도 적용할 수 있도록 하는 깊이 있는 이해를 획득할 기회를 가져야 한다고 믿는다. 개념 기반 수업은 교실에 새로운 생명을 불어넣었다. 내가 만든 모든 단원으로 교실에 있는 학생들이 질문을 제기하게 하고, 핵심 개념을 깊이 있게 이해하도록 하며, 학습한 것을 서로 연결하게 하고 실제 행동으로 옮기게 함으로써 세상을 조금씩 변화시키고 있다고 느낀다. 개념 기반 교육자로서의 내 여정은 이제 막 시작하고 있다. 하지만 학생들의 열정적인 미소와 미간 주름을 지으며 집중하는 모습을 볼 때마다 이러한 실험을 교실에서 하도록 격려한 관리자와 새로운 무엇인가를 기꺼이 시도하고자 한 나의 결정에 깊이 감사하게 된다.

티파니 브라운(Tiffanee Brown)
7~8학년 언어 교사
베이뷰 학교
빌링턴-에디슨 학교구

요약

이 장에서는 변화의 과정을 논의하는 것으로 시작해서 개념 기반 교사로 성장하면서 드러내게 되는 특징을 고찰하였다. 개념 기반 교실의 교사가 학습을 어떻게 촉진하는지 살펴보는 것은 토마스 거스키(Thomas Guskey)가 말한 "교사 변화 모형"과 론 리치하트(Ron Ritchhart)가 말한 학생의 기대에 영향을 미치는 "교사의 다섯 가지 신념"으로 이어졌다.

개념 기반으로 가르치는 교사로 성장하기 위한 루브릭은 3차원 교수로의 여정에 대한 자기 평가 도구가 된다. 개념 기반 교실에서 교사의 역할, 신념이 어떻게 교수 · 학습을 형성하는가에 대한 논의로 유용한 루브릭 네 가지를 만들었다.

- 개념 기반 교육과정과 수업을 이해하기
- 개념 기반 단원 계획하기
- 개념 기반 차시 계획하기
- 개념을 기반으로 수업하기

우수한 개념 기반 수업은 모든 학생이 주요 사실과 기능에 의해 뒷받침되는 깊이 있는 개념적 이해를 계발할 수 있도록 반드시 학생 맞춤형 수업 전략을 포함해야 한다. 우리는 독자들이 학생 맞춤형 수업에 관해 저명한 지도자인 캐롤 앤 톰린슨(Carol Ann Tomlinson)의 저서를 읽어 보고 워크숍에 참여해 보기를 바란다. 또한 개념 기반 교사로의 성장을 지원하는 최신 도서 두 권을 추천한다. 모두 Corwin출판사에 나온 것들이다.

Tools for Teaching Conceptual Understandings, Secondary: Designing Lessons and Assessments for Deep Learning (2017년 2월)

Julie Stern, Krista Ferraro, and Juliet Mohnkern

명확하며 유용한 이 책은 생각하는 교실에서의 교수 · 학습에 대해 직접적으로 다룬다. 모형, 사례, 지원 자료, 차시 틀은 학생 중심의 지적으로 흥미를 불러오는 개념 기반 교수 · 학습의 기조를 모아 놓았다.

Concept-Based Mathematics: Teaching for Deep Understanding in Secondary Classrooms (2016년 2월)

Jennifer T. H. Wathall

제니퍼(Jennifer)의 책은 수학 교육 분야에 날카로운 통찰력을 더한다. 그녀는 학생들에게 수학적 개념과 개념들 간의 관계가 가진 힘과 아름다움을 이끌어 주는 실제적이면서도 흥미롭고 의미 있는 학습 경험을 제공한다. 수학은 개념적 언어이다. 그래서 제니퍼는 중등학교 교사들을 위해 많은 실제적인 아이디어와 설명을 공유함으로써 방정식의 이해 측면을 효과적으로 다룬다.

개념 기반 교사로 성장하는 과정에서 잘못된 정보의 희생양이 되지 않도록 개념 기반 교육과정 및 수업에 관한 몇 가지 흔한 오해를 공유하고 우리의 "오해 풀기"로 해결할 수 있게 하였다.

저자로서 우리는 개념 기반 교사로 성장하는 이 여정을 계속해서 살아갈 것이다. 여러분이 우리의 수십 년간의 여행으로부터 배울 수 있기를 바라고, 우리의 통찰과 발견으로 보다 더 빠르게 숙련된 개념 기반 교사의 길을 걸을 수 있기를 바란다.

사고를 확장해 보기

1. 개념 기반 교실의 주요한 특징은 무엇인가? 그중에서 어떤 것이 가장 흥미롭다고 생각하는가?

2. 여러분은 교수 · 학습에 대해 어떤 신념을 가지고 있는가?

3. 이러한 신념은 가르칠 때와 학습 환경을 만들 때 어떠한 영향을 주는가?

4. 이 장에서 제시한 루브릭에 비추어 자신을 돌아본다면, 개념 기반 교사로 성장하기 위해 어떤 장 · 단기 목표를 세울 수 있는가?

5. 만약 2차원에서 3차원 개념 기반 교육과정 모형으로 전환한다면 가장 중요하게 고려해야 할 것은 무엇이라고 생각하는가? 왜 그렇게 생각하는가?

6. 학생 맞춤형 수업은 어떻게 개념 기반 수업을 지원하는가?

자료 A 개념 기반 교육과정 용어 해설

개념(Concept): 공통적인 속성을 지니는 일련의 사례로 만들어진 지적 구성체(mental construct). 개념은 시간을 초월하며, 보편적이고, 추상적이다. 그리고 공통적인 속성을 공유하는 사례들이 있다. 예: 주기, 다양성, 상호의존성, 불평등, 텍스트 증거, 의도, 인내, 소실점.

개념적 렌즈(Conceptual Lens): 학습 단원에서 학습자가 자신의 지적 능력을 쏟게 하는 매크로 개념. 개념적 렌즈는 학습의 방향에 집중시키고, 깊은 이해와 전이를 촉진할 수 있도록 저차원과 고차원적 과정 간 지적인 시너지를 만든다.

연역적 수업(Deductive Instruction): 수업 시작 시 학생들과 목표한 일반화를 공유하는 수업. 이어지는 학습 활동은 (때로 탐구를 통해서) 이해를 뒷받침하거나 이를 밝히는 사실이나 기능을 파악하는 데 중점을 둔다.

일반화(Generalization): 두 개 혹은 그 이상의 개념 간 관계로 진술된 것. **핵심적인 이해**, **영속적인 이해** 또는 **빅 아이디어**로 불리기도 한다. 일반화는 시간, 문화, 상황을 넘나들며 전이되는 개념적 이해이다. 이들은 구체적인 사실이나 기능과 결부된 보다 심층적인 전이 가능한 이해를 나타낸다.

귀납적 수업(Inductive Instruction): 학생들이 자신만의 일반화를 구성할 수 있도록 조사, 분류, 조직하며, 사례와 개념을 가로지르는 패턴에 대해 질문하게 하는 수업.

통합적 사고(Integrated Thinking): 사실적 정보에 대한 "메타 분석". 학생들의 사고가 통합되면 학생들은 사실과 (시간, 문화, 상황을 넘나들며 적용되는) 일반화 간의 연관성을 보게 된다. 개념적 렌즈 또는 개념적 질문은 통합적 사고를 촉진한다.

간학문적 교육과정(Interdisciplinary Curriculum): 여러 교과가 학습하는 문제나 이슈에 대해 지식, 기능, 이해의 다양한 차원을 제공하는 단원. 개념적 렌즈는 간학문적인 연결의 결과로 사고의 통합을 보장한다.

학문 내 교육과정(Intradisciplinary Curriculum): 주제에 초점을 맞춘 개념적 렌즈를 사용하는 단일 교과의 단원. 학습자가 (사실 또는 기능에 의해 뒷받침되는) 개념적 이해에 도달할 때 학습자의 사고는 개념적 수준에서 통합된다.

매크로 개념(Macroconcepts): 여러 교과 영역을 넘나들거나 학문 내에서 하위에 세부 마이크로 개념들을 가지고 있는 광범위하며, 가장 추상적인 개념. 매크로 개념은 간학문 그리고 학문 내에서 지식의 **폭**을 넓히기 위해 학습 단원의 개념적 렌즈로 사용된다. 예: 상호의존성, 변화, 시스템, 권력, 의도, 움직임.

마이크로 개념 또는 교과 개념(Microconcepts or Subconcepts): 교과가 기반하는 학문의 보다 구체적인 개념. 학생들은 학년의 수준에 따라 교과의 **깊이**를 심화해 나감으로써 (개념 간) 관계를 확장할 뿐만 아니라 이러한 개념을 내면화한다. 예: 미생물, 비율, 이동, 서식지, 희소성, 신화, 음성.

원리(Principles): 학문에서 근본적인 진리로 간주되는 것. 원리는 과학적 법칙(뉴턴 제1운동의 법칙)과 같은 것에 한정되지 않는다.

지식의 구조(Structure of Knowledge): 한편에는 소재와 사실, 다른 한편에는 (사실적 기초를 바탕으로 도출된) 개념과 일반화 또는 원리, 이론 간의 관계를 시각적으로 표상화한 것(2장 참고).

과정의 구조(Structure of Process): 과정(혹은 과정을 구성하는 요소들)과 개념, 일반화 또는 원리, 이론 간의 관계를 시각적으로 표상화한 것(2장 참고). 개념은 핵심 과정, 전략, 기능에 의해 뒷받침되며, 이로부터 도출된다. 래닝(Lanning, 2013)은 과정을 구성하는 요소에 대해 다음과 같이 정의한다.

- 과정은 결과를 만들어 내는 행동이다. 과정은 연속적이고 단계를 거쳐 나아간다. 이 단계들을 거치면서 투입(자료, 정보, 사람들의 조언, 시간 등)은 그 과정이 흘러가는 방식을 변환시키거나 바꿀 수도 있다. 과정은 무엇이 이루어져야 하는지를 규정한다. 예를 들면, 글쓰기 과정, 독해 과정, 조사 과정, 호흡 과정 등이 있다.
- 전략은 학습자가 자신의 학습 수행을 향상시키기 위해서 의식적으로 적용하거나 점검하는 체계적인 계획으로 생각할 수 있다. 전략에는 여러 기능이 들어 있기 때문에 복잡하다.
- 기능은 전략에 내재된 가장 작은 행동이나 조작들이다. 따라서 적절하게 적용하면 전략들이 작동하게 "할 수" 있다.

시너지를 내는 사고(Synergistic Thinking): 사실적인 사고와 개념적인 사고 수준 간의 인지적 상호작용. 심층적이고 전이 가능한 이해로 이끌며 학습 동기를 향상시킨다.

이론(Theory): 현상이나 실제를 설명하기 위해 사용되는 일련의 개념적 아이디어 집합이나 가정.

개념 기반 교육과정과 국제 바칼로레아 교육과정 용어 간 관계 (Concept-Based and IB Terminology Correlations)

개념 기반	국제 바칼로레아
1. **매크로 개념**(Macroconcepts) 광범위, 교과 간 전이	1. **핵심 개념**(Key Concepts)
2. **마이크로 개념**(Microconcepts) 일반적으로 교과(discipline) 구체적	2. **관련 개념**(Related Concepts) 매크로 개념이 구체적인 교과(discipline)에 적용될 때 때때로 관련 개념으로 사용될 수 있음
3. **개념적 렌즈**(Conceptual Lens) 학습 단원에서 중점을 두는 하나 혹은 두 개의 매크로 개념. 개념적 전이를 강조함. 시너지를 내는 사고로 이끎	3. **핵심 개념**(Key Concepts) 학습 단원의 초점을 맞추는 데 사용되며, 상황을 넘나드는 개념적 전이를 강조함
4. **일반화**(Generalization) 또는 **원리**(Principles) 중요한 개념적 관계를 보여 주는 개념적 이해; 시간, 문화, 상황을 관통하여 전이되는 심층적인 이해	4. **중심 아이디어**(Central Ideas), **탐구의 결과**(Statements of Inquiry)
5. **안내 질문**(Guiding Questions) 사실적, 개념적, 논쟁적	6. **교사 질문**(Teacher Questions) 중등학교 교육과정은 사실적, 개념적, 논쟁적 질문을 사용함
7. **시너지를 내는 사고**(Synergistic Thinking) 사실 또는 기능적 사고 수준과 개념적 사고 수준 간 지적인 상호작용. 학생들을 지적인 사고에 참여시키며, 지력 발달에 핵심임	국제 바칼레로아에서는 이 용어를 사용하지 않으나, 설계는 시너지를 내는 사고에 영향을 줌
8. **2차원적 교육과정 및 수업 vs. 3차원적 교육과정 및 수업**(Two-Dimensional Versus Three-Dimensional Curriculum and Instruction) 2D = 사실과 기능을 다루는 모델 3D는 사실과 기능을 가르치지만, 학생들에게 중요한 개념 및 개념적 이해와 관련하여 사실과 기능을 이해하도록 요구함	국제 바칼레로아에서는 이 용어를 사용하지 않으나, 교육과정 설계 자체가 3차원적 교육과정과 수업 모델임

자료 B 2수준과 3수준 일반화에 사용되는 동사 예

Accelerate	촉진하다	Bring about	초래하다	Correspond	부합하다 대응하다
Accomplish	성취하다	Build	세우다	Create	만들다 창작하다
Achieve	달성하다	Calculate	계산하다	Cultivate	발전시키다 개발하다
Acquire	습득하다	Challenge	도전하다 이의를 제기하다	Deal	다루다
Activate	활성화시키다	Chart	도표로 만들다	Decide	결정하다 해결하다
Adapt	적응하다	Check	조사하다 점검하다	Define	정의하다
Address	처리하다 연설하다	Clarify	명확하게 하다	Delegate	(대표를) 선정하다 위임하다
Adjust	조정하다	Classify	분류하다	Deliver	전달하다
Administer	관리하다 집행하다	Collect	모으다	Demonstrate	증명하다 나타내다
Advance	증진시키다	Command	지시하다	Design	설계하다
Allocate	배치하다	Communicate	전달하다 전하다	Detect	발견하다 간파하다
Analyze	분석하다	Compile	모으다	Determine	결정하다 결심하다
Anticipate	예상하다	Compose	구성하다 작성하다	Develop	개발하다 만들다
Approve	찬성하다	Compute	계산하다	Devise	고안하다

Arrange	배열하다 정리하다	Conceive	생각하다	Direct	지도하다 안내하다
Ascertain	확인하다 규명하다	Condense	간략화하다	Discover	발견하다 밝히다
Assemble	조립하다	Conduct	수행하다	Display	전시하다 보여 주다
Assess	평가하다	Conserve	보존하다	Distribute	나누다 구분하다
Assign	배정하다	Consolidate	통합하다	Document	기록하다
Assimilate	비유하다 이해하다	Construct	구성하다	Draft	초안을 작성하다
Assist	돕다	Contribute	기여하다 기고하다	Dramatize	극화하다 각색하다
Assure	확실하게 하다	Convert	전환하다	Draw	그리다
Attain	이루다	Convey	전달하다 나타내다	Draw up	작성하다
Attend	참석하다 주의를 기울이다	Cooperate	협력하다	Drive	작동시키다
Balance	균형을 이루다	Coordinate	조정하다 조직하다	Earn	획득하다 얻다
Bring	가져오다	Correlate	서로 관련시키다	Edit	편집하다 교정하다
Elaborate	상세히 말하다 설명하다	Illustrate	설명하다 예시하다	Model	모형을 만들다 만들다
Eliminate	제거하다 삭제하다	Imagine	상상하다 생각하다	Monitor	감시하다 검토하다
Empathize	공감하다	Implement	실행하다	Motivate	동기를 주다 흥미를 느끼게 하다
Employ	사용하다 이용하다	Improve on	개선하다	Move	움직이다, 행동하다 감동시키다
Enact	제정하다 연기하다	Improvise	즉석에서 하다	Navigate	길을 찾다, 조종하다 다루다, 처리하다
Encourage	격려하다 권하다	Increase	증가하다	Negotiate	협상하다
Enforce	강력히 주장하다 강조하다	Inform	알리다 정보를 제공하다	Nominate	지명하다 추천하다

Engineer	설계하다 제작하다	Initiate	시작하다 가르치다	Observe	관찰하다 알아차리다
Enhance	강화하다 향상시키다	Innovate	혁신하다 도입하다	Obtain	획득하다
Enlist	협력을 요청하다 참가하다	Inspect	검사하다 조사하다	Offer	제안하다 제시하다
Ensure	확실하게 하다	Inspire	격려하다 불어넣다	Optimize	최적화하다
Equip	갖추다 익히게 하다	Install	설치하다	Orchestrate	편성하다 조정하다
Establish	확립하다 입증하다	Instill	서서히 가르치다 서서히 불어넣다	Order	열거하다
Estimate	추정하다 예상하다	Institute	설립하다 실시하다	Organize	조직하다 구성하다
Evaluate	평가하다, 측정하다 검토하다	Instruct	지시하다 가르치다	Originate	발생하다
Examine	조사하다, 살펴보다 검토하다	Insure (ensure)	확실하게 하다 보증하다	Overcome	극복하다
Execute	실시하다 수행하다	Integrate	통합하다 포함하다	Oversee	감독하다
Expand	확대하다 전개하다	Interpret	설명하다 해석하다	Paint	그리다
Expedite	촉진시키다	Introduce	소개하다 발표하다	Participate	참여하다
Experiment	실험하다 시도하다	Invent	발명하다 개발하다	Perceive	인식하다 알아차리다
Explain	설명하다, 알려 주다 밝히다	Investigate	연구하다 조사하다	Perfect	완성하다 끝내다
Express	표현하다	Judge	판단하다	Perform	수행하다
Facilitate	촉진하다	Justify	정당화하다	Persuade	설득하다
Fashion	만들다	Keep	유지하다 계속하다	Photograph	사진을 찍다 마음에 새기다
Finance	재정을 관리하다 출자하다	Kindle	자극하여 시키다 충동하다, 빛내다	Pilot	조종하다, 추진시키다 시험해 보다
Fix	해결하다, 정하다 고치다	Launch	내보내다 착수하다	Pioneer	개척하다 솔선하다

Follow	따르다 실천하다	Lead	이끌다 ~에 이르게 하다	Place	설치하다
Forecast	예측하다	Learn	학습하다 ~을 알게 되다	Plan	계획하다
Forge	만들다 세우다	Lift	폐지하다 돋우다	Play	놀이를 하다 역할을 하다
Form	형성하다 조직하다	Listen to	경청하다	Predict	예측하다
Formulate	공식화하다 명확히 나타내다	Locate	위치하다	Prepare	준비하다 마련하다
Function as	~로서 기능을 하다	Maintain	유지하다 주장하다	Prescribe	규정하다 지시하다
Gain	획득하다 달성하다	Make	만들다	Present	제시하다
Gather	수집하다	Manage	다루다, 해내다 운영하다	Prevent	금지하다 예방하다
Generate	생성하다 발생시키다	Manipulate	처리하다 조작하다	Problem Solve	문제를 해결하다
Give	제공하다	Market	거래하다	Process	처리하다
Govern	운영하다, 관리하다 통치하다	Master	정복하다, 지배하다 숙달하다	Procure	조달하다 획득하다
Guide	안내하다 지도하다	Mediate	성립시키다 중재하다	Produce	생산하다 제작하다
Handle	처리하다 다루다	Meet	충족시키다 부응하다	Project	기획하다
Help	돕다	Memorize	암기하다	Promote	증진하다, 촉진하다
Hypothesize	가설을 세우다	Mentor	조력하다	Propose	제안하다
Identify	확인하다 알아보다	Minimize	최소화하다	Protect	보호하다
Prove	입증하다	Screen	가리다 확인하다	Test	검사하다 시험하다
Provide	제공하다	Secure	획득하다	Trace	추적하다, 찾아내다 기술하다
Publicize	공표하다 알리다	Select	선발하다 선택하다	Track	자취를 좇다
Purchase	구매하다	Sell	팔다 납득시키다	Train	교육하다 훈련시키다

Question	질문하다	Sense	감지하다	Transcribe	기록하다 전사하다
Raise	제기하다	Separate	분리하다 구분 짓다	Transfer	이동하다 옮기다
Read	읽다	Serve	제공하다 기여하다	Transform	변형시키다
Realize	깨닫다 인식하다	Service	점검하다 제공하다	Translate	번역하다 해석하다
Reason	추론하다	Set up	설립하다	Travel	이동하다
Receive	받아들이다	Shape	구체화하다 형성하다	Treat	다루다 논의하다
Recognize	인식하다 인정하다	Share	공유하다	Trim	다듬다 잘라내다
Recommend	추천하다 권하다	Shift	이동하다	Uncover	밝히다
Reconcile	화해하다, 중재하다 일치시키다	Show	보여 주다 설명하다	Undertake	맡다 착수하다
Record	기록하다	Simplify	단순화하다	Unify	통합하다
Recruit	모집하다 설득하다	Sketch	밑그림을 그리다 개요를 쓰다	Unite	단결하다 통합하다
Rectify	수정하다 바로잡다	Solidify	굳히다 공고히 하다	Update	새롭게 하다 갱신하다
Redesign	재설계하다	Solve	해결하다	Upgrade	개선하다
Reduce	축소하다 감소시키다	Sort	분류하다 정렬하다	Use	사용하다
Reevaluate	재평가하다	Spark	자극하다 유발하다	Utilize	활용하다
Refer	언급하다 인용하다	Speak	이야기하다	Validate	입증하다
Refine	다듬다 개선하다	Spearhead	선두에 서다	Verify	검증하다 확인하다
Regulate	규제하다 조절하다	Staff	직원을 배치하다 직원을 두다	Widen	넓히다
Relate	관련짓다	Stimulate	격려하다 흥미를 불러일으키다	Win	얻다, 쟁취하다 도달하다
Remember	기억하다	Streamline	합리화하다	Withdraw	물러나다 취소하다

Render	되게 하다, 제공하다 표현하다	Revive	되살아나다 재개하다	Supersede	대체하다
Reorganize	재조직하다	Rout	완패시키다	Supervise	감독하다 관리하다
Repair	수리하다, 고치다 보상하다	Save	구하다 지키다	Supply	공급하다 보완하다
Report	발표하다, 보고하다 알리다	Schedule	예정하다	Survey	점검하다 조사하다
Represent	나타내다 보여 주다	Revitalize	새로운 활력을 주다	Symbolize	기호로 나타내다 상징화하다
Research	조사하다	Strengthen	강화하다	Synergize	~의 활동을 도와 보강하다
Resolve	결정하다 해결하다	Stress	강조하다	Talk	말하다, 이야기하다
Respond	대답하다 반응하다	Stretch	늘어나다 ~에 미치다(이르다)	Teach	가르치다
Restore	복원하다 되찾다	Structure	구조화하다	Tell	말하다, 이야기하다
Retrieve	회수하다 검색하다	Study	연구하다 살펴보다	Tend	경향이 있다
Revamp	개조하다 개정하다	Substitute	대체하다	Work	일하다 작동하다
Review	재검토하다 비평하다	Succeed	성공하다 계승하다	Write	작성하다
Revise	수정하다 변경하다	Summarize	요약하다		

자료 C 개념 기반 그래픽 조직자

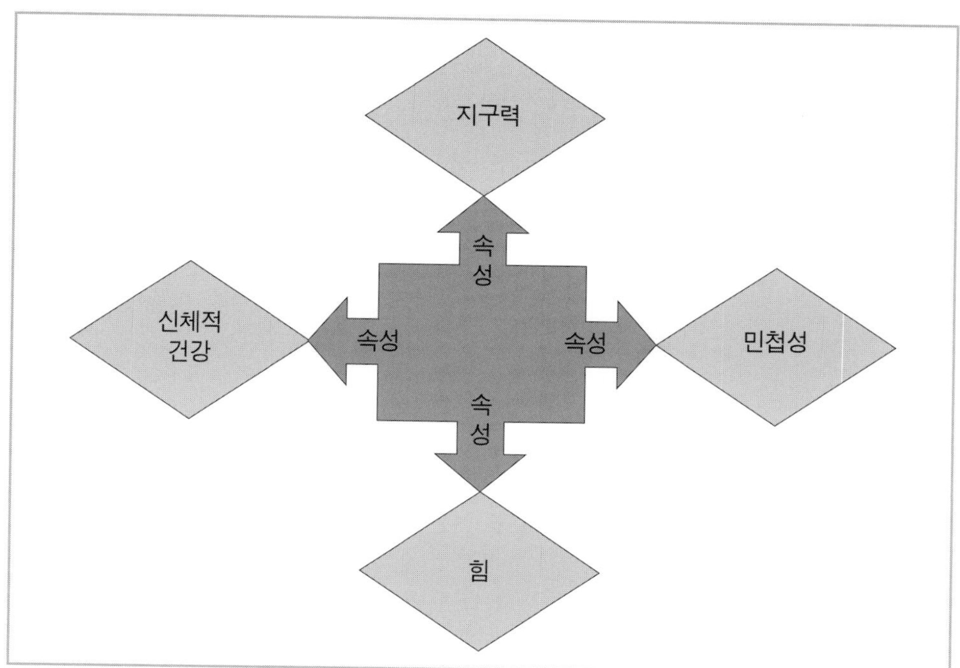

그림 C-1 개념 그래픽 조직자

정의된 속성을 생각해 보라.

이들 속성으로 나타낼 수 있는 개념은 무엇일까?

그림	원근 각각의 그림에서 관찰자의 원근은 어떠한가?	선 화가는 원근을 만들기 위하여 그림에서 선을 어떻게 사용하고 있는가?	형 화가는 원근을 만들기 위하여 그림에서 형을 어떻게 사용하고 있는가?	일반화 풍경화는 관찰을 바탕으로 원근감을 나타내기 위하여 선, 형을 사용한다는 이해(understanding)를 추론하기 우리는 …… 이해한다.
풍경화 #1 (원거리 관찰)	관찰자는 먼 거리를 두고 보고 있다.	화가는 원근을 제시하는 소실점을 만들어 수렴하는 선을 그렸다.	전경에 있는 형은 크다. 배경에 있는 형은 더 작게 나타내어 원근을 만들었다.	화가는 한 점으로 모이는 선들, 전경과 배경의 크고 작은 형으로 원근을 만든다.
풍경화 #2 (근접 관찰)				
풍경화 #3 (위에서 관찰)				

그림 C-2 시각 예술을 위한 회화 그래픽 조직자

주: 이 사례는 세 가지 풍경화를 사용하여 학생들에게 관찰자의 원근을 생각해 보도록 질문한 것이다. 학생들은 화가가 원근을 만들어 내기 위하여 선과 형을 어떻게 사용하였는지 관찰하고 기록한다. 이와 같은 관찰은 학생들이 선과 형을 원근과 관련짓는 일반화를 만들어 내는 것으로 완결된다.

북 토크

이 그래픽 조직자를 사용하면 작가나 독자의 기법이나 내용에서 개념을 도출할 수 있다. 일반화는 지식의 구조 또는 기능의 구조에서 가져올 수 있지만, 두 가지를 섞는 것은 안 된다.

개념적 초점: 인물 개발

텍스트 1: 에뮤 에드워드(Edward The Emu), 쉬나 놀즈(Sheena Knowles) 저(1988) Harper Collins

텍스트 2: 윌프리드 고든 맥도널드 파트리지(Wilfrid Gordon McDonald Partridge), 멤 팍스(Mem Fox) 저(1984) Puffin Books

텍스트 3: 웜뱃 스튜(Wombat Stew), 파멜라 로프츠(Pamela Lofts) 저(1984) Ashton Scholastic

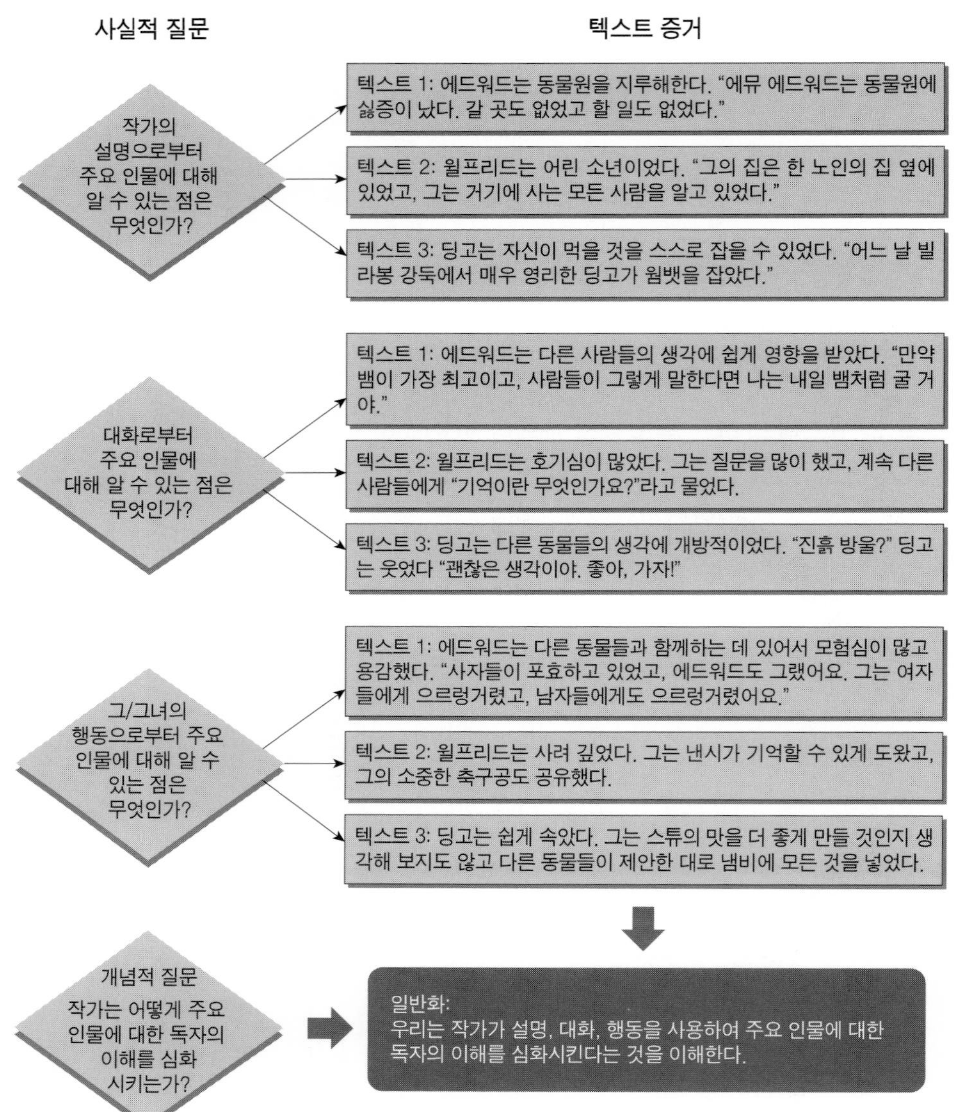

그림 C-3 작가의 기법에 대한 그래픽 조직자

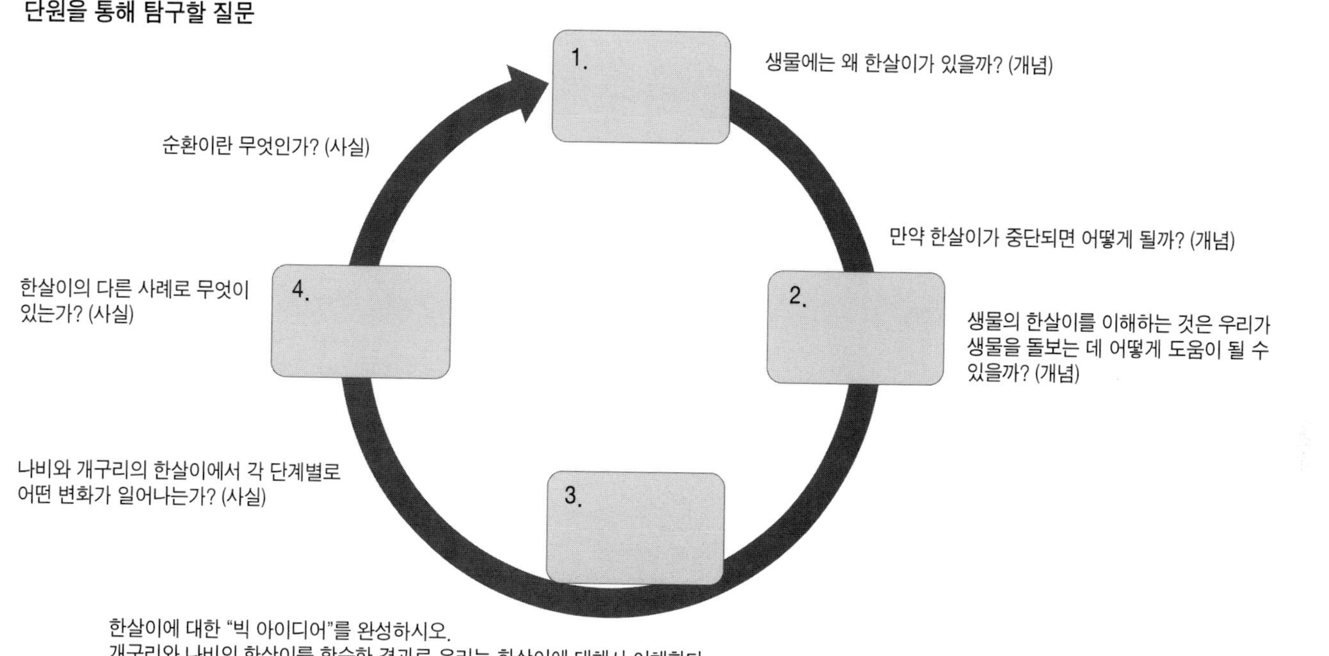

그림 C-4 단원을 위한 수업 조직자

자료 D-1 개념 기반 교육과정: 단원 설계 단계

린 에릭슨(Lynn Erickson), 로이스 래닝(Lois Lanning)

단계 1: 단원명 정하기

단원명은 학생들의 참여를 일으키는 흥미로운 것이되, 내용의 초점을 분명하게 나타낼 필요가 있다.)

단계 2: 개념적 렌즈 파악하기

개념적 렌즈는 학생들의 학습에 초점과 깊이를 제공하고 시너지를 내는 사고(사실적 사고와 개념적 사고의 연결)를 보장하는 개념이다.

단계 3: 단원 스트랜드 파악하기

간학문 단원에서 스트랜드(strand)는 교과 영역에 해당한다. 교과 내(intradisciplinary) 단원에서 스트랜드는 주요 제목이 되어서 학습할 단원을 다루기 쉬운 수업 부분으로 나눈다. 과정을 다루는 교과 내 단원에서 스트랜드는 '**이해하기**, **반응하기**, **비판하기**, **산출하기**'로 미리 정해져 있다. 과정 교과에서 스트랜드는 '이해하기, 반응하기, 비판하기, 산출하기'로 정의된다.

스트랜드는 단원명 주변의 그물에 배치한다.

단계 4: 스트랜드 안에서 단원 소재와 개념을 엮기

브레인스토밍 후, 각 스트랜드의 개념을 밑줄로 그어, 다음 단계에서 쉽게 접근할 수 있도록 한다.

단계 5: 학생들이 단원 학습으로부터 도출하기를 기대하는 일반화 작성하기

개념적 렌즈를 사용하여 하나 혹은 두 개의 일반화를 만들고, 스트랜드 **각각**에 대해서 하나 혹은 두 개의 일반화를 만든다. 때때로 일반화는 하나 혹은 그 이상의 스트랜드를 다룬다(특히 과정 교과에서). 학습 단원에는 학년 수준과 단원에 할당된 시간에 따라 5~9개의 일반화가 있을 수 있다.

단계 6: 안내 질문을 브레인스토밍하기

안내 질문은 일반화에 대한 학생들의 사고를 촉진한다.

안내 질문은 유형별(사실적, 개념적, 논쟁적)로 코드화해야 한다. 각 일반화에는 단원 설계 과정에서 개발한 3~5개의 사실 및 개념적 질문이 필요하며, 단원 전체에서는 2~3개의 논쟁적 질문이 필요하다.

단계 7: 중요한 내용을 파악하기

중요한 내용이란 일반화의 기반이 되며, 단원 소개에 대한 지식을 깊이 있게 하며, 학생들이 과정이나 기능에 대해 알아야 할 것을 정의하는 데 필요한 사실적 지식이다.

단계 8: 핵심 기능을 파악하기

핵심 기능이란 성취기준이나 국가 교육과정에서 그대로 가져올 수 있다. 기능은 다른 적용으로 전이되며, 학습 활동에 나타날 때까지 특정한 주제에 얽매이지 않는다.

단계 9: 최종 평가와 채점 가이드 또는 루브릭 작성하기

최종 평가는 한두 개의 중요한 일반화에 대한 학생들의 이해, 중요한 내용에 대한 지식 그리고 핵심 기능을 적용하는 능력을 드러낸다. 학생들의 과제 수행을 평가할 수 있도록 구체적인 기준을 포함한 채점 가이드, 또는 루브릭을 작성한다.

단계 10: 학습 활동 설계하기

학습 활동은 학생들이 최종 평가에 요구되는 것을 준비할 수 있게 하고, 단원을 마칠 때까지 이해하고, 알고, 할 수 있어야 하는 것을 반영한다. 학습 활동은 의미 있고 실제적이어야 한다. 학습 활동 계획에는 학습을 진행하는 속도, 기타 평가 방법, 맞춤형 전략, 단원의 학습 자료가 포함되어야 한다.

단계 11: 단원 개요 작성하기

단원 개요는 교사가 단원에 대한 학생들의 관심과 흥미를 끌고 학습을 안내할 수 있도록 작성한다.

자료 D-2 개념 기반 교육과정: 단원 템플릿

학년: ____________________

단원 번호: ____________________

단원명 및 개념적 렌즈: ____________________

단원 (학습) 기간: ____________________

개발자: ____________________

단원 개요:

단원에서 사용할 테크놀로지:

이 단원에서 다룰 성취기준 또는 국가 교육과정:

학년: ____________________

단원명: __________________

개념적 렌즈: ______________

스트랜드 1

스트랜드 2

단원명

스트랜드 3

스트랜드 4

*필요한 만큼 스트랜드 추가하기

학년: ______________________

단원명: ____________________

개념적 렌즈: _______________

일반화	안내 질문: 사=사실적; 개=개념적; 논=논쟁적

*필요한 만큼 셀 추가하기

중요한 내용과 핵심 기능

스트랜드별 중요한 내용	핵심 기능
학생들은 ……을 알 것이다.	학생들은 ……을 할 수 있을 것이다.
스트랜드 1	
스트랜드 2	
스트랜드 3	
스트랜드 4	

*몇몇 핵심 기능은 과정 교과의 "지식"과 일대일로 연관될 수 있다. 하지만 역사와 과학 같은 내용교과에서는 일대일로 연관될 가능성이 낮다.

단원명: ____________________

학년: ____________________

시간	학습 활동	평가	맞춤형 수업 전략	자료

최종 단원 평가

단원명: ____________________

학년: ______________________

무엇을(단원의 초점):

왜(일반화):

어떻게(학생 참여형 시나리오):

채점 가이드

알파벳 문자 등급 (For Letter Grades)

과제: ____________________

채점 준거

기준

	성취 점수 또는 백분율	자기 평가	교사 평가
이해:	☐	☐	☐
내용:	☐	☐	☐
	☐	☐	☐
과정:	☐	☐	☐
	100	____	____

알파벳별 점수 기준
(scoring key)

A =

B =

C =

I =

채점 가이드

기본적인 평점 (Primary Grades)

4 기준의 모든 준거를 충족할 뿐만 아니라……

예:

<table>
<tr><td rowspan="6">3</td><td rowspan="6">기준</td><td></td><td>✓충족한다면</td></tr>
<tr><td>이해:</td><td>☐</td></tr>
<tr><td>내용:</td><td>☐</td></tr>
<tr><td></td><td>☐</td></tr>
<tr><td>과정:</td><td>☐</td></tr>
<tr><td></td><td>☐</td></tr>
</table>

2 기준의 준거 중 3/5을 충족함

1 채점할 수 없음; 아직 기준에 도달하지 못함

주: 채점 칸(scoring boxes)의 수와 일치하도록 기준 2를 조정하기

자료 D-3 개념 기반 교육과정: 단원 사례와 최종 단원 평가

- 자료 D-3.1 원 기하학
- 자료 D-3.2 정말 우리는 파동으로 둘러싸여 있는가?
- 자료 D-3.3 놀이로 언어 만들기: 표현 (유아)
- 자료 D-3.4 영어: 그들의 눈으로 보고, 그들의 마음으로 느껴라

자료 D-3.1 단원 사례: 원 기하학

원 기하학 단원 그물

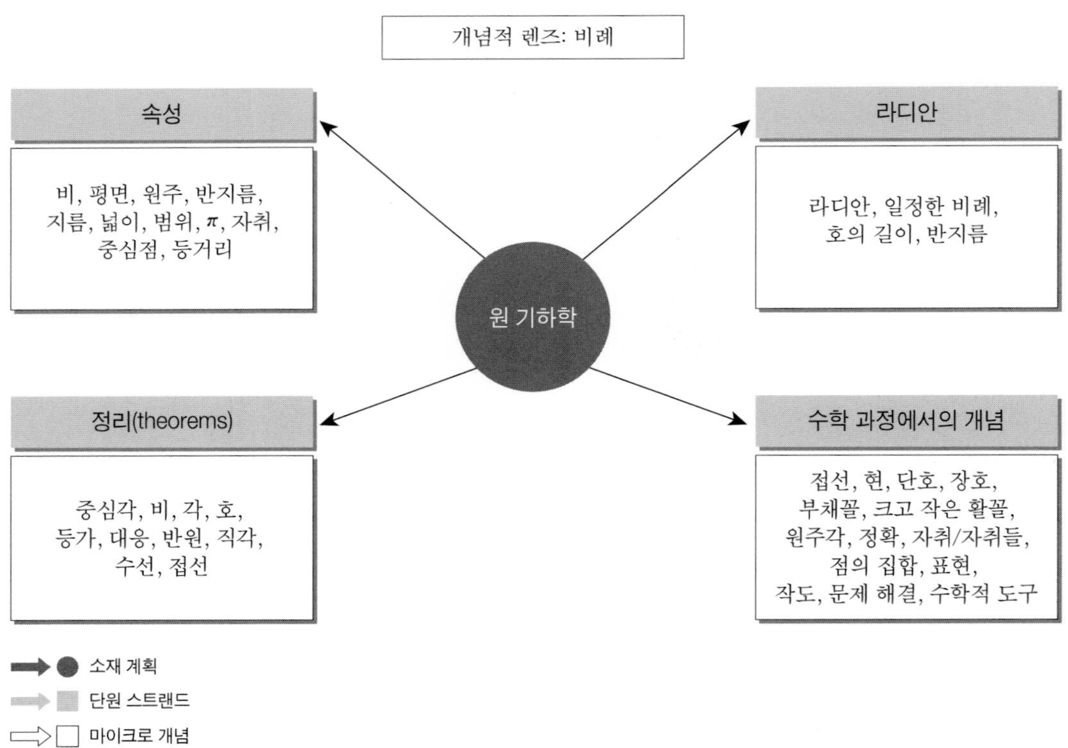

출처: Jennifer Chang Wathall © 2015 Concept-Based Curriculum and Instruction for Secondary Mathematics, Thousand Oaks, CA: Corwin.

단원명: 원 기하학	개념적 렌즈: 비율	시간: 4~6주	학년: 8학년, 9학년
단원 개요: 사람들은 오랫동안 원에 관심을 가졌습니다. 실제 생활에서 우리는 얼마나 자주 원을 보나요? 원은 통일과 조화를 표현하기 위해 자주 사용됩니다. 고대 유물 속 원형 디자인은 어떻게 작도해야 할까요? http://nrich.maths.org/2561	단원의 개념: 비, 평면, 원주, 반지름, 지름, 넓이, 범위, π, 자취, 중심점, 등거리, 중심각, 비, 각, 호, 등가, 대응각, 반원, 직각, 수선, 라디안, 일정한 비례, 호의 길이, 현, 단호와 장호, 부채꼴, 크고 작은 활꼴, 원주각, 정확, 자취/자취들, 점의 집합 과정 개념: 표현, 작도, 문제 해결, 수학적 도구		

학생들이 알기를 바라는 것	학생들이 이해하기를 바라는 것	학생들이 할 수 있기를 바라는 것
1. 원주 및 원의 넓이에 대한 공식을 알기 2. 일정한 비례로 각의 라디안 단위를 정의하기 3. 원 용어 알기: 원주, 반지름, 지름, 현, 크고 작은 활꼴, 접선, 단호와 장호, 자취, 직각, 호의 길이	1. 모든 원의 지름에 대한 원주의 비율은 고정 상수, π로 나타낸다. 2. 평면상 중심점에서 같은 거리에 있는 점의 자취는 원주에 해당한다. 3. 부채꼴 범위의 합은 직사각형을 만들며, 이는 원의 넓이와 같다. 4. 반원의 원주각은 직각이다. 5. 반지름과 접선은 직각을 만든다(수직각). 6. 중심각은 원주각의 두 배이다. 7. 같은 길이의 호에 대한 원주각의 크기는 같다. 8. 라디안 측정법은 반지름과 호의 길이 간 일정한 비례를 표현한다, 9. 라디안 측정은 호의 길이와 부채꼴 넓이에 대한 공식을 간소화한다. 10. 원의 각 부분(예: 접선, 현, 활꼴, 부채꼴, 호, 각)을 정확하게 그리는 방법을 아는 것	**과정: 연결 짓기** 1. 라디안을 도(°)로 변환하거나 도(°)를 라디안으로 변환하기 **과정: 추론과 증명하기** 2. 모든 원이 닮음을 증명하기 3. 닮음을 사용하여 각에 의해 생기는 호의 길이는 반지름에 비례함을 도출하기 4. 부채꼴의 넓이 공식을 도출하기 **과정: 작도하고 추론하며 증명하기** 5. 삼각형에 내접하고 외접한 원을 작도하고, 원에 내접하는 사각형의 각의 속성을 증명하기 6. 주어진 원 외부의 한 점으로부터 원으로 접선을 그리기

	은 기하학 문제를 해결하는 데 도움이 된다. 11. 다른 자취를 작도하기 위해 수학적 도구를 바르게 사용하는 것은 점의 집합을 결정하는 공통 속성을 증명한다.	

일반화(학생들은 ……을 이해한다.)	안내 질문
1. 모든 원의 지름에 대한 원주의 비율은 고정 상수(π)로 나타낸다.	사실적 질문: 원주와 넓이를 구하는 공식은 무엇인가? 다음 단어의 의미는 무엇인가? 원주, 반지름, 지름, 현, 크고 작은 활꼴, 접선, 단호와 장호, 자취, 직각, 호의 길이 개념적 질문: 모든 원은 어떻게 닮음인가? 왜 모든 원의 지름에 대한 원주의 비율은 고정 상수로 표현될 수 있는가? 모든 원의 원주율은 지름과 어떻게 관련되는가?
2. 평면상 중심점에서 같은 거리에 있는 점의 자취는 원주에 해당한다.	사실적 질문: 원주의 정의는 무엇인가? 점의 자취가 의미하는 것은 무엇인가? 개념적 질문: 점의 자취가 어떻게 원주를 설명하는가?

3. 부채꼴 범위의 합은 직사각형을 만들며, 이는 원의 넓이와 같다.	사실적 질문: 원의 넓이를 구하는 공식은 무엇인가? 개념적 질문: 범위의 합을 사용하여 원의 넓이를 찾는 방법은 무엇인가? 원은 어떻게 직사각형과 같은가?
4. 반원 안의 원주각은 직각이다. 5. 반지름과 접선은 직각을 만든다(수직각). 6. 중심각은 원주각의 두 배이다. 7. 같은 길이의 호에 대한 원주각의 크기는 같다.	사실적 질문: 원의 정리는 무엇인가? 개념적 질문: 원주각, 반지름, 현의 관계를 어떻게 알아내고 설명할 수 있는가?
8. 각의 라디안 측정법(호도법)은 반지름과 호의 길이 간 일정한 비례를 나타낸다. 9. 라디안 측정법(호도법)은 호의 길이와 부채꼴 넓이에 대한 공식을 간소화한다.	사실적 질문: 라디안의 정의는 무엇인가? 개념적 질문: 라디안은 왜 차원의 개념이 아닌가(dimensionless)? 라디안 측정법(호도법)은 어떻게 표현되는가? "일정한 비례" 개념은 각의 라디언 측정법과 어떻게 관련되는가?
10. 정확한 기하학적 해결은 문제 해결에 그림을 사용할 때 접선, 현, 활꼴, 부채꼴, 호, 각과 같은 원의 각 부분을 정확하게 그리는 데 달려 있다.	사실적 질문: 비율 다이어그램(scale diagram)이란 무엇인가? 개념적 질문: 문제를 해결하기 위해서 작도를 어떻게 할 것인가? 문제 해결 과정에서 작도하는 것은 왜 유용한가? 문제 해결에서 원의 각 부분의 정확한 그림은 언제 중요한가?

<table>
<tr><td>11. 여러 자취를 작도하기 위해 수학적 도구를 바르게 사용하는 것은 점의 집합을 결정하는 공통 속성을 증명한다.</td><td>사실적 질문:
수학적 도구와 애플릿이란 무엇인가?

개념적 질문:
점의 집합을 결정하는 공통 특성을 증명하기 위해 작도와 애플릿을 어떻게 사용할 것인가?
원 기하학에서 애플릿이 왜 유용한가?</td></tr>
<tr><td colspan="2">논쟁 가능한 단원 질문</td></tr>
<tr><td colspan="2">각을 측정하는 데 있어서 라디안과 도(°) 중 어떤 것이 더 나은가?</td></tr>
</table>

최종 단원 평가

단원명: 원 기하학

학년: 8

무엇을(단원의 초점):
원의 정리를 조사한다.

왜(일반화):
반원 안의 원주각은 직각이다.
반지름과 접선은 직각을 만든다(수직각).
중심각은 원주각의 두 배이다.
같은 길이의 호에 대한 원주각의 크기는 같다.★

어떻게(학생 참여형 시나리오):
다큐멘터리 영화 제작자로서 네 명이 한 모둠을 만들어서 반원의 각을 포함하고, 접선과 반지름의 관계, 중심각과 원주의 원주각의 관계, 같은 호에서의 원주각 간의 관계에 대한 4개의 원의 정리(circle theorems) 다큐멘터리를 만들어 보세요. 각각의 정리별로 지오지브라 애플릿을 만들고, 세 가지 수치를 사용해서 원의 정리에 대한 일반화를 구성해 보세요. 다이어그램, 해설, 사례로 각각의 정리를 설명하고, 각각의 정리를 적용하는 방법을 보여 주세요.

★주: 일반적으로 최종 평가 과제는 두 개 정도의 일반화를 다룬다. 이 과제의 경우 일반화의 상호 관련이 매우 높아서 이 규칙에서 제외되었다.

채점 가이드

알파벳 문자 등급 (For Letter Grades)

과제: 다큐멘터리 필름

채점 준거		성취 점수 또는 백분율	자기 평가	교사 평가
기준	**이해:**			
	각 정리별 일반화는 정확하고, 이해를 잘 드러 내었다.	20%		
	정리의 적용 방법 사례는 이해를 전이하는 능력을 보여 주었다.	20%		
	내용:			
	영상은 사실적 내용 면에서 각 원의 정리에 대해 명확한 설명을 제공하였다.	20%		
	영상은 세 가지의 수치를 사용한 사례를 제시하 였다.	10%		
	과정:			
	모둠과 함께 조화로운 방식으로 협력하였다.	10%		
	각 정리별로 지오지브라 애플릿을 성공적으로 만들었다.	10%		
	영상이 잘 만들어졌다. – 다이어그램, 해설, 사례가 명확하고 논리적으로 제시되었으며, 시청자의 관심을 끌었다.	10%		
		100%	______	______

알파벳별 점수 기준
(scoring key)

A =

B =

C =

I =

자료 D-3.2 단원 사례: 정말 우리는 파동으로 둘러싸여 있는가?

학년: 1

단원명: 정말 우리는 파동으로 둘러싸여 있는가? 소리와 빛의 이해

개념적 렌즈: 원인과 결과

단원 (학습) 기간: 6~8주

개발자:

- 벌링턴-에디슨 학교구 1학년팀 에리카 톨프(Erica Tolf), 카일리 파넥(Kaylee Panek)
- 워싱턴주 벌링턴 베이뷰 초등학교 교감 에이미 라이즈너(Amy Reisner)

단원 개요:

여러분은 우리가 파동(wave)에 둘러싸여 있다는 것을 알고 있나요? 바다의 파도도, 손 흔드는 작별인사도 아니에요. …… 우리는 눈에 보이지 않는 파동에 둘러싸여 있어요! 파동은 빛과 소리를 만들어 내기 때문에 우리는 파동이 있다는 것을 알지요.

이 단원에서 우리는 이처럼 놀랍고도 눈에 보이지 않는 파동과 우리가 서로 의사소통하기 위해서 어떻게 파동을 이용할 수 있는지에 대해 배웁니다.

이 단원의 학습이 끝나면 도움을 필요로 하는 사람들에게 비상 메시지를 보낼 수 있는 구급차를 설계할 수 있을 거예요.

<u>단원에서 사용할 테크놀로지</u>:
아이패드 앱: 문캐스트(Mooncast), 일출과 일몰(sunrise and fall), 그림 콜라주(pic collage)

<u>이 단원에서 다룰 성취기준 또는 국가 교육과정</u>:
진동하는 물질은 소리를 낼 수 있고, 소리는 물질을 진동하게 만들 수 있다는 증거를 제시할 수 있도록 조사 계획을 세우고 수행하기(1-물리과학4-1).
물체는 빛이 있어야 볼 수 있다는 것을 증거에 비추어 설명할 수 있도록 관찰하기(1-물리과학4-2).

빛의 이동 경로에 서로 다른 물질로 만들어진 물체를 두었을 때의 영향을 밝히기 위한 조사 계획을 세우고 수행하기(1-물리과학4-3).
먼 거리의 의사소통 문제를 해결하기 위해 빛이나 소리를 사용하는 장치를 설계하고 제작하도록 도구와 재료를 사용하기(1-물리과학4-4).

학년: 1

단원명: 정말 우리는 파동으로 둘러싸여 있는가?

개념적 렌즈: 원인/결과

스트랜드 1

파동의 속성
- 소리
- 진동
- 성질
- 길이
- 지속성

스트랜드 2

파동과 빛
- 빛
- 밝기
- 물체
- 거리

단원명

정말 우리는 파동으로 둘러싸여 있는가?
소리와 빛의 이해

스트랜드 3

파동과 물질
- 반투명, 불투명
- 투명, 반사
- 에너지
- 성질
- 물체
- 물질
- 빛

스트랜드 4

파동과 의사소통
- 거리
- 의사소통
- 소리
- 빛
- 수신기
- 발생기
- 재료

*필요한 만큼 스트랜드 추가하기

학년: 1

단원명: 정말 우리는 파동으로 둘러싸여 있는가? 소리와 빛의 이해

개념적 렌즈: 원인/결과

일반화	안내 질문: 사 = 사실적; 개 = 개념적; 논 = 논쟁적
소리 파동은 진동을 만든다.	소리의 다양한 근원에는 무엇이 있는가? (사) 서로 다른 물건은 어떤 소리를 만들어 내는가? (사) 소리는 어떻게 만들어지는가? (개) 다양한 물질의 진동은 소리를 어떻게 변하게 하는가? (개) 소리는 어떻게 사물을 진동하게(움직이게) 만드는가? (개) 여러분은 소리가 아예 없는 세상 또는 늘 큰 소리가 나는 세상 중 어디에 살고 싶은가? 설명하라. (논)
빛은 다양한 근원으로부터 나온다.	다양한 광원으로 무엇이 있는가? (사; 자연광 vs. 인공광) 광원은 왜 중요하거나 유용한가? (개) 밝기란 무엇인가? (사) 광원을 사용할 수 없다면 어떤 일이 벌어질까? (개) 다양한 근원에서 나오는 빛의 이점은 무엇일까? (개) 우리가 빛을 끌 수 없다면 어떨까? (논) 우리는 어떻게 광원을 보존할 수 있을까? (논)
각기 다른 물질은 빛 파동이 이동하는 방식에 영향을 준다.	빛은 어떻게 이동하는가? (개) 그림자를 만드는 것은 무엇인가? (사) 어떤 물체는 그림자가 있는 반면, 다른 물체는 왜 그림자가 없을까? (개) 다양한 물질의 속성(투명, 반투명, 불투명, 반사)이 빛의 이동에 어떤 영향을 주는가? (개; 내선: 수중 음파 탐지기, 위성, 마이크로파, 전파) 빛은 어떻게 방향을 바꿀 수 있는가? (사)
소리와 빛 파동은 먼 거리의 의사소통을 돕는다.	인간이 의사소통하는 다양한 방식에는 무엇이 있는가? (사) 동물이 의사소통하는 다양한 방식에는 무엇이 있는가? (사) 먼 거리에서 의사소통하기 위해서 소리와 빛을 어떻게 사용할 수 있을까? (개) 모든 사람이 의사소통하기 위해서 반드시 똑같은 빛과 소리를 사용할 수 있어야 한다고 생각하는가? (논)

중요한 내용과 핵심 기능

스트랜드별 중요한 내용	핵심 기능
학생들은 ……을 알 것이다.	학생들은 ……을 할 수 있을 것이다.
스트랜드 1 소리가 만들어지는 방식 파동이 진동을 일으키는 방식 소리의 근원(악기, 동물, 문, 자동차, 바람, 입……) 음높이와 음량에 따른 소리 구별 용어: 진동, 파동 **스트랜드 2** 빛이 작동하는 방식 인공광 대 자연광 용어: 밝기, 인공광원, 자연광원 **스트랜드 3** 광선의 속성 빛의 이동 속성 미러링 용어: 투명, 반투명, 불투명, 반사 **스트랜드 4** 소리와 빛을 사용하여 의사소통하기 빛을 이용한 기술 빛을 이용한 공학 비상 소리 및 통신 용어: 의사소통, 공학자, 장치	**1-물리과학**4-1: 진동하는 물질은 소리를 낼 수 있고, 소리는 물질을 진동하게 만들 수 있다는 증거를 제시할 수 있도록 조사 계획을 세우고 수행하기 **1-물리과학**4-2: 물체는 빛이 있어야 볼 수 있다는 것을 증거에 비추어 설명할 수 있도록 관찰하기 **1-물리과학**4-3: 빛의 이동 경로에 서로 다른 물질로 만들어진 물체를 두었을 때의 영향을 밝히기 위한 조사 계획을 세우고 수행하기 **1-물리과학**4-4: 먼 거리의 의사소통 문제를 해결하기 위해 빛이나 소리를 사용하는 장치를 설계하고 제작하도록 도구와 재료를 사용하기 학년 수준에 적합한 듣기, 읽기, 보기를 통해 구두 발표, 문학 및 정보를 주는 텍스트로부터 의미를 구성하기 정보, 아이디어, 분석을 학년 수준에 적합한 글이나 말로 교환하고 동료, 청중 또는 독자의 의견이나 질문에 응답하기 학년 수준에 적합한 복합 문학, 정보를 제공하는 텍스트, 주제에 관해 말하고 쓰기 학년 수준에 적합한 말이나 글로 의견을 제시하고 추론과 증거로 이를 뒷받침하기 조사를 실시하고 평가하며 문제를 해결하거나 질문에 답할 수 있도록 결과를 공유하기 구두 발표, 문학, 정보를 주는 텍스트에서 단어와 구의 의미를 밝히기

주: 물리과학 기능(PS4 skills)은 차세대 과학 표준(NGSS)을 바탕으로 작성하였다.
몇몇 핵심 기능은 과정 교과의 "지식"과 일대일로 연관될 수 있다. 하지만 역사와 과학 같은 내용교과에서는 일대일로 연관될 가능성이 낮다.

단원명: 파동

학년: 1

시간	학습 활동	평가	맞춤형 수업 전략	자료
	1. 소리의 근원과 진동 -『듣는 산책(Listening walks)』 - 소리 그림이 있는 관찰 차트 - 다른 악기 그림 카드를 분류하고 비교하기 - 악기 만들기 - 소리 진동실	- 탐구 차트: 무엇을 알고 있나요? 무엇을 들었나요? - 그림 카드를 보여 주기. 학생들은 그것이 내는 소리를 쓰고, 진동하는 부분을 가리킨다.	- 교사의 도움을 받으며 짝 활동 - 그림 또는 단어를 사용하여 다른 소리를 기록할 수 있도록 소리 일지를 사용하기	『듣는 산책(Listening walks)』 폴 샤워즈(Paul Showers) 저 『소리란 무엇일까?(What is Sound)?』 샬롯 길랑(Charlotte Guillain) 저 『오스카와 박쥐: 소리에 대한 책(Oscar and the Bat: A book about Sound)』 제프 웨어링(Geoff Waring) 저 소리와 빛 카드
	2. 광원과 빛 탐구 - 아이패드를 사용하여 광원의 그림 콜라주 만들기 - 광원의 그림 카드를 분류하고 비교하기 - 광원별로 모둠을 만들고 왜 광원이 중요한지 포스터 만들기 - 핀 홀 상자와 밝기를 조사하기	- 인공광 또는 자연광으로 분류하고, 이름을 붙일 수 있도록 학생들에게 그림 카드를 주기	학생들은 자신이 이해한 것을 그림과 단어를 사용하여 나타낼 수 있다.	- 소리 장치를 만들 수 있도록 부모님께 요청하기: 튜브, 박스, 고무 밴드, 셰이커, 공예 막대, 캔 또는 병 - 핀 홀 상자 만들기 - 교실 주변을 탐구할 수 있도록 손전등과 다양한 재료를 사용하기
	3. 빛과 다양한 물질 탐구 - 손전등과 다양한 재료를 탐구하기 - 속성에 따라 다양한 재료를 분류하기 - 그림자를 탐구하고 비교하기	- 정확한 용어와 연결시킬 수 있도록 그림 카드 사용하기		끈과 컵 -『우리 주변의 모든 소리(Sound All Around)』 웬디 페퍼(Wendy Pfeffer) 저 -『소리: 크고, 부드럽고, 높고, 낮은(Sound: Loud, Soft, High and Low)』 나탈리 로진스키(Natalie Rosinsky) 저
	4. 빛과 소리로 의사소통하기 - 컵/끈 전화기 - 구급차	- 먼 거리 의사소통을 위해 사용할 수 있는 장치를 설계하고 만들기	- 교실 차트의 용어 옆에 붙일 수 있도록 그림 사용하기	

최종 단원 평가

단원명: 정말 우리는 파동으로 둘러싸여 있는가? 소리와 빛의 이해

학년: 1

무엇을 (단원의 초점):
학생들은 ……을 소통하기 위해 빛과 소리를 사용하는 구급차를 만들 것이다.

왜 (일반화):
소리와 빛 파동이 먼 거리의 의사소통을 돕는다는 것을 이해할 수 있도록…….

어떻게 (학생 참여형 시나리오):
여러분은 구급차 운전자입니다.
여러분은 빛과 소리를 사용해서 다른 운전자들과 의사소통할 수 있도록 구급차를 설계할 것입니다.
여러분이 다른 운전자들에게 말하고 싶은 것을 빛과 소리로 설계해야 합니다.
소리의 다른 크기, 높낮이, 빛을 사용하면 됩니다.
흰 종이에 색연필을 사용해서 구급차를 그려 보고, 여러분의 생각을 구체적으로 나타내 보세요.
여러분이 다른 운전자들에게 전달하고 싶은 것이 무엇인지 그리고 소리와 빛으로 어떻게 여러분의 메시지를 전달할 수 있는지, 여러분이 그린 구급차의 각 부분을 설명할 수 있도록 준비하세요.

채점 가이드

기본적인 평점 (Primary Grades)

기준 준거를 충족하고 초과함:

기준의 모든 준거를 충족하는 동시에……

4 예 학생들의 설계는 의사소통의 명확성을 높이는 데 창의적이고 혁신적이다; 학생들은 의사소통에 빛과 소리를 결합하였다.

3 기준

✓충족한다면

이해:

먼 거리의 의사소통이 가능한 설계이다. ☐

학생들은 빛과 소리 파동으로 어떻게 의사소통할 수 있는지, 빛과 소리 파동이 어떻게 작동하는지 설명할 수 있다. ☐

내용:

빛을 사용하여 의사소통하는 설계이다. ☐

소리를 사용하여 의사소통하는 설계이다. ☐

소리의 높낮이를 적용하였다. ☐

소리의 크기를 적용하였다. ☐

과정:

설계가 나오게 된 추론이 제시되어 있다. ☐

설계에 대한 의사소통이 명확하다. ☐

뛰어난 솜씨와 노력으로 구급차를 그렸다. ☐

2 기준의 준거 중 2/3를 충족함

1 채점할 수 없음; 아직 기준에 도달하지 못함

자료 D-3.3 단원 사례: 놀이로 언어 만들기

표현(유아)

학년:	유아
단원 번호:	
단원명 및 개념적 렌즈:	놀이로 언어 만들기: 표현
단원 (학습) 기간:	
개발자:	스위스 챔, 캐시 메이어(Kaccey Mayer) 스위스 취리히, 파멜라 오슬러(Pamela Ostler)

단원 개요:

아이들은 백 가지로 이루어져 있습니다.
아이들에게는 백 가지의 언어
백 가지의 손
백 가지의 사고
백 가지의 생각하는 방법
백 가지의 놀이 방법
백 가지의 말하는 방법이 있습니다…….

- 로리스 말라구치(Loris Malaguzzi)

우리는 놀이를 통해 배웁니다. 이 단원에서 우리 자신을 표현하는 방법, 우리 주변을 이해하고 반응하는 방법에 대해 알아볼 것입니다. 누군가를 보고 그 사람의 감정을 알아차릴 수 있나요? 자신의 감정을 표현하는 방법을 알고 있나요? 다른 사람들과의 갈등을 풀고 협력할 수 있나요? 이제 우리는 이 모든 질문에 대한 답을 얻을 것입니다!

이 단원에서 다룰 성취기준 또는 국가 교육과정:

국제 바칼로레아 초등 교육 프로그램(IB PYP)의 범위와 계열

개인, 사회, 신체교육(PSPE) – 상호작용 – 1단계
- 자신의 행동이 다른 사람들에게 언제 영향을 주는지 알아보기
- 자신이나 다른 사람들이 필요할 때 도움을 요청하기
- 적절한 방식으로 자신의 생각과 감정을 공유하기
- 다른 사람들과의 상호작용, 놀이, 교류를 즐기기

개인, 사회, 신체교육 – 상호작용 – 2단계
- 각자의 행동이 서로에게 그리고 환경에 주는 영향을 이해하기
- 갈등 상황에서 어른에게 도움을 요청하기
- 모둠에서 역할에 대한 책임을 지기
- 질문하고 궁금함을 표현하기
- 모둠 내 상호작용을 위한 목표를 논의하고 설정하기

시각 언어 – 관찰과 표현 – 1단계
- 가리키기, 몸짓, 얼굴 표정과 같은 신체언어를 사용하여 의사소통하고, 자신의 이해를 전달하기
- 친숙한 사회적 환경에서 친구 및 어른과 효과적으로 상호작용하기
- 간단한 질문을 이해하고 행동이나 말로 응답하기
- 한 문장의 단어 순서가 다른 문장에서는 바뀔 수 있음을 알기
- 문법을 인식하는 과정에서 자신만의 문법을 사용하기

시각 언어 – 관찰과 표현 – 2단계
- 마임과 역할극에서 자신의 생각과 감정을 시각적으로 전달하기 위해 신체언어를 사용하기
- 자신의 요구를 전달하고 감정과 의견을 표현하기 위해 언어를 사용하기
- 정보를 얻기 위해 질문하고 자신 혹은 친구들의 질문에 응답하기
- 교실 활동, 대화, 상상 놀이를 하는 동안 의견을 전달하기 위해 구두 언어 사용하기

언어 이해하기

어휘/새로운 단어
적극적인 듣기
시각적 단서
대화 주고받기
모둠 내 역할
갈등 해결 기법
질의 응답 기법

언어에 반응하기

적극적인 듣기
신체언어
몸짓
눈 맞춤
협력
언어적, 비언어적 의사소통
대화 주고받기

단원명

놀이로 언어 만들기

언어 생성하기

억양
명료성
어휘/새로운 단어
문장 구조
대화 전략-끼어들기

언어 비평하기

목소리-분위기와 톤
억양
신체언어
시각적 단서

단원명: 놀이로 언어 만들기

개념적 렌즈: 표현 학년: 유아 (EY)

일반화	안내 질문: 사 = 사실적; 개 = 개념적; 논 = 논쟁적
1 – 행동, 목소리의 톤, 단어는 우리의 감정과 생각을 표현한다.	1 a. 감정이란 무엇일까요? (사) 1 b. 여러분은 언제 매우 행복하거나 가장 슬픈가요? (사) 1 c. 다른 목소리 톤의 예로는 어떤 것이 있을까요? (사) 1 d. 목소리 톤으로 XXX의 기분이 어떨 것이라 생각하나요? 그의 행동으로는? (사) 1 e. 감정과 생각을 어떻게 표현할 수 있나요? (개) 1 f. 우리의 감정은 언어, 행동과 어떻게 연관되어 있나요? (개) 1 g. 우리는 왜 목소리 톤을 알아야 할까요? (개) 1 h. 내 목소리의 톤이 하나 이상의 감정을 보여 줄 수 있을까요? (논)
2 – 협력은 우리를 함께 일하게 하고 갈등을 해결하게 돕는다. (언어 이해, 언어에 반응, 언어 생성)	2 a. 우리는 어떻게 협력하나요? (사) 2 b. 모둠 활동이란 무엇일까요? (사) 2 c. 어떻게 도움을 요청할 수 있을까요? (사) 2 d. 도움이 필요하다면 여러분은 누구에게 갈 수 있을까요? (사) 2 e. 협력이 어떻게 우리의 활동을 더 좋게 만들 수 있을까요? (개) 2 f. 대화를 주고받는 것은 어떻게 우리를 협력하도록 도울까요? (개) 2 g. 여러분 스스로 갈등을 해결할 수 있는 방법은 무엇일까요? (개)
3 – 질문과 대답은 우리가 새로운 정보를 알게 하고 이해하도록 돕는다. (언어 이해, 언어에 반응)	3 a. 질문이란 무엇일까요? (사) 3 b. 대답이란 무엇일까요? (사) 3 c. 모든 질문이 같은가요? 오늘 여러분이 했던 질문의 예를 보여 줄 수 있나요? (사) 3 d. 질문을 하면 새로운 정보를 찾는 데 어떻게 도움이 될까요? (개) 3 e. 왜 우리의 질문에 대한 답을 들어야 하나요? (개) 3 f. 우리에게 주어진 대답은 새로운 것을 배우는 데 어떻게 도움을 줄 수 있을까요? (개)

일반화	안내 질문: 사 = 사실적; 개 = 개념적; 논 = 논쟁적
4 – 신체 언어는 우리의 감정을 표현한다. **(언어 생성, 언어에 반응)**	4 a. 우리의 몸으로 어떻게 듣나요? 적극적인 듣기란 무엇일까요? (사) 4 b. 신체언어란 무엇일까요? (사) 4 c. 분위기는 신체언어에 어떤 영향을 주나요? (개) 4 d. 적극적인 듣기는 서로를 이해하는 데 어떻게 도움이 될까요? 한 사람 이상이 말할 때 우리는 서로의 말을 들을 수 있나요? (개) 4 e. 몸짓만 사용해서 여러분의 감정을 표현할 수 있나요? (개) 4 f. 열린 몸짓과 닫힌 몸짓의 차이는 무엇일까요? (사)
5 – 단어의 순서는 우리의 메시지를 형성한다. (언어 생성)	5 a. 문장이란 무엇일까요? (사) 5 b. 메시지란 무엇일까요? (사) 5 c. 의문문이란 무엇일까요? (사) 5 d. 평서문이란 무엇일까요? (사) 5 e. 단어의 순서를 바꾸는 것은 여러분이 전달하려는 메시지의 의미를 바꿀까요? (개) 그렇다면 왜 그럴까요? 그렇지 않다면 왜 그렇지 않을까요? 예를 들어줄 수 있나요? (사)

중요한 내용과 핵심 기능

스트랜드별 중요한 내용	핵심 기능
학생들은 ……을 알 것이다. 언어 이해하기 • 모둠 내 역할 • 갈등 해결 기법 • 질의 응답 기법	학생들은 ……을 할 수 있을 것이다. 언어 이해하기 • 서로에게 배우기 위하여 질문하기 • 갈등 상황에서 어른에게 도움 구하기 • 모둠에서 역할에 대한 책임지기
언어에 반응하기 • 적극적인 듣기의 요소 • 대화 주고받기 기법 • 처음에 사람들과의 대화에 참여하는 기법 • 언어적, 비언어적 의사소통	언어에 반응하기 • 의사소통하고 자신의 아이디어를 표현하기 위해 몸짓, 행동, 신체언어, 단어를 사용하기 • 친숙한 사회적 환경에서 친구 및 어른과 효과적으로 상호작용하기 • 교실의 규칙과 절차에 따르기 • 맥락 속 단서를 사용하기 • 다른 사람을 존중하며 경청하기
언어 비평하기 • 톤 변화 • 각각 다른 분위기 • 각각 다른 청중 • 감정의 이름	언어 비평하기 • (언어적/비언어적) 행동이 다른 사람들에게 언제 영향을 주는지 알기 • 분위기와 톤을 인식함으로써 메시지의 의미를 알기
언어 생성하기 • 문장의 요소 • 문법 규칙 • 단어 순서 • 발표의 명료성	언어 생성하기 • 한 문장의 단어 순서가 다른 문장에서 바뀔 수 있음을 알기 • 문법에 대한 배움을 발전시키는 과정으로써 자신만의 문법 형식을 사용하기 • 언어의 소리가 생각과 사물을 상징적으로 표현한다는 것을 알기

시간	학습 활동	평가	맞춤형 수업 전략	자료
도입	우리가 놀이를 할 때…… 선행지식 확인하기 수업 약속을 정하기 (일반화#1 & 2)	학생들이 이미 이해하고 있는 선행지식 평가	갈등 사례를 제시할 수 있음	
단계의 시작	제스처 게임: 내 얼굴이나 몸짓을 읽어 보세요. 단어를 사용하지 않고 내 감정이나 생각을 표현할 수 있나요? (일반화#4)	사진: 사진 속의 내 모습으로 감정이나 생각을 찾기	어려워하거나 다른 게임 방법 제안을 요청한 학생을 모델로 삼기	
단원 전체	비언어 협력 게임 (일반화#2 & 4) 1. 거울: 짝의 움직임을 관찰하고 거울처럼 짝의 움직임을 (말하지 않고) 똑같이 따라하기	게임에서의 성공과 비언어적 의사소통의 중요성을 논의하기 위한 관찰 및 모둠 성찰	가능하면 나이든 친구와 짝을 짓기. EAL[1] 학생이 지시사항을 이해할 수 있도록 게임을 보여 주기	
	2. 앉기: 모둠이 의자에 동시에 앉을 수 있도록 함께하는 게임. 학생들은 말로 의사소통을 할 수 없으며, 몸짓이나 눈 맞춤을 해서도 안 된다. 학생들은 게임에서 이기기 위해 협력하기 위한 절묘한 단서를 봄으로써 배운다.	게임에서의 성공과 비언어적 의사소통의 중요성을 논의하기 위한 관찰 및 모둠 성찰	게임을 끝내는 데는 몇 번, 심지어 며칠이 걸릴 수 있음. 만약 학생들이 정말 어려워한다면 몇 가지 전략을 보여 줄 수 있음	타이머 원형으로 놓은 학생들이 앉을 수 있는 의자
	3. 루피 후프: 학생들이 손을 잡고 원에 있는 훌라후프를 통과한다.	게임에서의 성공과 비언어적 의사소통의 중요성을 논의하기 위한 관찰 및 모둠 성찰		훌라후프

1) 역자 주: English as an Additional Language Student (영어를 모국어로 하지 않는 학생).

시간	학습 활동	평가	맞춤형 수업 전략	자료
단원 전체	갈등 해결과 의사 결정 게임 1) 묵찌빠: 결정을 내리거나 갈등을 해결할 수 있는 도구로 학생들은 이 게임을 하는 방법을 배운다. (일반화#2)	교사들은 학생들이 짝으로 또는 더 큰 모둠으로 어떻게 이 게임을 하는지 관찰하게 될 것이다. 전략 개발, 의사결정 혹은 문제 해결을 위한 도구로 이 게임을 사용하는지 여부	학생들이 갈등을 해결하는 데 도움이 되는 다른 방법을 생각할 수 있는지 확인하기	
단원의 시작	문제 해결 단계 - 문제 확인하기 가능한 해결책 (일반화#2 & 3) 선택의 바퀴 (다음에 제시된 활동) 해결책 선택하기 행동하기	학생들이 이미 가지고 있는 전략은 무엇인가?		
	수스 박사(Dr. Seuss)의 『잭스(The Zax)』 듣기. 학생들에게 문제가 무엇인지 질문하기. 해결책이 있는가? 가능한 해결책은 무엇인가? 우리의 해결책이 잭스에게 도움이 되었는지 살펴볼까? 학생들과 이야기를 재연해 보고, 문제를 해결하기 위해 해결책을 사용하고, 신체언어와 목소리 톤을 기록하기	나는 ……을 알아차렸다. 학생들은 재연을 하는 동안 자신이 알게 된 목소리 톤과 신체언어에 대해 열거한다.	갈등 해결에 어려움을 겪는 학생들과 함께 소그룹 또는 일대일로 학습하기	『잭스(The Zax)』 수스 박사(Dr. Seuss) 저

시간	학습 활동	평가	맞춤형 수업 전략	자료
단원의 시작	선택의 바퀴: 갈등을 해결할 때 학생들이 사용하는 시각자료 (일반화#2 & 3)	학생들이 문제를 해결할 때 도움을 주기 위해 이것을 사용하는지 관찰하기 놀이 속에서 학생들이 언어를 사용하는 것을 볼 수 있는가?	해결책을 선택하는 데 어려움을 겪을 수 있는 학생들을 위한 개인적인 사례를 만들기 자신의 그림을 만들어 개별화하거나 다양한 선택사항을 보여 주는 사진을 사용하기	학생들이 사용할 수 있는 전략에 대한 답변을 기록할 수 있는 큰 종이
	감정 샌드위치: 우리는 항상 곧장 화를 내는가? 당신을 화나게 하는 것은 무엇인가? 만약 화가 샌드위치의 빵이라면, 화를 내기까지 우리 안에는 무슨 일이 일어났던 것일까? (일반화#1)	학생들은 자신의 화를 설명하거나, 자신이 어떻게 화가 나게 되었는지 설명하는 데 필요한 어휘를 알고 있는가?	감정을 탐색하기. 화는 다른 감정으로부터 만들어지는 유일한 감정일까?	샌드위치를 위한 판지, 각각 다른 감정이 어떻게 우리의 화를 만들어 내는지 보여 줄 수 있는 다른 재료들
단원 중	이야기 읽기: 『비가 내렸어요(The Rain Came Down)』 데이비드 섀넌(David Shannon) 저		한 번 더 이야기를 들을 필요가 있는 학생들을 위해 다시 읽기	책: 『비가 내렸어요(The Rain Came Down)』 데이비드 섀넌(David Shannon) 저
	그림 힌트를 사용해서 이야기를 다시 말하는 소그룹 활동하기 이야기에서 갈등의 원인을 찾고 이야기의 등장인물이 어떻게 갈등을 해결했는지 파악하는 전체 그룹 토의하기 (일반화#2)	학생들은 그림 카드를 사용하여 순서에 따라 이야기를 다시 말할 수 있는가? 학생들이 이야기에서 도출한 주제와 개념은 무엇인가?	듣기 센터에 이야기를 준비해 두기 잘하는 학생과 도움이 필요한 학생을 한 그룹으로 만들기	각 그룹별 그림 프롬프트 카드 큰 종이와 마커

시간	학습 활동	평가	맞춤형 수업 전략	자료
단원 중	나-메시지 (자신이 어떻게 느끼는지 전달하도록 돕는 나-진술을 사용하는 방법을 배우는 활동): 인형을 사용하여 각각 다른 사례를 역할극하기 (일반화#1 & 3)	짝 활동으로 나-메시지를 모델링한 후 관찰과 성찰하기	나이가 많은 학생과 적은 학생을 짝으로 하기 EAL 학생에게 어휘 제공하기	나-메시지 차트
단원 전체	스토리텔링, 인형극, 생동적인 연극 등을 통해 다양한 방식으로 이야기를 제시하기. 이야기를 통해 인물의 역할과 표현(단어와 신체언어)을 이해하기 (일반화#3)	이야기와 관련된 학생들의 응답	학생 자신에게 친숙한 상황, 또는 이야기에 대해 자신만의 이야기나 역할극을 만들기	『이봐, 꼬마 개미(Hey, Little Ant)』 한나 후스(Hannah Hoose) 저
단원 전체 – 최종 과제에 이르기까지	단계 설정: 문제 해결 기법을 사용하여 다툼 해결을 위한 시나리오와 전략을 제시하기 (일반화#2 & 3)	상황에 대한 제안을 통해 말하기 상황 파악하기: 문제는 무엇이었나요? 문제를 해결하기 위해 우리는 어떤 방법을 택할 수 있을까요?	학생들에게 특정 상황 속 역할을 맡게 하기 학생들이 제안한 것은 무엇인가?	https://www.kidsmatter.edu.au/families/about-friendship/resolving-conflict/resolving-conflict-how-children-can-learn-resolve
단원 전체	문장 학습: 1) 문장이란 무엇인가? 학생들은 짧은 문장에서 각각의 단어를 나타내도록 색깔 블록을 사용한다. 2) 문장이 끝날 때마다 아이들에게 박수를 치거나 바닥을 두드리거나 손가락으로 딸깍 소리를 내라고 한다.	활동 중 관찰 및 성찰 학생들이 놀이를 하는 동안 교사는 관찰을 통해 학생들이 문장 완성을 아는지 평가할 수 있다.	나이가 많은 학생과 적은 학생을 짝으로 하기 EAL 학생에게 어휘 제공하기 도움이 필요할 수 있는 학생들을 위해 게임을 보여주기	색깔이 있는 나무 블록 문장을 개별 단어로 나누기

시간	학습 활동	평가	맞춤형 수업 전략	자료
단원 전체	3) 내 문장 완성하기: 짝과 함께 학생들은 문장을 시작할 것이며, 짝에게 문장을 완성하게 한 다음, 완성하면 박수를 치거나 바닥을 두드리거나 손가락으로 소리를 낸다.	게임을 하는 동안, 교사는 학생들이 문장과 평서문의 차이를 이해하는지 곧바로 짐작할 수 있다.	나이가 많은 학생과 적은 학생을 짝으로 하기 EAL 학생에게 어휘 제공하기 교사는 EAL 학생에게 그림으로 된 어휘 카드를 주거나 조금 전 함께 읽은 책의 문장을 사용하기	
	4) 의문문인가요? 이것은 학생들이 선생님과 하는 게임이다. 소그룹의 학생들은 물음표가 붙은 공예 막대를 가지고 있다. 학생들이 문장을 의문문으로 알아내면, 물음표를 든다. 연습을 한 후, 학생들은 의문문과 평서문의 예를 구별하기 위해 협력할 수 있다.	이 게임은 소그룹과 교사가 함께 하는 게임이기 때문에 교사는 학생들이 함께 만든 문장을 종이에 기록하는 것뿐만 아니라 관찰할 수 있다.		공예 막대에 물음표를 붙인 것 한 소그룹 수업의 학생당 한 개
	5) 누가, 무엇을, 어디에서, 언제: 학생들은 원형으로 앉아서 '누가, 무엇을, 어디에서, 언제'가 적힌 비치볼로 문장을 구성하는 요소를 얻을 때까지 공을 굴린다. 만약 학생이 공을 굴렸는데 이미 교사가 적어둔 범주가 선택된다면, 공을 다음 학생에게 넘긴다. 게임을 하는 동안, 학생들은 문장을 완성할 때까지 각 문장의 요소를 반복한다. (일반화#5)		나이가 많은 학생과 적은 학생을 짝으로 하기 EAL 학생에게 어휘 제공하기	'누가, 무엇을, 어디에서, 언제'를 쓴 비치볼이나 큰 주사위 큰 종이나 탁상용 화이트보드, 마커

주의: 유아에게는 교실 환경이 중요한 역할을 한다는 점에 유의해야 한다. 교사는 학습 활동에 대한 이해를 높이기 위해 환경을 사용한다. 이것의 예로 역할극 구역이 있다. 이곳은 학생들이 읽었거나 들은 이야기 또는 교실에서 일어난 상황을 반영한 시나리오에 참여할 수 있는 장소이다.

유아를 가르치는 교사는 항상 학생 및 수업 관찰을 한다. 글, 사진, 또는 영상 관찰은 학생들의 이해를 평가하는 데 사용된다. 이는 학습 활동으로부터의 증거와 함께 사용할 수 있는 유용한 도구가 될 것이다.

최종 단원 평가

무엇을 (단원의 초점): 놀이를 통해 언어 구성을 조사하기
왜 (일반화): 행동, 목소리 톤, 단어는 우리의 감정과 생각을 표현한다.
어떻게 (학생 참여형 시나리오): 여러분은 청중입니다. 이 역할극을 보고 듣는 동안, 목소리 톤이 어떻게 배우의 감정을 표현하는지 생각해 보세요. 배우의 행동은 어떤가요? 여러분은 배우의 감정이 어떠하다고 생각하나요? 배우의 어떤 행동, 몸짓, 단서로 그렇게 생각했나요? 이제 여러분이 직접 배우가 되어 볼 겁니다. 소그룹으로, 상황에 적절하고 적절하지 않은 단어, 목소리 톤, 행동에 초점을 두며 여러분에게 주어진 이야기를 연기해 봅시다. 모둠으로 각각 다른 행동과 목소리 톤, 단어가 표현되는 감정과 메시지를 어떻게 변화시켰는지 성찰해 봅시다. (선생님은 이것을 기록할 것입니다.) 다른 행동, 목소리 또는 단어가 여러분이 느끼는 방식을 어떻게 바꾸었는지 제시할 수 있나요? 행동, 목소리 톤, 단어가 우리의 생각과 감정을 표현하는 방식에 대해 여러분이 이해한 것을 설명하는 포토 리플렉션을 선생님과 일대일로 할 것입니다. 왜 우리의 목소리 톤을 알아야 할까요?

채점 가이드

기본적인 평점 (Primary Grades)

4 기준의 모든 준거를 충족하는 동시에……

예

각각 다른 목소리 톤과 그들이 전달하는 감정에 대해 자세히 설명함.

목소리 톤과 감정을 명확하고 상세히 이해함.

점수		기준	✓충족한다면
3	기준	**이해:**	
		행동, 목소리 톤, 단어가 우리의 감정과 생각을 표현하는 방법에 대한 철저한 설명	☐
		내용:	
		제스처, 단서와 같은 행동의 예를 통해 표현되는 감정을 구별할 수 있음	☐
		각각 다른 상황에서의 다른 목소리 톤 사례를 보여 줌	☐
		목소리 톤이 어떻게 감정과 메시지를 변화시키는지 설명함	☐
		역할극, 포토 리플렉션을 통해서 이해를 관련지음	☐
		과정:	
		명확한 표현	☐
		적절한 억양, 톤, 분위기를 알고 사용함	☐
		적절한 단어를 선택하고 사용함	☐

2 기준의 준거 중 5/8를 충족함

1 채점할 수 없음; 아직 기준에 도달하지 못함

수업 자료

협력 게임

1. 거울

학생들을 짝 지어 준다. 두 라운드를 할 것이라고 설명한다. 각 라운드에서 한 사람은 리더가 되고, 한 사람은 모방자가 된다. 첫 라운드의 리더를 선택하게 한다. 리더는 60초 동안 천천히 그리고 신중히 움직여야만 하며, 모방자는 거울 속에 있는 리더의 모습인 것처럼 리더의 동작을 따라해야 한다고 설명한다. 리더는 표정을 짓고, 팔이나 다리를 흔들고, 좌우로 돌고, 한발로 서고, 신발 끈을 다시 묶거나 자신이 상상할 수 있는 모든 것(온당한 범위 내에서)을 할 수 있다. 이 활동은 조용히 이루어져야 하며, 리더는 천천히 그리고 부드럽게 움직여야만 "거울의 모습"이 똑같이 움직일 수 있다. 60초 후 리더와 모방자의 역할을 바꾸게 한다.

변형

학생 각각에게 리더와 모방자 역할을 맡을 기회를 준 후, 그룹에게 어느 누구도 리더를 하지 않는 시간을 조금 준다.

2. 루피 후프

아이들이 손을 잡고 동그랗게 서 있게 한다. 두 아이에게 잠시 손을 놓으라고 한 뒤, 두 아이 사이에 훌라후프 또는 고리 모양의 줄을 둔다. 두 아이가 손을 다시 잡을 때, 후프는 아이들 사이에 매달려 팔에 걸릴 것이다. 아이들에게 지금부터 누구도 손을 놓을 수 없다고 말한다. 이 게임의 목표는 원 주위로 후프를 통과하는 것이라고 설명한다. 아이들 각각은 자신의 머리 위로 고리를 만들고, 어쩌면 원에 있는 다른 친구들의 도움을 받아 단계를 밟아 나갈 것이다. 이와 같은 방법으로 후프를 성공적으로 통과한 후에 다른 방향으로 놀이를 계속 할 수 있다.

갈등 해결 또는 의사 결정 게임

1. 묵찌빠

게임 참가자들은 한 손을 주먹 쥐고 들어 올리거나 흔들면서 3까지 소리 내어 센다. 4를 셀 때 게임 참가자들은 묵, 찌, 빠 중의 하나로 손 모양을 바꾸며 상대방 쪽으로 손을 낸다.

활동

나 전달법:

이 활동은 아이들이 자신과 타인의 감정을 인식하는 기술을 배우는 데 도움이 된다. 이는 나-메시지를 사용하여 할 수 있다. 아이들에게 이 활동은 "네가 나와 놀지 않으면 나는 슬퍼."와 같은 문장으로 시작할 수 있다. 이와 같은 활동은 감정을 확인하는 데 도움이 되며, 다른 사람들을 비난하는 것을 멈추게 한다. 이는 또한 가능한 해결책을 시작해 보거나 논의하기 전, 갈등에 대해 철저히 논의하도록 안내할 것이다.

이야기 —『비가 내렸어요(The Rain Came Down)』 데이비드 섀넌(David Shannon) 저

이 이야기는 학생들이 자신을 둘러싼 주변 환경을 인식하고, 자신이 누군가의 감정과 행동에 영향을 줄 수 있음을 학습하도록 돕는다.

어휘: 이야기를 읽기 전에 다루어야 할 단어는 '투덜거리다, 울부짖는, 우물쭈물하는, 미용실, 이발소, 언쟁, 소동'이다.

도입: 읽기 전 질문

- "표지를 보고, 이야기 주인공의 감정은 어떠한지 말해 봅시다."
- "이런 방식으로 행동하게 된 이유는 무엇일까요?"
- "비 올 때 여러분의 기분은 어떤가요?"
- "맑을 때 여러분의 기분은 어떤가요?"

읽기 중 질문

- “행동을 나타내는 단어는 무엇인가요?”
- “이야기 전체에서 일어난 소동은 무엇 때문인가요?”
- “이야기의 끝은 어떻게 변할까요?”
- “비가 더 심하게 내리거나 멈춘다면 어떻게 될까요?”

자료 D-3.4 단원 사례: 영어

학년: 7학년 단원 번호: 3

단원명: 그들의 눈으로 보고, 그들의 마음으로 느껴라

개념적 렌즈: 관점 단원(학습) 기간: 9주

개발자: 워싱턴, 벌링턴-에디슨 학교구, 베이뷰 학교 7~8학년 언어 교사, 티파니 브라운 (Tiffanee Brown)

단원 개요:

"당신이 그 사람의 관점에서 무엇을 이해하기 전까지는, 그 사람 속으로 들어가 그 속을 속속들이 알기 전까지는, 결코 그 사람을 진정으로 알지 못한다."

하퍼 리(Harper Lee) 『앵무새 죽이기』

다른 사람의 눈을 통해 세상이 어떻게 생겼는지 생각해 본 적 있나요? 또는 만약 여러분이 다른 도시, 다른 국가에서 태어났다면 당신의 삶은 어떻게 달라졌을지 생각해 본 적 있나요? 다른 생활환경이 주어진다면 다른 사람으로 살아보고 싶나요?

이 단원에서는 이야기, 시, 개인 에세이, 정보를 주는 글을 읽고 토론함으로써 관점과 동정심(compassion)의 관계에 대해 탐구할 것입니다. 우리는 작가의 기법을 깊이 파고들고 작가의 아이디어를 독자에게 전달하는 글쓰기 방법을 조사하기 위해 짧은 탐구를 수행할 것입니다. 이는 또한 우리가 타인의 관점을 이해하는 것이 중요한 문제에 관한 우리의 신념, 행동, 이해에 어떤 영향을 주는지 아는 데 도움이 될 것입니다. 여러분은 독자에게 다양한 관점으로 바라보는 실생활 문제에 대해 알려 주는 의미 있는 이야기를 글쓰기 팀에서 만들 것입니다. 독자로 하여금 여러분이 만들어 낸 인물이 되어서 세상을 바라볼 수 있도록 효과적인 글쓰기에 관해 여러분이 발견한 모든 것을 사용할 것입니다. 우리의 탐구는 글쓰기 팀에서 창작한 책을 읽는 발간회로 마무리될 것입니다.

<u>단원에서 사용할 테크놀로지</u>:
- 문서 작성기
- 구글 문서를 통한 디지털 협업

<u>이 단원에서 다룰 성취기준 또는 국가 교육과정</u>:
이 단원은 교차 점검되었으며, 국가공통핵심기준(CCSS)에 부합한다.

단원명: 그들의 눈으로 보고, 그들의 마음으로 느끼라

개념적 렌즈: 관점 학년: 7학년

텍스트 이해하기

- 관점
- 동정심/공감
- 추론
- 증거
- 정교화
- 내러티브 요소: 인물, 배경, 플롯, 대립, 해결, 주제
- 중심 생각
- 텍스트 구조: 전통적 내러티브, 장면(vignette), 시, 정보를 주는 글
- 비유 언어
- 감각적 세부 사항
- 이야기 맥락

텍스트에 반응하기

- 연결
- 성찰
- 해석
- 논의

그들의 눈으로 보고,
그들의 마음으로 느끼라

텍스트 비평하기

- 의미의 텍스트 구조
- 작가의 관점
- 주제에 대한 해석
- 작가의 기법
- 서술적 세부 사항, 감각적 세부 사항, 정확한 언어를 포함한 단어 선택
- 다양한 매체에서 제시된 아이디어의 영향
- 실제성(시대 및 배경)

텍스트 생성하기

- 논쟁
- 주장, 증거, 정교화
- 관점, 배경, 인물, 대립과 해결, 플롯을 개발하기 위한 내러티브 기법들
- 문학적 도구와 비유 언어
- 글쓰기 과정

학년: 7　　단원명: 그들의 눈으로 보고, 그들의 마음으로 느끼라

일반화	안내 질문: 사 = 사실적; 개 = 개념적; 논 = 논쟁적
1. 다른 사람들의 관점을 고려하는 것은 동정심과 이해를 만든다. (텍스트 이해, 텍스트 반응, 텍스트 생성)	1a. 관점이란 무엇인가? (사) 1b. ________ (인물)은 그/그녀를 알기 전에 ________ (인물)에 대해 개인적으로 어떻게 느꼈는가? (사) 1c. 관점과 동정심은 어떤 관계인가? (개) 1d. 우리는 왜 다른 사람의 관점을 고려해야 하는가? (개) 1e. 우리가 다른 사람의 관점에 대해 생각하지 않는다면 세상은 어떻게 될까? (논)
2. 다른 관점은 유사한 주제, 아이디어, 사건에 대한 다양한 표현과 해석을 이끈다. (텍스트 이해, 텍스트 반응, 텍스트 비평)	2a. 동일한 주제나 아이디어에 대해서 사람들은 왜 다른 방식으로 해석하는가? (개) 2b. 이야기를 읽을 때, 여러분은 인물이 사건을 해석하고 느끼는 방식을 어떻게 알 수 있는가? (개) 2c. ________ (인물)이 ________ (인물)과 다른 방식으로 이야기 속 사건을 해석한다면, 여러분은 이를 어떻게 알 수 있는가? 이 해석에서 그들의 관점은 어떤 역할을 하는가? (사) 2d. 다른 사람의 눈을 통해 경험을 보는 것은 주제를 이해하는데 어떻게 도움이 되는가? (개) 2e. 무엇이 관점을 신뢰할 수 있게 만드는가? (개) 2f. 한 관점이 다른 관점보다 더 좋은 것으로 평가될 수 있는가? 설명하시오. (논)
3. 이야기의 배경은 인물의 관점과 행동을 형성한다. (텍스트 이해)	3a. 작가는 이야기의 배경을 어떻게 개발하는가? (사) 3b. 이야기 ________의 시대는 무엇인가? (사) 3c. 이야기의 배경(장소 및 시대)은 인물의 생각, 신념, 행동에 어떤 영향을 주는가? (개) 3d. 이야기의 배경 및 시대에 대한 배경지식은 독자가 이야기를 해석하는 데 어떤 영향을 주는가? (개) 3e. 우리가 "어디에" 있는 것이 어떤 사람이 되는 데 영향을 주는가? 환경은 우리의 생각, 신념, 행동에 어떤 영향을 주는가? (개) 3f. 만약 여러분이 다른 곳에 살았다면 다른 사람이 되어 있을까? (논)

4. 작가는 복잡한 이야기를 만들기 위해 경험, 사건, 그리고/또는 인물을 개발하기 위해 대화, 완급, 서술과 같은 내러티브 기법을 사용한다. (텍스트 이해, 텍스트 생성)	4a. 13개 관점을 다룬 이야기는 전통적인 이야기와 어떻게 다른가? (사) 4b. 작가는 이야기 속에서 시간의 진행을 어떻게 나타내는가? (사) 4c. 작가는 어떻게 인물들이 독특한 목소리를 내도록 하는가? (사) 4d. 작가는 이야기나 시에서 관점을 어떻게 발전시키는가? 어떤 증거가 여러분을 이러한 결론으로 이끌었는가? (개) 4e. 이야기의 구성 요소들은 어떻게 상호작용하는가? 만약 한 요소가 변경되면 이야기는 어떻게 될까? (개)
5. 정확한 단어와 감각적인 언어는 행동을 포착하며, 독자에게 경험을 전달한다. (텍스트 이해, 텍스트 반응, 텍스트 생성)	5a. 정확한 단어란 무엇인가? (사) 5b. 감각적인 세부 사항이란 무엇인가? (사) 5c. 단어 선택은 왜 중요할까? (개) 5d. 작가는 몇몇 단어만을 사용해서 삶의 경험에 대한 감정, 아이디어, 세부 사항을 어떻게 전달하는가? 가장 큰 영향을 미치는 세부 사항은 무엇인가? (개) 5e. 정확한 단어와 감각적인 세부 사항이 어떻게 독자를 끌어들이고 참여하게 하는가? (개)
6. 이야기의 주제는 독자가 자신의 관점을 넓힐 수 있도록 생각해 보게 하는 삶에 대한 메시지를 드러낸다. (텍스트 이해, 텍스트 생성)	6a. 주제란 무엇인가? (사) 6b. 저자는 텍스트의 주제를 어떻게 만드는가? (개) 6c. 이 저자는 이야기나 시의 주제를 어떻게 발전시켰는가? (사) 6d. 독자는 텍스트의 주제를 이해하기 위해 어떤 전략을 사용하는가? (사) 6e. 무엇이 독자를 텍스트의 주제와 연결시키는가? (개) 6f. 무엇이 이야기를 오랫동안 지속하게 만드는가? (논)
7. 본문의 증거로 추론을 뒷받침하는 것은 분석의 신뢰성을 강화한다. (텍스트 이해, 텍스트 비평, 텍스트 생성)	7a. 이야기나 시에 대한 나의 해석을 공유할 때, 왜 증거가 필요한가? (개) 7b. 내 증거를 더욱 효과적으로 만드는 방법은 무엇인가? (사) 7c. 내 글에서 분석을 심화시킬 수 있는 전략에 무엇이 있는가? (사) 7d. 독자가 이야기 분석을 뒷받침하기 위해 증거를 사용하지 않는다면 어떻게 될까? (개)

注: 일반화는 과정의 모든 차원을 집합적으로 보여 줄 수 있도록 각각 다른 스트랜드(텍스트 이해하기, 텍스트에 반응하기, 텍스트 비평하기, 텍스트 생성하기)로 부호화되어 있다.

중요한 내용과 핵심 기능

스트랜드별 중요한 내용

학생들은 ……을 알 것이다.

텍스트 이해하기
- 관점, 텍스트에서 관점의 역할
- 관점이 의견에 주는 영향
- 텍스트 구조: 전통적 내러티브, 장면(vignette), 정보, 시
- 내러티브 요소: 인물, 배경, 플롯, 대립, 해결, 주제, 이야기를 전개시키기 위해 내러티브 요소가 상호작용하는 방법
- 동정심의 의미
- 증거로 추론을 뒷받침하는 것의 중요성
- 주제의 의미, 작가가 주제를 만드는 방법
- 의미 구축에 있어서 비유 언어와 감각적인 세부 사항의 역할

텍스트에 반응하기
- 독자는 텍스트와 관계를 맺는다.
- 성찰을 위한 전략
- 협력적 논의를 위한 전략

텍스트 비평하기
- 텍스트 구조가 의미에 주는 영향
- 주제에 대한 작가의 관점과 해석
- 작가 기법의 의미
- 서술적 세부 사항, 감각적 세부 사항, 정확한 언어를 포함한 의도적인 언어 선택의 영향
- 다양한 매체에서 제시된 아이디어의 영향

텍스트 생성하기
- 논쟁을 뒷받침하는 주장, 증거, 정교화의 역할
- 관점, 배경, 인물, 대립과 해결, 플롯을 개발하기 위한 내러티브 기법

핵심 기능

학생들은 ……을 할 수 있을 것이다.

텍스트 이해하기

국가공통핵심기준. 영어-문해. 읽기:문학.7.1
텍스트가 명시적으로 언급하고 있는 내용뿐만 아니라 텍스트에서 도출한 추론의 분석을 뒷받침할 수 있도록 본문의 증거를 인용하기

국가공통핵심기준. 영어-문해. 읽기:문학.7.2
텍스트의 주제 또는 중심 생각을 밝히고 텍스트의 과정에서 나타나는 주제 또는 중심 생각의 발전을 분석하기; 텍스트를 객관적으로 요약하여 제시하기

국가공통핵심기준. 영어-문해. 읽기:문학.7.3
이야기 또는 드라마의 특정 요소가 어떻게 상호작용하는지 분석하기(예: 배경이 인물이나 플롯을 형성하는 방법)

국가공통핵심기준. 영어-문해. 읽기:문학.7.4
비유적 의미와 함축적 의미를 포함하여 텍스트에서 사용된 단어와 구의 의미를 알아내기; 시의 연이나 절, 이야기나 드라마의 단락에서 운(rhymes)과 소리 반복의 영향을 분석하기(예: 두운)

텍스트에 반응하기

국가공통핵심기준. 영어-문해. 말하기:듣기.7.1
다른 사람의 의견을 바탕으로 자신의 생각을 명확하게 표현하면서 7학년의 주제, 텍스트, 문제에 대해 다양한 파트너와 함께 협력적인 논의(일대일, 모둠별, 교사 주도)에 효과적으로 참여하기

국가공통핵심기준. 영어-문해. 읽기:정보를 주는 글.7.3
텍스트에서 개인, 사건, 아이디어의 상호작용을 분석하기(예: 아이디어가 개인이나 사건에 미치는 영향, 개인이 아이디어나 사건에 미치는 영향)

- 이야기 전개에 있어서 문학적 도구와 비유 언어의 역할
- 글쓰기 과정의 단계

텍스트 비평하기

국가공통핵심기준. 영어-문해. 읽기:문학.7.5
드라마 또는 시의 형식이나 구조(예: 독백, 소네트)가 의미에 어떻게 기여하는지 분석하기

국가공통핵심기준. 영어-문해. 읽기:문학.7.6
작가가 텍스트에서 다른 인물이나 서술자의 관점을 발전시키고 대조하는 방법을 분석하기

국가공통핵심기준. 영어-문해. 읽기:정보를 주는 글.7.4
비유적, 함축적, 기술적인 의미를 포함하여 텍스트에서 사용된 단어와 구의 의미를 파악하기; 특정 단어의 선택이 의미와 글의 분위기에 미치는 영향을 분석하기

텍스트 생성하기

국가공통핵심기준. 영어-문해. 쓰기.7.1
명확한 이유와 관련 증거를 가지고 주장을 뒷받침하는 글을 쓰기

국가공통핵심기준. 영어-문해. 쓰기.7.3a-e
효과적인 기법, 관련된 서술적 세부 사항, 잘 구성된 사건 시퀀스를 사용하여 실제 또는 상상한 경험이나 사건을 만들 수 있도록 내러티브를 쓰기

국가공통핵심기준. 영어-문해. 쓰기.7.5
동료와 교사의 안내, 도움을 받아서 목적과 청중을 얼마나 잘 고려하였는지 초점을 두고 계획, 수정, 교정, 제작성 또는 새로운 접근법을 시도함으로써 글을 쓰고 개선하기

학년 : 7 단원명: 그들의 눈으로 보고, 그들의 마음으로 느껴라

시간	학습 활동	평가	맞춤형 수업 전략	자료
1주	단원 전체에 대한 학생들의 사고를 기록할 수 있도록 정리 차트를 시작한다. 관점과 동정심은 어떤 관계인가? (일반화1) **시작점 쓰기 과제:** 소리 내어 읽기: 『공원 속 목소리(Voice In the Park)』 앤서니 브라운(Anthony Browne) 저 읽고 이야기에 대해 논의한다. (일반화 2의 안내 질문) 공원에 또 누가 있을 수 있는가? 학생들은 다섯 번째 목소리를 만든다. 새로운 인물의 관점에서 이야기를 다시 작성한다. 글쓰기 목표를 설정하기 위해 시작점을 사용한다. 사람들이 서로 다른 방식으로 사건이나 주제를 해석하는 실제 시나리오를 브레인스토밍한다. 글로 대화하기: 학생들은 다음의 두 질문에 대한 답을 쓰고, 쓴 것을 돌려가며 쓰기로 대화한다. 1. 사람들은 동일한 주제나 아이디어에 대해서 왜 다른 방식으로 해석하는가? 2. 다른 사람의 눈을 통해 경험을 보는 것은 주제를 이해하는 데 어떻게 도움이 되는가? **인물 일지(character journal entry):** 그림을 살펴보고, 그림 속 누군가의 관점으로 글을 쓴다.	학생들이 개념에 대해 처음 생각한 것을 나타낼 수 있도록 정리 차트에 스티커 메모를 추가한다. 스토리 맵 접이식 노트[2]: 가운데-맵 인물, 배경, 플롯. 네 목소리 각각의 관점을 개관한다. **내러티브 쓰기 목표:** 시작점 쓰기 샘플을 분석한다; 내러티브 쓰기 루브릭을 사용하여 자기 평가한다. 글쓰기 프로젝트를 추진하기 전에 우리는 무엇을 연습해야 하는가? 학생들은 소강의를 선택한다. 글쓰기 정리 차트를 작성한다. 글로 쓴 대화를 검토한다. 관점 표현을 위한 인물 일지를 검토한다.	토론을 돕기 위해 시작 문장을 제공한다. 내러티브 쓰기 기준 분석 체크리스트 개별적인 쓰기 목표 인물 일지의 모범 사례를 공유한다. 인터뷰 질문을 제시한다.	『공원 속 목소리 (Voice In the Park)』 앤서니 브라운 (Anthony Browne) 저 글 대화 규칙

2) 역자 주: Story map foldable notes-인물, 배경, 문제와 해결 등 이야기와 관련된 내용을 정리할 수 있는 그래픽 조직자

시간	학습 활동	평가	맞춤형 수업 전략	자료
2주	**관점, 내러티브 요소, 주제의 상호작용에 대한 탐구:** (일반화2, 일반화3, 일반화4, 일반화6) **사례 연구 1:** 전체 학생이 60 minutes의 "재활용하는 사람들"을 시청한다. 배경이 관점과 정체성 형성에 미치는 영향을 논의한다; 안내 질문 3b부터 3d에 기초한 질문 토론 **사례 연구 2: 두 명이 짝이 되기** 텍스트를 제시한 후 학생들에게 연구할 텍스트 한 가지를 선택하게 한다. 이 텍스트에서 우리는 어떤 관점을 발견할 수 있는가? 일반화2, 일반화3, 일반화4, 일반화6에 있는 안내 질문을 바탕으로 텍스트를 분석한다. **인물 일지(character journal entry):** 1) 학생이 선택한 텍스트에 제시된 관점에서 쓰기 2) 학생이 선택한 텍스트 밖에 있는 사람의 관점에서 쓰기	교실 정리 차트에 새롭게 발견한 점을 추가한다. 짝은 발견한 것을 학급 학생들에게 보여주고 정리 차트에 발견한 것을 추가한다. 관점과 내러티브 요소 표현을 위한 인물 일지를 검토한다.	다양한 장르, 주제, 복잡성을 지닌 텍스트 학생들이 완성할 수 있도록 과정을 구조화하여 표로 제시한다.	60 minutes의 "재활용하는 사람들" 학생들이 관점이라는 개념을 탐구하는 데 도움이 되는 교사가 만든 텍스트 사람들이 찍힌 다양한 사진 세트

시:
- 『유명한(Famous)』 나오미 쉬합 니에(Naomi Shihab Nye) 저
- 『직유: 버드나무와 은행나무(Simile: Willow and Ginkgo)』 이브 메리암(Eve Merriam) 저
- 『거리낌없이 말해(Speak Up)』 쟈넷 S. 웡(Janet S. Wong) 저

소설 발췌:
- 『망고 스트리트(House on Mango Street)』 산드라 시스네로스(Sandra Cisneros) 저
  - "하지 않는 사람들(Those Who Don't)"
  - "야윈 네 그루의 나무(Four Skinny Trees)"

개인 에세이 발췌:
- 『내가 믿는 것(This I Believe)』 제이 앨리슨, 댄 게디만(Jay Allison, Dan Gediman) 편
- 『피자 배달부에게 멋지게 대하기[Be Cool to the Pizza (delivery) Dude]』 사라 아담스(Sarah Adams) 저
- 관점이라는 개념을 발전시키는 다른 에세이

다른 자료들:
- '공감, 편견 이해' 같은 주제와 관련된 기사
- 다양한 관점을 다룬 짧은 이야기 또는 드라마

시간	학습 활동	평가	맞춤형 수업 전략	자료
3주	**단어 선택, 삶에 대한 세부 사항, 독자와의 연결에 대한 관계 탐구** (일반화5) **사례 연구 3: 학급 전체 분석** 교사는 소냐 손즈(Sonya Sones)의 『흉내 멈추기(Stop Pretending)』에서 발췌한 부분을 보여 준다. 학생들은 일반화에 있는 안내 질문에 근거하여 시를 분석한다.	학급 정리 차트에 새로운 발견한 점을 추가하기	학급 전체 분석으로 과정을 볼 수 있으므로 학생들은 사용할 수 있는 예를 얻는다.	소냐 손즈(Sonya Sones)의 『흉내 멈추기 (Stop Pretending)』 발췌 자료 교사의 텍스트는 정확한 단어와 감각적 언어가 행동을 포착하고 독자에게 경험을 전달하는 방법을 보여 주는 시로 시작한다.
	사례 연구 4: 학생들은 시를 한 편 선택하고, 사례 연구 3과 동일한 과정을 따른다.	시 분석 차트	시 분석 차트는 분석의 틀을 제공한다.	
	인물 일지(character journal entry): 삶에 대한 세부 사항을 전달하기 위해 단어 선택에 특별히 중점을 두고 있는 뉴스 기사에서 기사의 내부 또는 외부에 있는 사람의 관점에서 쓴다.	관점과 내러티브 요소 표현을 위한 인물 일지를 검토한다.	기사에는 다양한 읽기 수준과 주제의 복잡성이 나타난다.	신문, 온라인뉴스 사이트, 또는 교사가 선택한 뉴스 이야기
4~6주	**모두 모으기: 본보기 텍스트 분석하기 (일반화** 1~7) 『작은 씨앗을 심는 사람들(Seedfolks)』 폴 플레이슈먼(Paul Fleischman) 저 학생들은 제시된 그림에 대한 가상 감각 여행을 실시한 후, 감각 차트를 완성하고, 감정 또는 "내가 그림 속에 있다면 어떤 느낌이 들지" 표현할 수 있는 단어 하나를 찾는다. 학생들은 스스로 선택한 작품에 따라 그룹을 만든다.	감각 차트 공유하기: "나는 ……이 보인다. 나는 ……이 들린다. 나는 ……을 느낀다. …… 냄새가 난다. …… 맛이 난다."	"감정의 목록" 단어 차트	본보기 텍스트: 『작은 씨앗을 심는 사람들(Seedfolks)』 폴 플레이슈먼(Paul Fleischman) 저 글의 배경을 나타내는 그림

시간	학습 활동	평가	맞춤형 수업 전략	자료
4~6주	**각각의 인물 / 관점** **읽기 전:** 그림을 분석하고 추론한다. 정보 처리 차트의 "읽기 전" 부분을 완성한다. **읽기 중:** 학생들은 글을 읽을 때, 작가의 기법을 추론하고 분석한다. **읽기 후:** 그림을 다시 보고 정보 처리 차트의 "읽기 후" 부분을 작성한다. 공동체 텃밭(community garden)으로 상호작용하기 전 인물 각각을 설명하는 한 단어와 상호작용 후 인물 각각을 설명하는 한 단어를 선택한다. 일반화1부터 일반화6까지 안내 질문에 근거하여 각 장에 대해 논의한다. **그 외 초점 질문:** 인물이 직면한 문제 혹은 주제는 무엇인가? 이 문제에서 배경은 어떤 역할을 하는가? 인물은 문제를 어떻게 극복했는가? 각기 다른 관점은 당신이 이야기를 이해하는 데 어떻게 도움이 되었는가? **작가 워크숍: 소강의** 증거 통합하기; 정교화를 위한 전략	학생들은 정보 처리 차트를 완성하기 학생들은 텍스트에 근거한 증거와 정교화로 추론을 뒷받침하기 짝 이야기 듣기, 학급 전체 토론 학생들은 각각의 인물의 전, 후를 표현하는 단어를 게시하기 게시판에 단어 게시하기 짝 이야기 듣기, 학급 전체 토론 읽기 후 성찰 증거와 정교화로 뒷받침된 텍스트 분석	"감정의 목록" 단어 차트 배경지식 만들기: 인물 각각의 시각적/이미지 분류하기 그래픽 조직자 우리가 책을 읽을 때 오디오북 듣기 학생들이 서로의 생각을 들을 수 있도록 그룹 만들기 증거 시작 문장으로 글쓰기 정교화 시작 문장	13개 관점을 각기 보여 주는 그림 세트

시간	학습 활동	평가	맞춤형 수업 전략	자료
6주 계속	**인물 일지 쓰기:** 학생들은 다양한 사람들을 나타내는 사진 모음에서 사진을 선택하고 사진 속 인물의 성격 지도를 완성한다. 성찰: 그/그녀에 대해 쓰기 전에 이 사람에 대해 어떻게 생각했는가? 그/그녀의 삶에 대해 생각한 후 이 사람에 대한 여러분의 생각은 어떻게 바뀌었는가?	관점과 내러티브 요소의 표현을 위해 인물 일지 검토하기	인물 분석을 돕는 안내 질문	사람이 찍힌 다양한 사진 세트
	개념 정리 차트를 새롭게 하기: 관점과 동정심은 어떤 관계인가? (일반화 1)	학생들은 정리 차트에 스티커 메모를 추가한다.		
7~9주	**수행 과제:** 내러티브 쓰기 과제에 대한 개요를 제시한다.			이전 프로젝트의 학생 우수 사례
	『공원 속 목소리』와 『작은 씨앗을 심는 사람들』의 텍스트 구조를 비교하고 대조한다. 학급 정리 차트에 의견과 추론을 덧붙인다.	의견과 추론을 차트에 붙이기	학생별로 필요할 때 그래픽 조직자 쓰기	
	학생들 스스로 4~5명으로 글쓰기 그룹을 구성한다. **쓰기 전:** 그룹으로, 이야기 요소를 브레인스토밍하고 윤곽을 잡는다. 주제, 플롯을 만들고 인물 각각을 개략적으로 정한다.		1:1 쓰기 지원	학생들이 전문 작가의 작품 사례를 찾는다면, 여러 관점으로 이야기하고 있는 텍스트를 제공하기
	초점 질문: 여러분 그룹은 어떤 주제에 관해 쓰고 있는가? 주제와 인물에 대해 독자가 동정심을 느끼도록 어떻게 도울 것인가?	계획, 인물 개발 진행을 검토하기	이전 프로젝트의 우수 사례 공유	
	개별적인 인물 개발: 각 학생은 인물을 만들기 위해 인물 계획 개요를 완성한다.	그룹 및 학생 개개인과 논의하기		

시간	학습 활동	평가	맞춤형 수업 전략	자료
7~9주	**작가 워크숍:** **초안 작성하기, 수정하기, 편집하기** 학생이 선택한 글쓰기 소강의와 함께 정리 차트를 다시 돌아본다. 교사는 학생의 필요에 따라 강의를 한다.	글쓰기 수업과 개별적인 학생의 목표를 바탕으로 한 글쓰기 콘퍼런스	학생의 필요에 따른 전체 수업, 소규모 수업, 개별 글쓰기 수업	배리 래인(Barry Lane)의 『수정자의 도구 상자(The Reviser's Toolbox)』 또는 낸시 앳웰(Nancie Atwell)의 『글 쓰는 사람을 변화시키는 수업(Lessons That Change Writers)』 같은 글쓰기 참고문헌
9주	**발간하기** 학생들은 자신들의 책을 인쇄하고 제본하고 삽화를 그린다.	소강의의 중점을 바탕으로 평가 실시		
	개별 작가의 성찰: 학생들은 이야기에서 다룬 문제에 대해 독자가 이해하고 동정하도록 각 인물의 관점을 어떻게 제시했는지 설명할 것이다. 학생들은 단원을 학습하는 동안 탐구했던 개념을 참고하고 성찰할 것이며, 작가로서 자신의 성장을 되돌아보고, 다른 사람들의 관점을 고려하지 않을 때 발생할 수 있는 결과에 대한 실생활의 예를 제시할 것이다.	학생 자기 평가, 교사는 내러티브 쓰기 루브릭에 따라 책을 평가한다. 학생들은 처음 수행했던 내러티브 과제를 시작점으로 하여 작가로서 자신의 성장에 대해 성찰한다. 교사는 루브릭에 근거하여 기법 보고서를 평가한다.	개념적 구조/문장의 틀	
	기념: 모든 책을 전시하고, 학생들이 서로의 이야기를 읽을 수 있도록 한다. 학생들은 단원을 학습하는 동안 알게 된 개념적 이해를 토대로 작가에게 구체적으로 칭찬하는 "와우" 피드백을 제시한다.		"와우" 피드백을 위한 시작 문장	
	단원 성찰: 학생들은 단원의 일반화 또는 이해한 것을 쓴다.	학생들이 작성한 일반화를 검토한다.	**작가 워크숍 소강의를 위한 아이디어:** • 수정하기 전략 • 내러티브 예시 • 시간을 늦추기 • 단어가 있는 그림 만들기 • 인물의 내면적 생각 만들기 • 효과적인 대화를 위한 전략 • 인물 개발 전략 • 이야기에 테마 만들기 • 내러티브 결말의 유형 • 이야기에 제목 붙이기	

최종 단원 평가

학년: 7

단원명: 그들의 눈으로 보고, 그들의 마음으로 느끼라

무엇을 (단원의 초점):
학생들은 관점과 동정심의 관계에 대해 탐구할 것이다.

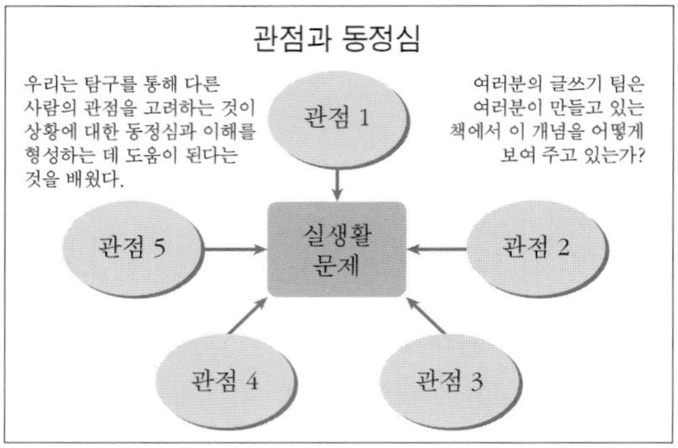

왜 (일반화):
다른 사람의 관점을 생각하는 것이 동정심과 이해를 만든다는 것을 이해하기 위해서

어떻게 (학생 참여형 시나리오):
여러분의 과제는 현실적인 주제나 문제를 파악하고, 그 상황 안에서 생동하는 인물을 보여 주는 이야기를 만드는 것입니다. 이야기에서 다루는 문제를 독자가 깊이 있게 이해할 수 있도록 각기 다른 관점에서 이야기의 각 장(chapter)을 써야 합니다. 여러분이 통감하는 실생활 상황과 문제에 대해 생각하여 영감을 찾기 바랍니다. 이야기를 완성하면, 여러분은 이 단원에서 학습한 것 그리고 공동으로 했던 작업에 대해 개별적으로 성찰할 것입니다. 이야기에서 인물 각각의 관점을 제시하는 것이 이야기 속 문제에 대한 독자의 동정심과 이해를 만드는 데 어떻게 도움이 될까요?

단계:
- 젊은이가 직면할 수 있는 상황, 문제 또는 주제를 찾는다.
- 문제가 발생하거나 일어날 수 있는 곳을 찾는다.
- 이 문제에 대한 다양한 관점을 다룰 수 있도록 등장인물을 만든다. 글쓰기 팀의 구성원은 각자 한 인물의 관점에서 글을 쓸 것이다. 『작은 씨앗을 심는 사람들(Seedfolks)』과 같이 주요 인물과 조연 인물을 만들 수 있다.
- 이야기를 계획한다. 문제를 해결하거나 극복하기 위해 등장인물을 어떤 방식으로 어울리게 할 것인가?
- 이야기를 쓴다.
- 글쓰기 팀이 모인다.
- 이야기를 수정하고 편집한다.
- 작품을 완성한다.
- 책을 발간한다.
- 개별 작가의 성찰: 여러분의 이야기가 어떻게 독자로 하여금 다른 사람의 관점을 고려하고, 이야기의 문제나 주제에 대한 동정심과 이해를 형성하는 데 도움을 줄 것이라고 생각하는지 1~2단락으로 논의하라. 다른 사람들의 관점을 고려하지 않을 때 발생할 수 있는 결과에 대한 실제 사례를 제시하라.
- 발간을 기념한다.

최종 단원 평가 루브릭

	기준을 능가함 (4)	기준에 도달함 (3) 충족한다면 서술된 부분에 동그라미 치기	아직은 아니지만 하게 될 것! (2)
과정		**내러티브 초점** 작가는 • 문맥과 관점을 설정하고, 서술자 또는 인물을 도입하여 독자를 참여하게 하고 방향을 제시한다. • 자연스럽고 논리적으로 펼쳐지는 사건 전개를 보여 준다. • 경험, 사건, 인물을 개발하기 위해 대화, 완급, 서술과 같은 내러티브 기법을 사용한다. • 이야기에서 다룬 경험이나 사건에 대한 성찰을 통해 결론을 제시한다. **언어와 단어** 작가는 • 정확한 단어와 구, 상세한 묘사, 감각적 언어를 사용하여 행동을 포착하고, 사건과 경험을 전달한다. • 한 시대나 배경에서 다른 시대나 배경으로의 전개와 이동을 알리기 위해 장면을 전환하는 다양한 단어, 구, 절을 사용한다. **표기** 작가는 • 표준 영어 문법, 대문자, 구두점 및 맞춤법의 구사 능력을 보여 준다. **협력** 우리 그룹은 • 서로 존중하며 과제를 수행하였다. • 서로 타협하였다. • 그룹 구성원 모두의 아이디어와 공헌을 존경하였다. • 우리의 글에 사려 깊고 발전적인 피드백을 제공함으로써 우리의 목표를 달성하기 위해 지속적으로 협력하였다.	

내용		**주제** 우리의 이야기는 • 7학년 학생들이 접할 수 있는 현실적인 문제를 다루었다. • 독자가 다양한 관점을 통해 문제를 볼 수 있도록 하였다. • 독자에게 중요한 삶의 교훈을 깨닫게 함으로써 효과적으로 주제를 전개한다.	
이해		**일반화의 이해** 내가 작성한 작가의 성찰은 • 내 이야기에서 인물 각각의 관점을 제시하는 것이 어떻게 동정심을 형성하는 데 도움이 되는지 충분히 설명하고 있다. • 단원 학습 동안 탐구했던 개념을 참고하고 반영하였다. • 다른 사람의 관점을 고려하지 않을 때 일어날 수 있는 결과에 대해 논의하였다.	

점수: / 4 1-채점할 수 없음

자료 D-4.1 개념 기반 수업 계획 템플릿

단원명: ______________________ 수업자: ______________________
교과: ______________________ 학년: ______________________
수업 번호: ______________________ 수업 시간: ______________________
수업 도입(수업 시작 시 학생들에게 전달할 것):

학습목표: 학생들이 **이해해야 할 것**(일반화), **알아야 할 것**(지식), **할 수 있어야 할 것**(기능)

일반화(학생들은 ……을 이해할 것이다.) 주: 일반화는 하나 혹은 연속된 수업에 적용될 수 있다. 1. - 안내 질문 - 1a. - 1b. - 1c.		
스트랜드	중요한 내용 (지식)	핵심 기능 (할 수 있어야 할 것)

학습 활동	맞춤형 수업 전략

자료/자원

평가

마무리

교사 유의사항

자료 D-4.2 개념 기반 수업 계획 사례

화학 결합 수업 (11학년)

단원명: 화학 결합 및 구조: 형태에 관한 모든 것!
수업자: 모나 시어바이(Mona Seervai)

교과: 화학	학년: 11
수업 번호: 4	수업 시간: 3차시

수업 도입 (수업 시작 시 학생들에게 전달할 것) :

분자는 3차원의 세계에 존재한다. 우리는 2차원에 묘사된 분자의 구조를 보기 때문에 이 사실을 잊어버린다. 여러분이 배웠던 루이스 전자식은 다양한 원자가 서로 연결되어 있는 순서를 묘사하는 것 외에는 기하학적으로 어떤 의미도 없다.

이 수업에서는 원자 주위의 결합을 기하학적으로 예측할 수 있는 3D 모형을 만들기 위해 컴퓨터 시뮬레이션과 물리적 모델을 사용할 것이다. 전자 영역의 개념을 이해하고, 원자가껍질 전자쌍 반발 모델(VSEPR model)을 사용하면 주어진 원자 주위의 결합을 기하학적으로 예측할 수 있다. 수업이 끝나고 나면, 여러분은 결합 각도를 계산하고 분자의 형태를 예측할 수 있을 것이다.

학습목표: 학생들이 이해해야 할 것(일반화), 알아야 할 것(지식), 할 수 있어야 할 것(기능)

일반화

학생들은 ……을 이해할 것이다.

1. 전자의 공유는 공유화합물을 만든다.

안내 질문

- 1a. 정전기력이란 무엇인가? (사)
- 1b. 어떤 전자가 원자가전자로 정해지는가? (사)
- 1c. 루이스 다이어그램은 전자의 법칙을 어떻게 나타내는가? (사)
- 1d. 각각 다른 종류의 결합은 어떻게 만들어지는가? (개)

2. 원자가껍질의 전자 영역은 분자 형태를 예측할 수 있다.

안내 질문

- 2a. 전자 영역이란 무엇인가? (사)
- 2b. 원자가껍질에서 원자가 전자를 얻는 경향이 있는 이유는 무엇인가? (개)
- 2c. 전자쌍의 반발이 분자의 모양을 어떻게 결정하는가? (개)
- 2d. 3차원 구조를 만드는 것으로 어떻게 결합 각도를 이해할 수 있는가? (개)
- 2e. 3차원 구조를 만드는 것은 루이스 다이어그램의 의미를 변화시키는가? 그렇다면 왜 그런가? 그렇지 않다면 왜 그런가? (논)
- 2f. 과학자들은 과학 이론의 타당성을 평가하기 위하여 준거를 어떻게 사용하는가? (논)
- 2g. 과학 용어에서 사용되는 언어는 일반적인 용법과 어느 정도로 다른가? (논)

스트랜드	중요한 내용(지식)	핵심 기능(할 수 있어야 할 것)
공유화합물	• 공유 전자와 핵 사이의 정전기력 • 결합 유형	• 전자점식 구조 만들기 • 분자 기하학으로 결합 각도 예측하기
분자 구조	• 루이스 구조와 원자가전자 정의 • 옥텟 규칙과 안정화 이유	• 구조를 사용하여 결합물의 속성을 추론하기 • 전자쌍에 따른 종의 형태 예측하기

학습 활동	맞춤형 수업 전략
공유결합분자 복습하기: 루이스 구조와 결합에 관한 왕립 화학 협회의 영상을 시청한다. 단일, 이중, 삼중 결합을 구별한다.	교과서의 자료로 보충된 영상에 대한 토론
수소, 산소, 염소, 질소, 물, 메탄을 루이스 구조로 그린다.	다양한 수준의 워크시트
몰리모드 유기분자세트를 사용하여 탐구를 시작한다. 학생들은 산소, 암모니아, 물의 3차원 분자를 짝과 함께 만든다.	서로 능력이 다른 짝으로 구성
메탄, 암모니아, 이산화항, 이산화탄소의 분자를 캠스케치로 그린다. 그림을 3D 뷰어에 복사한다. 각각의 그림별로 결합 각도를 측정하고, 워크시트에 형태를 그리며, 분자의 기하학적 구조를 결정한다. 워크시트를 완성한다.	지시사항을 다양화하기. 친구와 교사의 도움을 받으며 "캠스케치"로 개별 작업하기

자료/재료

영상:

http://www.rsc.org/learn-chemistry/resource/res00001370/chemistry-vignettes-bonding-theory-and-vsepr#!cmpid=CMP00003191

『IB 프로그램을 위한 화학(Chemistry for the IB Diploma Programme)』(2판), Pearson Baccalaureate, 캐트린 브라운(Catrin Brown), 마이크 포드(Mike Ford) 저

캠스케치(ChemSketch) (11판) – 무료로 다운받을 수 있는 소프트웨어:

(http://www.acdlabs.com/products/draw_nom/draw/chemsketch/)

루이스의 공유 분자 구조 워크시트

인터넷 정보: http://www.chem1.com/acad/webtext/chembond/cb05.html

평가

1. 형성평가: 학생들이 루이스 구조를 정확하게 그리는지 관찰하기. 워크시트 확인하기
2. 몰리모드 세트로 3D 모델을 만드는 것에 대한 수업 토론을 시작하기
3. 분자를 그리고 3D 뷰어로 분자를 볼 수 있도록 캠스케치 사용하기
4. 수업의 마지막 부분에 수행 과제 제시하기:

여러분은 구조에 대한 새로운 판단을 내리는 과학자입니다. "오존" 분자를 조사해 보세요.

여러분이 해야 할 것:

a. 루이스 구조를 그리기
b. 결합 각도를 계산하기-원자가껍질 전자쌍 반발 모델과 "캠스케치"를 사용하기
c. 정보를 사용하여 분자의 형태 예측하기

여러분은 판단에 대한 이유를 설명하는 글을 쓰고, 모델을 그리며, 분자의 3D 모

델을 만들어야 합니다.

확장: CO_3^{2-}, NO_3^- 또는 HCO_2^-같은 다원자 이온 하나를 더 추가하기 (이들은 공명 구조를 가지고 있으며, 학생들은 새로운 개념을 탐구할 수 있다.)

마무리

원자가껍질 전자쌍 반발 모델은 단순하며, 분자의 형태를 설명하는 데 강력하다. 그러나 모든 과학적 모델과 마찬가지로 이 모델은 궤도와 결합 그 자체가 아닌 전자 반발에만 의존하기 때문에 제한적이다.

교사 유의사항

이 수업은 화학 결합과 구조 단원의 일부분이다. 몰리모드 모델을 사용하는 탐구 과정은 높은 수준의 관심을 형성한다. 컴퓨터 소프트웨어를 사용하여 분자의 형태를 예측하는 것 또한 관심을 유지시킨다. 과학적 모델의 타당성에 대한 논의는 IB 프로그램의 "지식 이론"과 연결될 수 있다.

출처: Mona Seervai, Mumbai, India

학습 활동: 봄베이 국제 학교 11학년 화학 교사, 아누라다 쉬리다(Anuradha Sridha) 박사 © 2012 Lois Lanning-Lesson Planner Template

자료 E 개념 기반 단원을 평가하기 위한 체크리스트

단원 그물과 단원 개관:

_______ 1. 단원명을 읽는 사람이 학습 주제를 알 수 있을 정도로 단원명은 명료한가?

적절한 제목: 기술이 공동체 생활에 미치는 영향

적절하지 않은 제목: 위젯과 끊임없는 변화

_______ 2. 단원명이 너무 폭넓거나 좁지 않은가?

지나치게 넓은 경우: 삶; 패턴; 시스템

지나치게 좁은 경우: 지각; 명백한 운명(Manifest destiny); 두 자릿수 곱셈

_______ 3. 이 학습 단원에 적절한 개념적 렌즈가 있는가?

(단원에 포함되어 있거나 혹은 단원 그물 페이지 상단에 제시되어 있는가?)

- 렌즈는 단원명에 명확한 초점을 제공하고 있는가?
- 렌즈는 학습 단원의 깊은 이해와 관련되어 있으며, 깊은 이해를 반영하는가?
- 렌즈는 다른 교과나 주제와 연결될 수 있게 하는가?

_______ 4. 스트랜드는 단원의 주요 학습 영역을 나타내는가?

_______ 5. 중요한 하위 주제와 하위 개념이 각 스트랜드별로 제시되어 있는가?(특

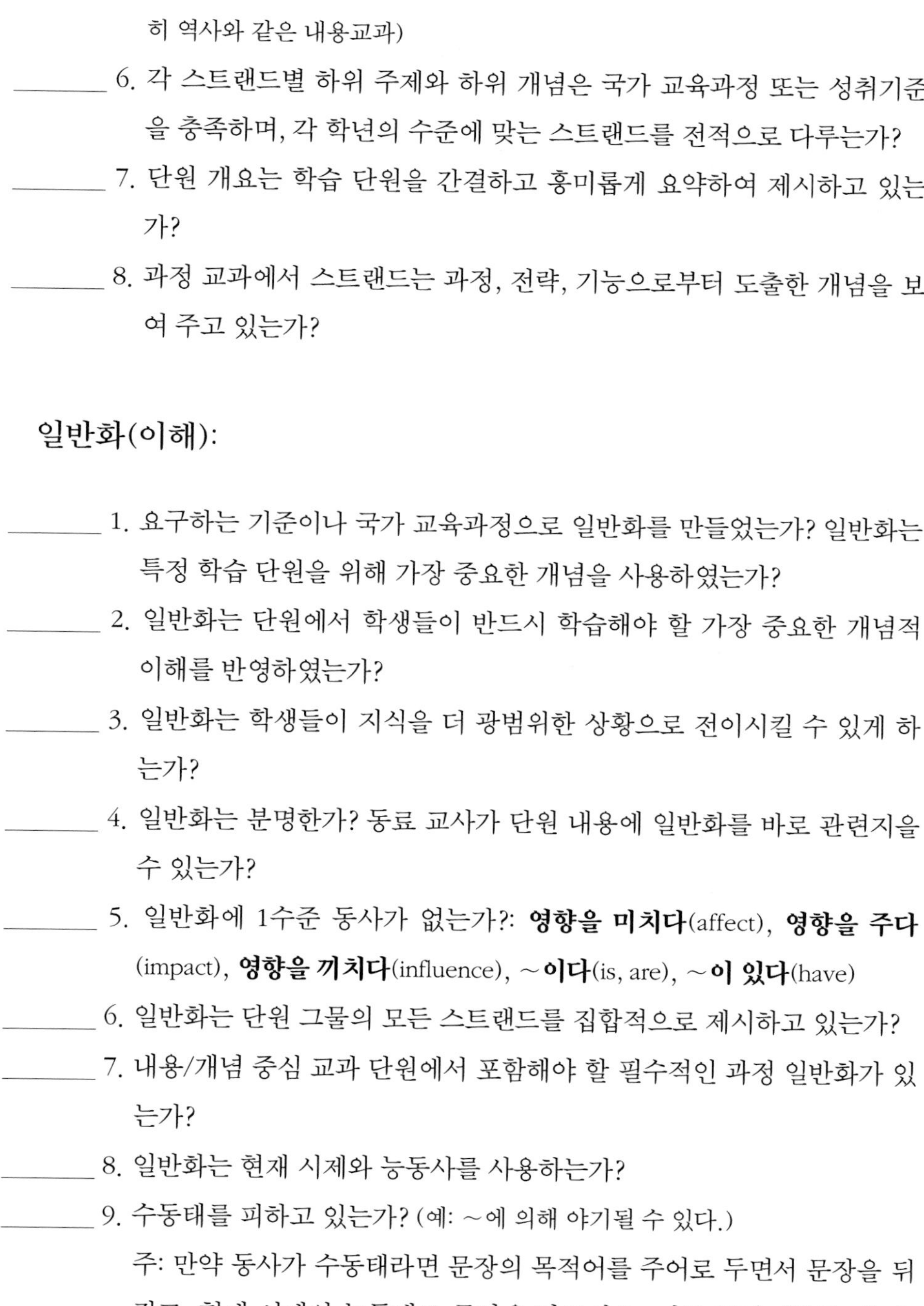

히 역사와 같은 내용교과)

_______ 6. 각 스트랜드별 하위 주제와 하위 개념은 국가 교육과정 또는 성취기준을 충족하며, 각 학년의 수준에 맞는 스트랜드를 전적으로 다루는가?

_______ 7. 단원 개요는 학습 단원을 간결하고 흥미롭게 요약하여 제시하고 있는가?

_______ 8. 과정 교과에서 스트랜드는 과정, 전략, 기능으로부터 도출한 개념을 보여 주고 있는가?

일반화(이해):

_______ 1. 요구하는 기준이나 국가 교육과정으로 일반화를 만들었는가? 일반화는 특정 학습 단원을 위해 가장 중요한 개념을 사용하였는가?

_______ 2. 일반화는 단원에서 학생들이 반드시 학습해야 할 가장 중요한 개념적 이해를 반영하였는가?

_______ 3. 일반화는 학생들이 지식을 더 광범위한 상황으로 전이시킬 수 있게 하는가?

_______ 4. 일반화는 분명한가? 동료 교사가 단원 내용에 일반화를 바로 관련지을 수 있는가?

_______ 5. 일반화에 1수준 동사가 없는가?: **영향을 미치다**(affect), **영향을 주다**(impact), **영향을 끼치다**(influence), ~**이다**(is, are), ~**이 있다**(have)

_______ 6. 일반화는 단원 그물의 모든 스트랜드를 집합적으로 제시하고 있는가?

_______ 7. 내용/개념 중심 교과 단원에서 포함해야 할 필수적인 과정 일반화가 있는가?

_______ 8. 일반화는 현재 시제와 능동사를 사용하는가?

_______ 9. 수동태를 피하고 있는가? (예: ~에 의해 야기될 수 있다.)

주: 만약 동사가 수동태라면 문장의 목적어를 주어로 두면서 문장을 뒤집고, 현재 시제의 능동태로 문장을 만드시오. 예를 들면, "불안, 혼란,

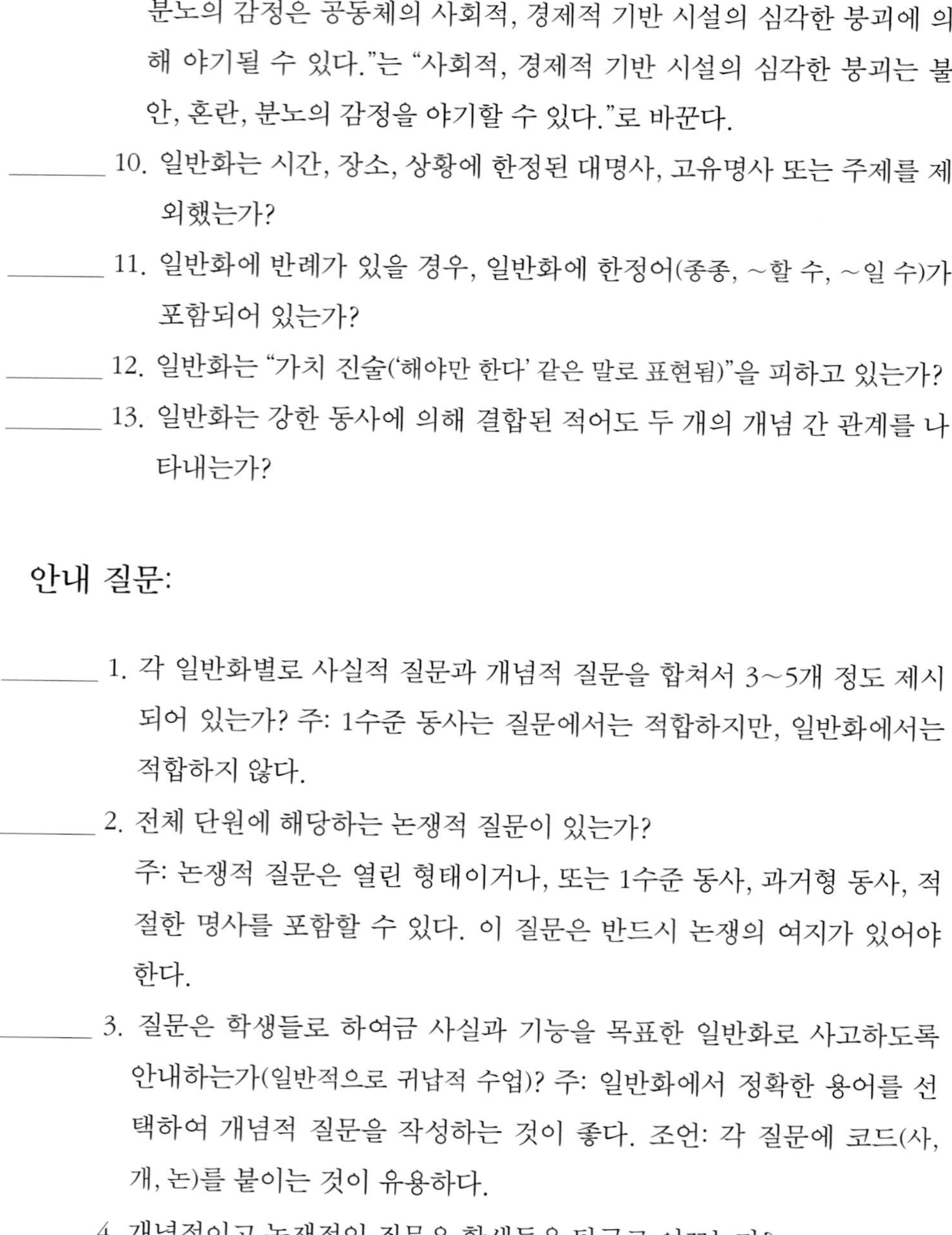

분노의 감정은 공동체의 사회적, 경제적 기반 시설의 심각한 붕괴에 의해 야기될 수 있다."는 "사회적, 경제적 기반 시설의 심각한 붕괴는 불안, 혼란, 분노의 감정을 야기할 수 있다."로 바꾼다.

________ 10. 일반화는 시간, 장소, 상황에 한정된 대명사, 고유명사 또는 주제를 제외했는가?

________ 11. 일반화에 반례가 있을 경우, 일반화에 한정어(종종, ~할 수, ~일 수)가 포함되어 있는가?

________ 12. 일반화는 "가치 진술('해야만 한다' 같은 말로 표현됨)"을 피하고 있는가?

________ 13. 일반화는 강한 동사에 의해 결합된 적어도 두 개의 개념 간 관계를 나타내는가?

안내 질문:

________ 1. 각 일반화별로 사실적 질문과 개념적 질문을 합쳐서 3~5개 정도 제시되어 있는가? 주: 1수준 동사는 질문에서는 적합하지만, 일반화에서는 적합하지 않다.

________ 2. 전체 단원에 해당하는 논쟁적 질문이 있는가?
주: 논쟁적 질문은 열린 형태이거나, 또는 1수준 동사, 과거형 동사, 적절한 명사를 포함할 수 있다. 이 질문은 반드시 논쟁의 여지가 있어야 한다.

________ 3. 질문은 학생들로 하여금 사실과 기능을 목표한 일반화로 사고하도록 안내하는가(일반적으로 귀납적 수업)? 주: 일반화에서 정확한 용어를 선택하여 개념적 질문을 작성하는 것이 좋다. 조언: 각 질문에 코드(사, 개, 논)를 붙이는 것이 유용하다.

________ 4. 개념적이고 논쟁적인 질문은 학생들을 탐구로 이끄는가?

중요한 내용(알아야 할 것):

_______ 1. 중요한 내용은 '동사가 포함된 일련의 내용 목표'이기보다는 필수적인 사실 지식의 목록인가? ['안다(Know)'란 전체 목록에 대한 동사이다.]

_______ 2. 중요한 내용은 일반화가 아닌 필수적인 사실 지식의 목록으로 구성되어 있는가?

_______ 3. 중요한 내용은 일반화를 뒷받침하고, 학습 단원과 관련된 중요한 지식을 반영하고 있는가?

_______ 4. 일반화와 직접적으로 관련이 없는 중요한 내용도 단원 주제에 대한 중요한 지식을 반영하고 있는가?

핵심 기능(할 수 있어야 할 것):

_______ 1. 핵심 기능은 성취기준 문서나 국가 교육과정에서 비롯한 것인가?

_______ 2. 기능은 다양한 사고 과정을 나타내고 있는가?

_______ 3. 기능은 다른 적용으로 전이될 수 있는가?

_______ 4. 기능은 특정한 소재 지정을 피하고 있는가? 주: 기능은 학문 내에서 전이할 수 있게 쓸 수 있다(예: 변형을 설명하기 위해 다각형을 조작하기). 하지만 특정한 소재를 지정할 수는 없다(예: 미국 원주민 문화에 대해 알아보기 위해 일차 자료와 이차 자료를 검토하기).

평가:

_______ 1. 최종 평가는 개념 기반 단원의 중요한 세 가지 요소를 다루고 있는가?: 이해(일반화), 알아야 할 것(중요한 사실적 지식), 할 수 있어야 할 것(기능)

_______ 2. 평가는 깊이 있고 개념적 이해를 담고 있는 목표한 일반화로부터 용어를 선택하였는가?

_______ 3. “무엇을, 왜 그리고 어떻게” 구성 요소가 정확한가? (무엇을 = 단원명; 왜 = 가장 중요한 단원 일반화; 어떻게 = 수행) 주: “학생 참여형 시나리오”를 통해 학생들이 실제(실생활) 수행을 작성할 수 있도록 권하라. RAFTS[3] 또는 여러 가지 도구로 역할, 청중, 형식, 주제, 강한 동사와 형용사를 정할 수 있다.

_______ 4. 평가 과제는 철저한가? 평가 과제는 학생들에게 학습한 것을 ‘단순히 반복하게 하는 것’이 아니라 새로운 맥락, 상황, 문제에 적용하게 하도록 요구하는가?

_______ 5. 학생들이 이해하고, 알고, 할 수 있음을 보여 줄 수 있도록 단원 전체적으로 다양한 평가 유형이 있는가?

채점 가이드:

_______ 1. 채점 가이드는 학생들이 이해하고, 알고, 할 수 있어야 하는 것에 대한 기준을 명확하게 설명하고 있는가?

_______ 2. 채점 가이드는 준거별로 가중치를 부여하고 있는가?

_______ 3. 채점 가이드는 학생의 자기 평가를 장려하고 있는가?

학습 활동:

_______ 1. 학습 활동은 학생들이 일반화, 지식, 기능을 삶 또는 교과에서 실제적인 방식으로 탐구할 수 있도록 하는가?

_______ 2. 학생들은 학습 활동을 통해 최종 과제를 준비할 수 있는가?

_______ 3. 몇몇 학습 활동은 수행 과제에서 다루지 않은 다른 일반화, 지식, 기능을 다루고 있는가?

3) 역자 주: RAFTS-R(Role of the writer), A(Audience), F(Format), T(Topic), S(Strong verb)

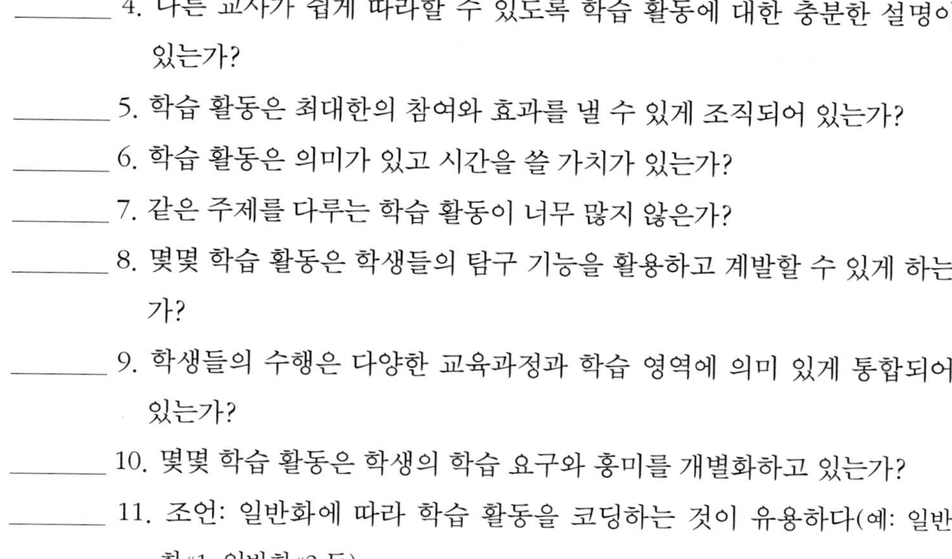

________ 4. 다른 교사가 쉽게 따라할 수 있도록 학습 활동에 대한 충분한 설명이 있는가?

________ 5. 학습 활동은 최대한의 참여와 효과를 낼 수 있게 조직되어 있는가?

________ 6. 학습 활동은 의미가 있고 시간을 쓸 가치가 있는가?

________ 7. 같은 주제를 다루는 학습 활동이 너무 많지 않은가?

________ 8. 몇몇 학습 활동은 학생들의 탐구 기능을 활용하고 계발할 수 있게 하는가?

________ 9. 학생들의 수행은 다양한 교육과정과 학습 영역에 의미 있게 통합되어 있는가?

________ 10. 몇몇 학습 활동은 학생의 학습 요구와 흥미를 개별화하고 있는가?

________ 11. 조언: 일반화에 따라 학습 활동을 코딩하는 것이 유용하다(예: 일반화#1, 일반화#2 등).

자료 F 중등학교를 위한 수학 교과 일반화

제니퍼 왓솔(Jennifer Wathall)의 2016년 저서인 『개념 기반 수학(Concept-Based Mathematics)』에서는 6학년부터 12학년까지 수학 교사에게 여러 우수한 일반화를 제시하고 있다.

삼각법

- 직각삼각형에서 빗변으로 그려진 정사각형의 넓이는 다른 두 변에 그려진 정사각형 넓이의 합과 같다.
- 서로 닮은 직각삼각형의 예각은 같다.
- 서로 닮은 직각삼각형 변의 길이는 일정한 비를 이룬다.

함수

- 정비례 관계에서 두 변수는 선형 관계를 나타낸다.
- 함수는 입력 (영역)에 대한 하나의 출력 (범위)을 할당하는 대응 규칙을 나타낸다.
- 선형 함수는 일정한 변화율을 보이는 관계를 나타낸다.
- 선형 함수의 변환과 이동은 초기 값과 변화율을 바꾼다.

원 기하학

- 모든 원의 지름에 대한 원주의 비율은 고정 상수, π로 표현한다.
- 부채꼴 범위의 합은 직사각형을 만들며, 이는 원의 넓이와 같다.
- 반원 안의 원주각은 직각이다.
- 각의 라디안은 반지름과 호의 길이 간 일정한 비례를 보여 준다.

미적분

- 미분은 물리적으로는 변화율로, 기하학적으로는 도함수로 보여 줄 수 있다.
- 접선은 특정 시점의 순간 속도 또는 가속도를 나타낸다.
- 접선과 법선의 방정식은 운동 방향과 힘을 보여 준다.
- 미분과 적분은 서로 역 연산 과정이다.
- 미적분의 정리(theorems)는 정의로 돌아가지 않고도 정적분의 계산을 가능하게 하며, 구간 넓이의 합을 얻게 한다.
- 축을 중심으로 특정 구간을 회전하면 부피가 있는 입체가 만들어지며 이는 적분을 사용하면 구할 수 있다.

기타 주제:

- 로그 법칙은 곱셈 연산을 덧셈 연산으로 바꾸는 수단을 제공하며, 지속적인 증가율을 나타내는 지수 함수의 역을 찾는 방법이 될 수 있다.
- 통계 분석 및 그래픽 디스플레이는 무작위 데이터나 모집단의 패턴을 드러내며, 예측을 가능하게 한다.
- 스칼라 곱은 벡터와 벡터 크기 사이의 각도를 나타낸다.

과정 일반화

- 수학자들은 두 함수가 동일함을 비교하고 분석하기 위하여 다른 표현—표, 대수, 기하—을 만든다.
- 수학적 모델의 수정이나 데이터의 대체는 문제의 정확한 해석을 강화하기도 하고 왜곡하기도 한다.

출처: Wathall, Jennifer. (2016). Concept-Based Curriculum and Instruction in Mathematics: Teaching for Deep Understanding in Secondary Schools. Thousand Oaks, CA: Corwin.

자료 G 초기 미국의 식민지화: 역사 단원 그물

상호작용/문화
(개념적 렌즈)

초기 미국의 식민지화:
시작부터 1763년까지

역사/문화
- 유럽인의 탐험, 15세기부터 17세기
  - 요인과 특징
- 사람들의 문화와 상호작용(신념과 가치; 인식)
- 미국의 토착 문화
- 모국에 따른 식민지화의 차이점
- 다른 식민지와 미국 원주민의 상호작용(신념과 가치, 지배, 13개 식민지의 특성)
- 영국 식민지에서 통치체제를 포함한 종교의 역할, 청교도주의, 신앙부흥운동을 포함한 영국, 프랑스, 스페인에 의한 아메리카 대륙 관계

통치체제
- 1450년 이후 정치조직의 패턴
- 통치-종교의 역할
- 갈등; 모국에 의한 억압 인식

지리
- 13개 식민지의 위치
- 탐험 경로
- 식민지에 이용 가능한 자원

경제
- 물물교환/무역
- 탐험을 하는 경제적 이유
- 생존 물자/서비스에 대한 수요 충족
- 관세/과세
- 경쟁

자주하는 질문

1. 개념 기반 교육과정과 수업(CBCI)이란 무엇인가?

개념 기반 교육과정과 수업(CBCI)이란 교과의 사실과 기능, 학문적 개념과 일반화로 구성된 3차원적 교육과정과 수업 설계 모델이다. CBCI는 개념적인 이해를 필수 학습목표로 포함함으로써 기대치를 높인다는 점에서 주제, 사실, 하위 수준의 기능을 다루는 전통적인 2차원적 모델과 다르다.

2. 2차원적 교육과정 모델과 3차원적 교육과정 모델의 차이점은 무엇인가?

- 2차원적 모델은 사실과 기능에 초점을 둔다.
- 3차원적 모델은 학습 단원과 관련된 깊이 있는 개념적 이해를 표현하는 개념, 사실, 기능에 초점을 둔다.

3. 우리는 왜 CBCI 교육과정 설계 모델을 사용해야 하는가?

CBCI 교육과정은

- 투입되는 정보의 분류, 조직, 패턴화를 위한 뇌의 구조(뇌 스키마)를 개발한다.
- 지적인 능력을 두 가지 차원-저차원(사실/기능)과 고차원(개념)에 쓰게 한다.
- 저차원(사실/기능)인 사고와 고차원적이고 개념적인 수준의 사고가 상호작용하는 "시너지를 내는 사고"를 창출한다.
- 학생들이 개인적으로 "개념적 렌즈"를 통해 사실과 기능에 대해 생각하도록 유도함으로써 학습 동기를 높인다. 예를 들면, **관점**이라는 개념적 렌즈를 통해 현재 중동 국가의 대립을 살펴보거나 글의 **구조** 또는 **상상**이라는 개념적 렌즈를 통해 시를 살펴보는 것이다.
- 학생들의 교과의 개념적 언어에 대한 유창성을 향상시켜서 학문적으로 풍부한 대화를 촉진한다.
- 학생들이 자신의 이해를 전이하게 하고, 개념적 수준에서 패턴과 관련성을 알

수 있게 한다.

- 생각하는 교사, 생각하는 학생을 요구함으로써 지적 교양을 발전시킨다.

4. CBCI 교육과정 설계 모델은 교실 수업을 어떻게 변화시키는가?

- CBCI 수업 모델에서 교사는 사실, 저차원 기능을 도구로 사용하여 학생들이 전이 가능한 개념과 일반화를 더 깊이 이해할 수 있도록 돕는다. 사실과 기능은 깊이 있고 개념적인 이해를 위한 기초와 지원을 제공한다.
- 수업은 목표한 일반화(개념적 이해)를 구성하기 위해 학생들의 사고를 의도적으로 지도하는 수단으로써 탐구 과정에 초점을 둔다.
- 평가(형성, 종합)는 사실과 기능에 대한 학생의 성장을 측정할 뿐만 아니라 목표한 일반화의 이해도를 측정한다.

5. CBCI 수업의 이점은 무엇인가?

- 학생들은 저차원적 지식과 기능을 개념 및 개념적 이해와 관련지으며 정보를 깊이 있게 처리해 왔기 때문에 사실적 지식을 더 오랫동안 유지한다.
- 학생들은 다양한 맥락에서 개념적 관계를 적용하는 활동을 경험함으로써 과정, 전략, 기능을 깊이 있게 이해한다. 영어, 외국어, 시각 및 공연 예술, 음악과 같은 과정 교과는 단순히 기능을 수행하는 것에서 그것을 하는 “이유” 및 “방법”의 이해로 나아간다.
- 학생들은 자신의 스키마에 개념적 구조를 만듦으로써 이해를 전이한다.
- 교사는 각 교과의 중요한 개념, 원리, 일반화를 중심으로 발전하는 교육과정을 구성할 수 있다.
- 학생들은 개인적으로, 지적으로 몰두하며, 높은 학습 동기를 보인다.

참고문헌

Anderson, L. W., & Krathwohl, D. R. (Eds.). (2000). *A taxonomy for learning, teaching, and assessing: A revision of Bloom's taxonomy of educational objectives*. New York: Addison-Wesley Longman.

Bloom, B. S., Engelhart, M. D., Furst, E. J., Hill, W. H., & Krathwohl, D. R. (Eds.). (1956). *Taxonomy of educational objectives: The classification of educational goals: Handbook I. Cognitive domain*. New York: David McKay.

Bransford, J., Brown, A., & Cocking, R. (Eds.). (2000). *How people learn: Brain, mind, experience, and school* (Expanded ed.). Committee on Developments in the Science of Learning and Committee on Learning Research and Educational Practice, Commission on Behavioral and Social Sciences and Education, National Research Council. Washington, DC: National Academies Press.

Eagleman, D. (2015). *The brain: The story of you*. New York: Pantheon Books.

Elder, L., with Paul, R. (2010). Critical thinking development: A stage theory – with implications for instruction. Retrieved from the Critical Thinking Community website: http://www.criticalthinking.org/pages/critical-thinking-development-astage-theory/483.

Erickson, H. L. (1995). *Stirring the head, heart, and soul: Redefining curriculum and instruction*. Thousand Oaks, CA: Corwin.

Erickson, H. L. (2002). *Concept-Based Curriculum and Instruction: Teaching beyond the facts* (2nd ed.). Thousand Oaks, CA: Corwin.

Erickson, H. L. (2007). *Concept-Based Curriculum and Instruction for the thinking classroom* (1st ed.). Thousand Oaks, CA: Corwin.

Erickson, H. L. (2008). *Stirring the head, heart and soul: Redefining curriculum and instruction*. Thousand Oaks, CA: Corwin.

Erickson, H. L., & Lanning, L. A. (2014). *Transitioning to Concept-Based Curriculum and Instruction: How to bring content and process together.* Thousand Oaks, CA: Corwin.

Guskey, T. (2000). *Evaluating professional development*. Thousand Oaks, CA: Corwin.

Guskey, T. (2002). Professional development and teacher change. *Teachers and Teaching: Theory and Practice, 8*(3/4): 381-391.

Harris, T., & Hodges, R. (1995). *The literacy dictionary: The vocabulary of reading and writing*. Newark, DE: International Reading Association.

Hattie, J., & Yates, C. (2014). *Visible learning and the science of how we learn*. New York, NY: Routledge.

Jenkins, S. (2013). *The animal book.* Orlando, FL: Houghton Mifflin Harcourt.

Lanning, L. (2009). *4 powerful strategies for struggling readers: Grades 3-8*. Thousand Oaks, CA: Corwin (published in association with International Reading Association).

Lanning, L. (2013). *Designing a concept-based curriculum for English language arts: Meeting the common core with intellectual integrity.* Thousand Oaks, CA: Corwin.

Paul, R. W. (1997). Making critical thinking intuitive: using drama, examples, and images.

In Richard Paul, A. J. A. Binker, Karen Jensen, & Heidi Kreklau (Eds.), *Critical thinking handbook: 4th-6th grades* (pp. 19-36) Dillon Beach, CA: Foundation for Critical Thinking Press.

Paul, R. W., & Elder, L. (2014). *The miniature guide to critical thinking: Concepts & tools* (7th ed.). Santa Rosa, CA: Foundation for Critical Thinking.

Programme for International Student Assessment. (2012). Washington, DC: Organizations for Economic Cooperation and Development.

Ritchhart, R. (2002). *Intellectual character: What it is, why it matters, and how to get it.* San Francisco: Jossey-Bass.

Ritchhart, R. (2015). *Creating cultures of thinking: The 8 forces we must master to truly transform our schools.* San Francisco, CA: Jossey-Bass.

Ritchhart, R., Church, M., & Morrison, K. (2011). *Making thinking visible: How to promote engagement, understanding, and independence for all learners.* San Francisco, CA: Jossey-Bass.

Robinson, K. (2006). Do schools kill creativity. TED Talks Education. https://www.ted.com/talks/ken_robinson_says_schools_kill_creativity?language=en.

Robinson, K. (2013, April). How to escape education's Death Valley. TED Talks Education. https://www.ted.com/talks/ken_robinson_how_to_escape_education_s_death_valley?language=en.

Sousa, D. (2011a). Commentary-Mind, brain, and education: The impact of educational neuroscience on the science of teaching. *LEARNing Landscapes, 5*(1), 37-43. Retrieved from http://www.learninglandscapes.ca/images/documents/ll-no9/dasousa.pdf.

Sousa, D. (2011b). *How the brain learns.* Thousand Oaks, CA: Corwin.

Sousa, D. (2015). *Engaging the rewired brain.* West Palm Beach, FL: Learning Sciences International.

Sylwester, R. (2015). *How to explain a brain: An educator's handbook of brain terms and cognitive processes*. New York: Skyhorse Publishing.

Taba, H. (1966). *Teaching strategies and cognitive functioning in elementary school children (cooperative research project)*. Washington, DC: Office of Education, U.S. Department of Health, Education, and Welfare.

Tomlinson, C. A. (2014). *The differentiated classroom: Responding to the needs of all learners* (2nd ed.). Alexandria, VA: Association for Supervision and Curriculum Development.

Tomlinson, C. A., & Eidson, C. C. (2003). *Differentiation in practice: A resource guide for differentiating curriculum, grades 5-9*. Alexandria, VA: Association for Supervision and Curriculum Development.

Wiggins, G., & McTighe, J. (2011). *The understanding by design guide to crating high-quality units*. Alexandria, VA: Association for Supervision and Curriculum Development.

Wolk, S. (2008). School as inquiry. *Phi Delta Kappan, 90*(2), 115-122.

Wolfe, P. (2010). *Brain matters: Translating research into classroom practice* (2nd ed.). Alexandria, VA: ASCD.

찾아보기

인명

A

B

C

D

G

H

J

내용

저자 소개

린 에릭슨(H. Lynn Erickson)은 교육학 박사 학위를 가지고 있으며, 학교와 학교구에서 개념 기반 교육과정과 수업을 설계하는 것을 도와주는 독립 컨설턴트이다. 지난 20년 동안 에릭슨은 K-12학년의 교사들, 행정가들과 함께 성취기준, 국가 필수 사항과 일관된 학교와 학교구 수준의 교육과정을 개발해 왔다. 또한 국제바칼로레아에서 중등학교 교육과정 개발에 자문하였다. 에릭슨은 3권의 베스트셀러 작가이다. 모두 코윈(Corwin)에서 출판된 것으로 『Stirring the Head, Heart, and Soul: Redefining Curriculum and Instruction』(3판, 2008년), 『Concept-Based Curriculum and Instruction: Teaching Beyond the Facts』(2002), 그리고 로이스 래닝(Lois Lanning) 박사와 함께 쓴 『Transitioning to Concept-Based Curriculum and Instruction: How to Bring Content and Process Together』(2014)이다. 이 책은 로이스 래닝과 레이첼 프렌치(Rachel French)가 공동저자로 작업한 것이며, 린의 『Concept-Based Curriculum and Instruction for the Thinking Classroom: Teaching Beyond the Facts』의 두 번째 판이다. 또한 로버트 마르자노(Robert Marzano)의 책 『On Excellence in Teaching』(2010, Solution Tree Press)에서 한 장(chapter)을 썼다.

전자메일: lynn.erickson@comcast.net
웹사이트: www.lynnerickson.net

로이스 래닝(Lois A. Lanning) 박사는 독자적으로 활동하는 교육 컨설턴트이다. 미국뿐만 아니라 여러 국가에서 문해력 및 개념 기반 교육과정과 수업 분야로 발표하고, 지역 학교구와 함께 작업한다. 전문적인 논문과 교사용 자료를 작성하는 것 이외에도 코윈(Corwin) 출판사와 국제읽기협회가 공동으로 출판한 『Four Powerful Strategies for Struggling Readers Grades 3-8: Small Group Instruction that Improves Comprehension』(2009), 『Designing a Concept-Based Curriculum in English Language Arts: Meeting the Common Core With Intellectual Integrity, K-12』(2013, Corwin)를 쓴 베스트셀러 작가이다. 그리고 레슬리 라우드(Leslie Laud)가 편집한 책 『The Best of Corwin: Differentiated Instruction in Literacy, Math, and Science』(2011, Corwin)의 한 장을 작성했다. 또한 오랜 친구이며 동료인 에릭슨과 『Transitioning to Concept-Based Curriculum and Instruction』(2014, Corwin)을 공동 집필했다.

전자메일: lanninglois59@gmail.com

레이첼 프렌치(Rachel French)는 남미, 아프리카, 유럽, 오세아니아주의 학교에서 일한 국제적 경험이 많은 교육자이다. 린 에릭슨, 로이스 래닝과 함께 발표도 하고 교사 훈련도 하는 독립 컨설턴트이다. 국제 학교의 전문성 개발을 지원하기 위해 만들어진 기관인 국제 전문적 학습(Professional Learning International: PLI)의 디렉터이며, 국제바칼로레아에서 훈련받은 초등학교 교육과정 워크숍 리더이다. 현재 프랑크푸르트 국제학교에서 초등학교 교육과정 코디네이터로 일하고 있다.

전자메일: Rachel_french@prolearnint.com
웹사이트: www.professionallearninginternational.com

역자 소개

온정덕 Ohn Jungduk

이화여자대학교 사범대학에서 초등교육전공(교육학 부전공)으로 학사학위를, 이화여자대학교 일반대학원 초등교육학과에서 교육과정전공으로 석사학위를 받았다. 서울 반포초등학교와 명지초등학교에서 교사로 재직 후 미국 아이오와 대학교 대학원에서 교육과정전공으로 박사학위를 받았다. 미국 제임스 매디슨 대학교 사범대학 초등교육과에서 4년간 조교수를 한 후, 현재 경인교육대학교 교육학과 교수로 재직 중이다.

학부와 대학원에서 교육과정을 주제로 강의하고 있으며, 교육과정 설계, 통합교육과정, 교실평가에 관해 연구하고 있다. 또한 국가 교육과정 개정 연구를 포함하여 여러 분야의 연구자들과 함께 교육과정 관련 연구에 참여하고 있으며, 교육청 · 학교에서 주관하는 현장 교사 대상 연수와 컨설팅을 하고 있다.

『이해중심 교육과정』(공저, 교육아카데미, 2011), 『역량 기반 교육과정의 이해와 설계』(공저, 교육아카데미, 2016), 『역량 함양을 위한 교육과정 설계: 이해를 위한 수업』(공저, 교육아카데미, 2017), 『교실 속으로 간 이해중심 교육과정: 이론과 실천이 만나다』(공저, 살림터, 2018), 『교실 속으로 간 이해중심 통합교육과정: 이론과 실천이 만나다 2』(공저, 살림터, 2022). 『맞춤형 수업과 이해중심 교육과정의 통합』(공역, 학지사, 2012), 『백워드 단원 설계와 개발: 기본모듈 II』(공역, 교육과학사, 2015), 『백워드로 시작하는 창의적인 학교교육과정 설계』(공역, 학지사, 2015), 『학습 과정으로서의 평가: 교실 평가로 학습 극대화하기』(공역, 학지사, 2022) 등 다수의 저서, 역서 및 연구 논문이 있다.

윤지영 Yoon Jiyoung

부산교육대학교에서 학사학위를, 한국교원대학교 일반대학원 교육학과에서 교육심리전공으로 석사학위를 받았으며, 경인교육대학교 교육전문대학원에서 초등교육방법전공 박사과정을 수료하였다. 현재 경기 시흥초등학교 교사로 근무하면서 교육과정 설계와 실천, 학습과 사고에 관해 연구하고 있다.

『학습 과정으로서의 평가: 교실 평가로 학습 극대화하기』(공역, 학지사, 2022), 「표적문제 변형의 유추추론을 통한 통찰 발생 가능성 검증」(공저, 영재와 영재교육, 2016), 「교과 역량 함양을 위한 교과서 단원 설계 방안 탐색」(공저, 미래교육학연구, 2017), 「외국의 사회과 교육과정 분석을 통한 역량기반 교육과정에서 기능의 의미와 설계 방식 고찰」(공저, 학습자중심교과교육연구, 2017), 「교과 교육과정 지식과 기능 영역의 의미와 설계 방식 고찰: 국어과 교육과정을 중심으로」(공저, 교육과정연구, 2021), 「학습에서의 성찰 개념 및 교육과정에의 적용 방안 고찰」(공저, 교육과정연구, 2022) 등 역서와 연구 논문이 있다.

생각하는 교실을 위한
개념 기반 교육과정 및 수업

Concept-Based Curriculum and Instruction for the Thinking Classroom

2019년 1월 25일 1판 1쇄 발행
2025년 1월 20일 1판 13쇄 발행

지은이 • H. Lynn Erickson · Lois A. Lanning · Rachel French
옮긴이 • 온정덕 · 윤지영
펴낸이 • 김 진 환
펴낸곳 • (주) 학지사
04031 서울특별시 마포구 양화로 15길 20 마인드월드빌딩 5층
대표전화 • 02) 330-5114 팩스 • 02) 324-2345
등록번호 • 제313-2006-000265호
홈페이지 • http://www.hakjisa.co.kr
인스타그램 • https://www.instagram.com/hakjisabook

ISBN 978-89-997-1911-0 93370

정가 17,000원

역자와의 협약으로 인지는 생략합니다.
파본은 구입처에서 교환하여 드립니다.